Diercke
Spezial

Ostasien

Autoren:
Thilo Girndt
Rainer Starke
Georg Stöber

unter Mitwirkung der Verlagsredaktion

westermann

Zusatzaufgaben

Ⓩ Die Aufgaben festigen das vorhandene Wissen und können zusätzlich zu den anderen Aufgaben bearbeitet werden.

* Ein * hinter einem Begriff weist darauf hin, dass sich ein erläuternder Text im Glossar am Ende des Buches befindet.

Titelbild: Shopping-, Kunst- und Unterhaltungsviertel Kowloon in Hongkong bei Nacht

westermann GRUPPE
© 2019 Bildungshaus Schulbuchverlage
Westermann Schroedel Diesterweg Schöningh Winklers GmbH, Braunschweig
www.westermann.de

Das Werk und seine Teile sind urheberrechtlich geschützt. Jede Nutzung in anderen als den gesetzlich zugelassenen Fällen bedarf der vorherigen schriftlichen Einwilligung des Verlages.
Für Verweise (Links) auf Internet-Adressen gilt folgender Haftungshinweis: Trotz sorgfältiger inhaltlicher Kontrolle wird die Haftung für die Inhalte der externen Seiten ausgeschlossen. Für den Inhalt dieser externen Seiten sind ausschließlich deren Betreiber verantwortlich. Sollten Sie daher auf kostenpflichtige, illegale oder anstößige Inhalte treffen, so bedauern wir dies ausdrücklich und bitten Sie, uns umgehend per E-Mail davon in Kenntnis zu setzen, damit beim Nachdruck der Verweis gelöscht wird.

Druck A[1] / Jahr 2019
Alle Drucke der Serie A sind im Unterricht parallel verwendbar.

Redaktion: Thilo Girndt
Druck und Bindung: westermann druck GmbH, Braunschweig

ISBN 978-3-14-**115586**-0

Inhaltsverzeichnis

1 DIE REGION IM ÜBERBLICK 5

1.1	Ostasien: Die ostasiatischen Staaten	6
1.2	China: Vom Dach der Welt in drei Stufen bis zum Meer	8
1.3	Japan: Mehrfachbedrohung durch Naturgefahren	10
1.4	Ostasien: Monsunklima und Erderwärmung	12
1.5	China, Japan: Nahrungssicherheit – eine beständige Herausforderung	14
1.6	Japan, China: Grundnahrungsmittel Fisch	16
1.7	China: Ungebremster Hunger nach Rohstoffen	18
1.8	Ostasien: Grenzkonflikte um Felsen im Meer	20
1.9	Nordkorea, Südkorea: Ein geteiltes Land	22
	Zusammenfassung, weiterführende Literatur/Internetlinks	24

2 WIRTSCHAFT UND ENERGIE 25

2.1	Ostasien: Schwergewicht in der Weltwirtschaft	26
2.2	Japan: Ist die asiatische Leitgans müde?	28
2.3	Südkorea: Musterschüler nachholender Entwicklung	30
2.4	Südkorea: Erfolgsfaktor Bildung	32
2.5	China: Von der Plan- zur Marktwirtschaft	34
2.6	China: Von der Werkbank der Welt zu Innovation und Hightech	36
2.7	China: Die neuen Seidenstraßen	38
2.8	Mongolei: Fluch und Segen der Ressourcen	40
2.9	Japan: Abschied von der Atomkraft?	42
2.10	China: Energie – schwarz und grün	44
2.11	China: Wasserkraft aus Südwestchina	46
	Zusammenfassung, weiterführende Literatur/Internetlinks	48

3 BEVÖLKERUNG UND GESELLSCHAFT 49

3.1	Ostasien: Menschenleere Regionen und Ballungsräume	50
3.2	Ostasien: Demografische Strukturen und Entwicklungen	52
3.3	China, Südkorea, Mongolei: Wandel der Bevölkerungspolitik	54
3.4	Japan: Alterung der Gesellschaft als Herausforderung	56
3.5	Japan: Einwanderer aus Korea und Südamerika	58
3.6	China: Binnenmigration in die Städte	60
3.7	China: Kampf gegen die Armut auf dem Lande	62
3.8	China: Gesellschaftliche Veränderungen und soziale Disparitäten	64
3.9	China: Ethnische Minderheiten im Einheitsstaat	66
3.10	China: Chinesen in der Diaspora	68
	Zusammenfassung, weiterführende Literatur/Internetlinks	70

4 STADT UND URBANISIERUNG 71

4.1	Ostasien: Verstädterung und Metropolisierung	72
4.2	China: Kaiserpalast und Große Halle des Volkes	74
4.3	China: Mehr Urbanisierung für mehr wirtschaftliches Wachstum?	76
4.4	China: Perlflussdelta – die größte „Stadt" der Welt	78
4.5	Japan: Mehr Land – Meerland	82
4.6	Japan: Tokio im Zeichen von Olympia (Experteninterview)	80
4.7	Südkorea: Global City Seoul	84
4.8	China: Aktionsplan gegen den Smog	86
4.9	China: Ökostädte: nachhaltige Stadtentwicklung oder Greenwashing?	88
4.10	Japan: Klausurtraining „Bedrohung durch Naturkatastrophen"	90
	Zusammenfassung, weiterführende Literatur/Internetlinks	92

ANHANG 93

Ostasien ist im geographischen Sinne ein auf vielfacher Weise heterogener Raum: Taiga im Norden, tropische Regenwälder im Süden, karge Steppen und fruchtbare Mittelgebirge, ausgedehnte Wüsten und gewaltige Hochgebirge, Beckenlandschaften sowie Schwemmlandebenen in China und Bergwälder in Japan – in dem Großraum findet man fast das gesamte Spektrum der weltweiten Klima- und Vegetationszonen. Doch nicht nur für die Landwirtschaft finden sich unterschiedliche Voraussetzungen. Während Japan kaum Bodenschätze vorzuweisen hat und auf Importe angewiesen ist, gelten China und die Mongolei als äußerst ressourcenreich. Gegensätze gibt es auch bezüglich der Bevölkerungsverteilung. Die Küstenräume sind insgesamt sehr dicht besiedelt, ausgedehnte Binnenräume hingegen weitgehend menschenleer. Trotz buddhistisch-konfuzianischer Prägung sind die ethnischen und kulturellen Gemeinsamkeiten in Ostasien eher gering. Die Staaten variieren von groß, bevölkerungsreich sowie wirtschaftlich und politisch in der ersten Weltliga spielend bis zu klein, schwach besiedelt und unbedeutend. Die Palette unterschiedlicher Staatsformen ist breit (M1, S. 7).

Einzig in einem Bereich weisen die Länder Ostasiens in den letzten Jahrzehnten eine übergreifende Gemeinsamkeit auf. (Fast) alle Länder haben – zu unterschiedlichen Zeitpunkten beginnend – eine äußerst erfolgreiche wirtschaftliche Entwicklung genommen. Heute hat Ostasien in seiner Gesamtheit eine größere Wirtschaftskraft als Europa oder Nordamerika. Mit sozialistischer Marktwirtschaft ist China zum Exportweltmeister geworden und so hat das wirtschaftliche Wachstum des Landes heute weltweite Konsequenzen. Auch das ehemalige Wirtschaftswunderland Japan, das aber seit geraumer Zeit im Schatten des großen Nachbarn steht, ist wieder in vielen Zukunftsbranchen innovativ. Südkorea und Taiwan, die Tigerstaaten der 1980er-Jahre, haben sich nach rasantem Aufstieg im Feld der Industriestaaten etabliert und selbst der zwar große, aber abseits gelegene Binnenstaat Mongolei weist nach der Aufgabe des sozialistischen Wirtschaftssystems eine positive Wirtschaftsentwicklung auf. Einzig das abgeschottete, diktatorisch regierte Nordkorea zählt weiterhin zu den ärmsten Ländern der Welt. Sein Atomprogramm hat die Aufmerksamkeit der Weltöffentlichkeit auf ein anderes Themenfeld gelenkt: Die Beziehungen der ostasiatischen Länder – allen voran der Konflikt der beiden Koreas – sind schwierig und werden durch die Geschichte und gegenseitige territoriale Ansprüche belastet.

Gliederung des Bandes

Der vorliegende Band thematisiert anhand von Fragestellungen mit unterschiedlichen geographischen Schwerpunkten Ostasien als Ganzes. China und Japan spielen aufgrund ihrer Größe und Bedeutung eine besondere Rolle. In zahlreichen Fallstudien sind aber auch die anderen ostasiatischen Staaten (Mongolei, Nordkorea, Südkorea, Taiwan) präsent. Die Länderangabe in der Kopfzeile der linken Seiten gibt an, ob einzelne oder mehrere Länder oder ganz Ostasien auf einer Doppelseite untersucht werden.

- Das erste Kapitel „Die Region im Überblick" gibt eine kurze Einführung in die Oberflächengestalt Chinas und Japans einerseits und die Bedrohung dieser Staaten durch Naturkatastrophen sowie die klimatischen Verhältnisse und die Folgen des Klimawandels andererseits. Im zweiten Teil bilden die agrarische Nutzung, die Fischereiwirtschaft und – hiervon abhängig – die Nahrungssicherheit sowie die Ressourcenausstattung den Schwerpunkt. Schließlich werden die verschiedenen Konflikte der Region beleuchtet.
- Das zweite Kapitel „Wirtschaft und Energie" thematisiert den zeitversetzten wirtschaftlichen Aufstieg der ostasiatischen Staaten nach dem Zweiten Weltkrieg. Vorreiter war Japan, gefolgt von den sogenannten Tigerstaaten Südkorea und Taiwan. Derzeit entwickelt sich das sozialistische China zu einer ökonomischen Supermacht. Die „neue" Seidenstraße löst Bewunderung, aber auch Ängste aus. Um ihren hohen Energiebedarf zu decken, gehen China und Japan unterschiedliche Wege in der Energiepolitik.
- Im dritten Kapitel „Bevölkerung und Gesellschaft" werden Bevölkerungsstruktur, -entwicklung und -verteilung dargestellt. Nachdem sich das Bevölkerungswachstum in den meisten Staaten Ostasiens stark abgeschwächt hat, spielt die Bevölkerungspolitik heute eine andere Rolle. Insbesondere Japan hat schon stark unter den Folgen von Überalterung zu kämpfen. Einwanderung und Binnenmigration sowie Auswanderung und Bildung von Diasporagemeinden im Ausland werden angesprochen, aber auch die Veränderungen der chinesischen Gesellschaft im Zuge der Wirtschaftsreformen und die chinesische Minderheitenpolitik.
- Im vierten Kapitel „Stadt und Urbanisierung" werden neben der historischen Stadtentwicklung, bei der die traditionellen Städte durch Kolonialisierung, sozialistischen Städtebau und schließlich den Auswirkungen der Globalisierung geprägt wurden, verschiedene aktuelle stadtgeographische Phänomene des Großraums vorgestellt. Wie überall in der Welt stehen die Megastädte vor den Problemen der Polarisierung und Fragmentierung, des Flächenwachstums und der Zersiedelung, der Müllentsorgung und der Luft- und Wasserverschmutzung. Vor allem die Küstenstädte sind aber auch besonders verwundbar gegenüber Naturkatastrophen.

Für die Volksrepublik China wird in dem Buch häufig nur die Bezeichnung China verwendet, für die Republik China meist Taiwan, und auch die geläufigeren Namen Nordkorea (Demokratische Volksrepublik Korea) und Südkorea (Republik Korea) werden eingesetzt.

Zur Konzeption der Reihe

Das vorliegende Konzept der Reihe Diercke Spezial stellt das selbstständige, problemorientierte Arbeiten und Lernen in den Vordergrund. Erklärende Autorentexte treten in diesem Konzept hingegen weitgehend zurück. Fertige Antworten wird man vergebens suchen. Es wird eine Vielzahl von Materialien wie Grafiken, Karten, Diagramme und Textquellen eingesetzt. So wird nicht nur Fachwissen vermittelt und räumliche Orientierung ermöglicht, sondern auch Methodenkompetenz angebahnt, Kommunikation angeregt und Beurteilungsfähigkeit gefördert.

Jedes Kapitel enthält verschiedene Elemente: Eine erste Doppelseite führt in das Thema ein und wirft wichtige Fragen auf. Die folgenden doppelseitigen, aufgabengeleiteten Arbeitsseiten beginnen jeweils mit einer kurzen Einleitung in die Thematik und der Problematisierung. Die Erschließung des Themas ist an die Bearbeitung der Aufgaben gebunden, die mithilfe der Materialien dann in der Regel individuell oder kooperativ erfolgt. Webcodes führen zum Internetangebot schueler.diercke.de bzw. den Atlasseiten.

Neben normalen thematischen Doppelseiten gibt es Sonderseiten mit Methoden- und einem Klausurtraining am Ende des Buches. Schließlich wird auf der jeweils letzten Seite das Kapitel inhaltlich zusammengefasst. Hinweise auf weiterführende Literatur und Internetlinks runden das Angebot ab. Neu eingeführte Fachbegriffe werden entweder an Ort und Stelle auf der jeweiligen Arbeitsseite oder im Glossar im Anhang erklärt (Ein * hinter dem Begriff verweist auf einen Glossareintrag). Mithilfe dieser Konzeption wird angestrebt, dass die Thematik des Bandes selbstständig im Sinne des entdeckenden Lernens erschlossen wird.

1 DIE REGION IM ÜBERBLICK

Die Chinesische Mauer

1.1 Die ostasiatischen Staaten

Bis in die heutige Zeit wird Ostasien mit fernöstlicher Exotik, Buddhas, Samurai und legendären Kaisern verbunden. Dieses Bild existiert durch Berichte des venezianischen Händlers Marco Polo (1254–1324) seit dem Mittelalter. Der Geograph und Forschungsreisende Ferdinand v. Richthofen (1833–1905) prägte den Begriff der „Seidenstraße". Japan (Land der aufgehenden Sonne) hat sich als erster der ostasiatischen Staaten zu einer modernen Industriegesellschaft entwickelt, Südkorea und Taiwan folgten. China ist in den letzten Jahren zur (wirtschaftlichen) Weltmacht aufgestiegen.

Die Geschichte Chinas

5000 – 3000 v. Chr.	Übergang von der Jäger- und Sammlerkultur zu Ackerbau und Tierhaltung
2400 – 1900 v. Chr.	Fürstentümer im Einzugsbereich des Huang He, durch Mauern geschützte Städte
221 – 206 v. Chr.	Einheitsstaat im Norden Chinas mit dem ersten Kaiser Qin Shihuangdi, Baubeginn der Großen Mauer gegen Steppenvölker, einheitliches Rechts- und Steuersystem, Arbeits- und Militärdienst
206 v. Chr. – 8 n. Chr.	Wirtschaftliche Blüte und Expansion, Handelsausweitung über die Seidenstraße, zentralstaatliche Verwaltung (Han-Dynastie)
420 – 618	Erfindung des Schießpulvers; Fortschritte in Medizin, Astronomie; erstes Porzellan, Bau des Kaiserkanals
1227 – 1368	Eroberung Chinas und Fremdherrschaft durch die Mongolen (Dschingis Khan)
1517/1557, 16. Jh.	Portugiesen in Guangzhou, Niederlassung in Macao; Handel der Spanier mit China über die Philippinen; Güter aus China: Seide, Porzellan, Tee, Textilien; Bezahlung mit Silber aus Südamerika
18. Jh.	Handel mit der britischen East India Company
1840 – 1842 1856 – 1860	Opiumkriege: Briten erzwingen mit Kanonenbooten die Bezahlung der Handelsgüter mit Opium statt mit Silber, Öffnung der Küstenstädte für den Opiumhandel, Abtretung Honkongs
1900	„Boxeraufstand" gegen den europäischen, US-amerikanischen und japanischen Imperialismus; Aufteilung Chinas unter Russland, Japan und den Westmächten
1921	Gründung der Kommunistischen Partei Chinas
1934/35	Rückzug der Kommunisten nach Angriffen der nationalistischen Truppen Chiang Kai-sheks über Tausende Kilometer („Langer Marsch") nach Yan`an, Beginn des Aufstiegs Mao Zedongs
1937 – 1945	Besetzung Nord- und Ostchinas durch Japan
1945 – 1949	Verlustreicher Bürgerkrieg zwischen Kommunisten und Nationalisten (3 Mio. Opfer), Chiang Kai-shek flieht nach Taiwan, Exilregierung der Republik China
1.10.1949	Gründung der Volksrepublik China (Verfassung nach Vorbild der Sowjetunion), Kollektivierung* der Landwirtschaft, Verstaatlichung des Handels und der Industrie
1958	Radikalisierung der Kollektivierung („Der Große Sprung nach vorn"), ca. 30 Mio. Tote durch Verhungern und Verfolgung
1959	Besetzung Tibets nach Niederschlagung eines Aufstandes, Flucht des Dalai Lama
1963	Offizieller Bruch zwischen China und der Sowjetunion
1964	China wird Atommacht.
1966/68	Kulturrevolution* (bürgerkriegsähnlicher Richtungskampf), Verfolgungen durch die jugendlichen „Roten Garden", Mao-Kult
1972	Entspannung mit den USA, diplomatische Anerkennung durch die BR Deutschland
1978	Tot Mao Zedongs
1979	Reformen der Wirtschafts- und Gesellschaftspolitik, Handelsabkommen mit den USA, Einführung der Ein-Kind-Politik
1989	Studentenproteste für mehr Demokratie, brutale Niederschlagung (Tian'anmen-Massaker)
1998	Rückgabe Hongkongs an China
2008	Ideologische Leitlinie zum Schutz der Privatwirtschaft, Mitgliedschaft in der Welthandelsorganisation
2010	Ablösung Deutschlands als Exportweltmeister
2013	Xi Jinping wird Staatspräsident, Wirtschaftsreformen und Kampf gegen Korruption

„Im 21. Jahrhundert wird [die westliche Kultur] nicht mehr die Richtschnur sein, an der sich alle mehr oder weniger orientieren. Die Welt wird zunehmend multipolar. […] Die ökonomischen und politischen Gewichte haben sich von Nord nach Süd und mehr noch von West nach Ost verschoben und verschieben sich weiter. […] Der Schwerpunkt der Weltpolitik verlagert sich vom Abendland (zurück) nach Eurasien und vom atlantischen in den pazifischen Raum.
Eine zentrale Rolle spielt dabei China, das volkreichste Land der Erde. In den vergangenen vier Jahrzehnten ist das „Reich der Mitte" (Zhongguo), wie es sich selbst nennt, von einem der ärmsten Entwicklungsländer zur größten Handelsnation und nach Kaufkraft* gemessen bereits auch größten Volkswirtschaft der Erde aufgestiegen, zu einer Weltmacht, die an Bedeutung nur noch von den USA übertroffen wird. Trotz zuletzt deutlich geringerer Dynamik entfallen auf das Land rund 40 Prozent des Wachstums der globalen Wirtschaft. Somit ist bereits jetzt das Wohlergehen der gesamten Menschheit eng mit dem des fernöstlichen Riesenreichs verknüpft. Und in der Zukunft wird dies noch mehr der Fall sein."
Quelle: Stefan Baron, Guangyan Yin-Baron: Die Chinesen. Berlin: Ullstein Buchverlage 2018, S.11

Taiwan (Republik China)

Nach dem Sieg der kommunistischen Truppen 1949 in China zogen sich Anhänger der unterlegenen Nationalen Volkspartei Kuomintang auf die Insel Taiwan zurück, die zum alleinigen Hoheitsgebiet der vormaligen Republik China wurde. Bis heute erkennen nur 20 Staaten diese diplomatisch an. Die UN schloss 1971 Taiwan zugunsten der VR China aus. 2019 drohte die VR China Taiwan mehrfach mit der militärischen Einnahme der Insel und der Zwangsvereinigung. Dank US-amerikanischer Unterstützung hat Taiwan seit 1950 eine beachtliche Wirtschaftskraft entwickelt.

Hongkong und Macau

Hongkong (bis 1997 britische Kolonie) und Macau (bis 1999 portugiesisch) gehören zur Volksrepublik China, besitzen aber den Status von Sonderverwaltungszonen mit eigenständiger Gesetzgebung und Verwaltung. Seit Oktober 2018 verbindet die 55 km lange Hongkong-Zhuhai-Macau-Brücke Hongkong und Macau mit dem chinesischen Festland. Sie soll den Handel im Perlflussdelta (S. 78) fördern, aber auch die teilautonomen Inseln an die VR China binden.

Die ostasiatischen Staaten

Nordkorea (Demokratische Volksrepublik Korea) und Südkorea (Republik Korea)

Die koreanische Halbinsel ist seit dem Korea-Krieg 1950 – 1953 in zwei Staaten mit gegensätzlichen politischen und wirtschaftlichen Systemen geteilt. Das kapitalistische, demokratische, westlich orientierte Südkorea hat innerhalb weniger Jahrzehnte einen beeindruckenden Weg zu einer Hightech-Industrienation hinter sich gebracht. Nordkorea ist hingegen die letzte Bastion eines Staatssozialismus stalinistischer Prägung und wird seit der Staatsgründung durch die Familie Kim autoritär geführt. Die heutige „Atommacht" ist in einer wirtschaftlich chronisch desolaten Lage. In letzter Zeit gibt es eine vorsichtige Annäherung der beiden durch eine unüberwindbare Grenze getrennten Länder.

Mongolei

Nach der jahrhundertelangen Herrschaft Chinas über die (Äußere) Mongolei entstand 1921 die sozialistische Volksrepublik Mongolei, die wirtschaftlich stark von der Sowjetunion abhängig war. Eine friedliche Revolution 1990 beendete die sozialistische Planwirtschaft und brachte den drei Mio. Mongolen Demokratie. Der wirtschaftliche Aufschwung seitdem beruht vor allem auf den großen Rohstoffvorkommen des dünn besiedelten Landes. Während für die Profiteure des Bergbaubooms in der Millionenstadt Ulan Bator luxuriöse Viertel entstanden sind, leben große Teile der Bevölkerung in Jurtenvierteln an den Rändern der Stadt.

Die Geschichte Japans	
10000 – 300 v. Chr.	Einwanderung aus Zentralasien, Sibirien und dem südpazifischen Raum auf die japanischen Inseln
3. – 8. Jh.	Einwanderung aus Korea; Übernahme der chinesischen Schrift; Reisanbau
6. – 8. Jh.	Einführung des Buddhismus (Staatsreligion)
1185 – 1573	Japanisches Mittelalter: Militärregierungen (Shogune)
1603 – 1867	Abschottung Japans, Kontakte nur mit China und den Niederlanden; Ära des Wohlstands; stetiges Bevölkerungswachstum; Tokio wird größte Metropolregion der Welt.
1868 – 1912	Konstitutionelle Monarchie; Kriege gegen China und Russland; rasante Modernisierung; Öffnung gegenüber Westen
1905 – 1945	Kolonialisierung Koreas durch Japan
1914 – 1918	Japan im Ersten Weltkrieg auf Seiten der Alliierten, Übernahme deutscher Territorien nach Kriegsende
1931 / 1932	Besetzung des Nordostens Chinas (Shenyang), Gründung des unabhängigen Staates Mandschukuo (Mandschurei)
1937	Eroberung weiterer Gebiete Chinas, Vertreibung der europäischen Kolonialmächte aus Südostasien, Ausbau eines eigenen Kolonialreiches
1941	Interessenkonflikt mit den USA wegen des Kolonialreiches, Sanktions- und Embargopolitik der USA gegen Japan, Angriff auf den US-Stützpunkt Pearl Harbor/Hawaii, Ausweitung des 2. Weltkrieges auf den Pazifik
bis 1945	Japanische Kriegsverbrechen (Massaker von Nanking, Experimente an Menschen, Zwangsprostitution)
6./9.8.1945	Atombombenabwürfe der USA über Hiroshima und Nagasaki, noch heute Folgen der Hibakusha (Strahlenkrankheit)
15.8.1945	Bedingungslose Kapitulation
1947	Inkrafttreten einer demokratischen Verfassung
1952	Beendigung der alliierten Besatzung, Eingliederung in das westliche Bündnissystem (Vorposten gegen den Kommunismus); Wiederaufbau, wirtschaftliche Aufbauhilfe durch die USA
1950/60er-Jahre	rasante wirtschaftliche Entwicklung, japanische Firmen erreichen Weltgeltung; gefestigtes demokratisches System
1990er-Jahre	Wirtschaftskrise, Deflation, hohe Staatsverschuldung; Platzen der Bubble Economy wegen fauler Bankkredite und überbewerteter Immobilien; wirtschaftliche Stagnation auf hohem Niveau
2020	Olympische Sommerspiele in Tokio

	Hauptstadt	Amtssprache	Ethnien	Ew. (in Mio.)[1]	Fläche (in km²)	Gründung[2]	Regierungssystem
Volksrepublik China	Peking	Chinesisch	Han-Chinesen (91 %), 55 nationale Minderheiten	1415,0	9596960	1949	Sozialistisches autoritäres Einparteiensystem
Japan	Tokio	Japanisch	Japaner (99 %), Koreaner, Chinesen	127,2	377915	1947	Parlamentarische Erbmonarchie
Republik Korea (Südkorea)	Seoul	Koreanisch	Koreaner (99 %)	51,2	99720	1948	Gemischt präsidial-parlamentarische Demokratie
Dem. Volksrepublik Korea (Nordkorea)	Pjöngjang	Koreanisch	Koreaner (99 %)	25,6	120538	1948	Kommunistisches Einparteiensystem
Republik China	Taipeh	Chinesisch	Han-Chinesen (95 %)	23,7	32260	1912[3]	Präsidialdemokratie
Mongolei	Ulan Bator	Mongolisch	Mongolen (94 %), Kasachen (4 %)	3,1	1564116	1990/92	Parlamentarische Demokratie

[1] 2018 [2] des derzeitigen Staates [3] auf Taiwan seit 1945/1949   Quelle: UN, CIA Factbook

M1 Kurzcharakteristik der ostasiatischen Staaten

1.2 Vom Dach der Welt in drei Stufen bis zum Meer

Die Volksrepublik China ist mit 9,6 Mio. km² der viertgrößte Staat der Erde. Dies entspricht fast der Fläche Europas vom Atlantik bis zum Ural (10,5 km²). Doch die Größe der Staatsfläche täuscht. China gilt als ein Staat mit viel Land, aber wenig Lebensraum. Das Relief* und große Trockenräume schränken die Siedlungs- und die agrarische Nutzfläche sehr stark ein. Geomorphologisch ist China zudem durch gewaltige Stufen und Quergebirge in Ost-West-Richtung geprägt.

1. Beschreiben Sie die Oberflächenformen Chinas (M1 – M3).
2. Stellen Sie die Abstufung Chinas vom Transhimalaya zum Pazifik dar (M1, M2).
3. Erläutern Sie die Entstehung des Himalayas (M2, M5).
4. China ist immer wieder von gravierenden Erdbeben betroffen.
   a) Erstellen Sie eine Übersicht der Erdbeben in China seit dem Jahr 2000 (Internet).
   b) Erklären Sie die Gefährdung Chinas durch Erdbeben (M2, M5).
5. Erklären Sie das Geschehen am Huang He (M4).
6. Beurteilen Sie die These, der Huang He sei für China Fluch und Segen zugleich (M4).

China ist landschaftlich sehr stark gegliedert. Mehr als zwei Drittel des Landes liegen höher als 1000 Meter. In drei Stufen fällt das Land von den Gebirgen und Hochländern im Westen zum Pazifischen Ozean im Osten ab, vom hochasiatischen Gebirgssystem des Himalaya-Karakorum und dem Hochland von Tibet über Beckenlandschaften wie dem Roten Becken bis zu den Tiefebenen Nord- und Nordostchinas sowie den Berg- und Hügelländern Südostchinas. Der Himalaya gehört zum alpinen Gebirgstyp, der durch die Kollision zweier kontinentaler Platten entsteht, in diesem Fall durch die Kollision der Afrikanischen und der Indischen Platte mit der Eurasischen bzw. Chinesischen Platte, wodurch das dazwischen liegende Tethys-Meer* (Urmittelmeer) zusammengeschoben wurde. Die Ströme Huang He und Jangtsekiang folgen aus dem Hochland von Tibet den in Stufen abfallenden Landschaften. Der Huang He (dt. Gelber Fluss) hat seinen Namen aufgrund der gelbbraunen Färbung des mitgeführten Lössschlamms*. Durch die ackerbauliche Nutzung unterliegt der Boden im Mittellauf ungeschützt der Abtragung. Quergebirge wie der über 4000 m hohe Qin Ling trennen China in einen Nord- und Südteil und bilden eine Klima- und Agrarscheide. Der Qin Ling begrenzt zudem die Lössvorkommen.

M2 Der Naturraum Chinas

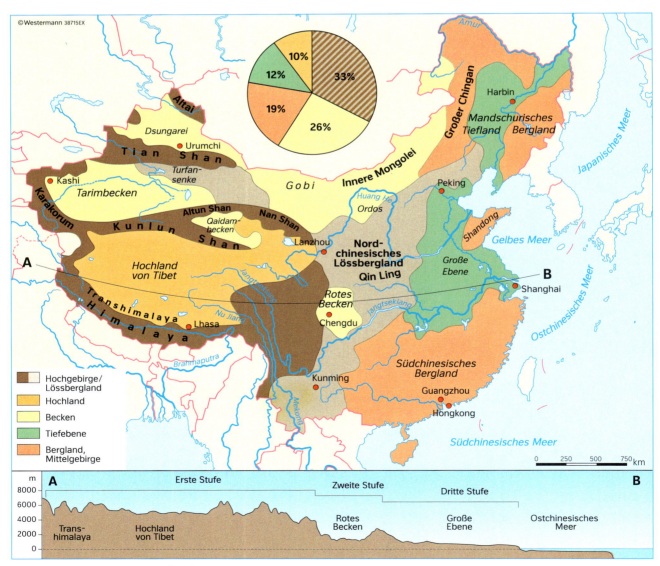

M1 Oberflächenformen und Profil Chinas

Vom Dach der Welt in drei Stufen bis zum Meer

M3 Landschaften Chinas: Hochland von Tibet, Wüste Gobi, Oberlauf des Huang He und Sandsteingebirge in Hunan

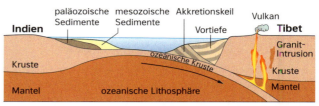

1. Nach dem Zerfall des Großkontinents Gondwana driftet die Indische Platte mit etwa 10 cm/Jahr nach Norden und verengt dabei den Tethys-Ozean. Vor 60 Mio. Jahren beginnt die Subduktion ihres ozeanischen Bereichs unter Südtibet, Vulkane und Plutone (Granitintrusion) entstehen. Sedimente und Teile ozeanischer Kruste werden von der subduzierten Platte abgeschabt und keilförmig aufgehäuft. Zwischen diesem Akkretionskeil und dem Kontinent lagert sich in der Vortiefe Erosionsmaterial vom Festland ab.

2. Vor 55–40 Mio. Jahren kollidieren die beiden Landmassen. Bei der Subduktion des leichten Indischen Subkontinents reißt quer durch die Platte die Hauptzentralstörung auf.

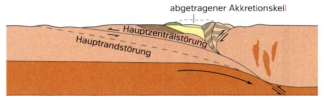

3. Unterhalb der Hauptzentralstörung liegende Bereiche Indiens werden subduziert; oberhalb der Hauptzentralstörung liegende paläo- und mesozoische Sedimente werden gestaucht, abgeschabt und auf den heran-rückenden Subkontinent überschoben. Die Gesteine des Akkretionskeils und der Vortiefe werden dagegen nach Norden auf Tibet aufgeschoben.

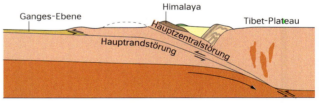

4. Vor 20–10 Mio. Jahren wird die Hauptzentralstörung inaktiv, eine neue Bruchfläche, die Hauptrandstörung, entsteht. An ihr entlang wird Indien mit reduzierter Geschwindigkeit (ca. 5 cm/Jahr) weiter subduziert. Dabei ist bereits eine zweite Krustenscheibe abgeschert und auf den Subkontinent aufgeschoben worden, wodurch die erste angehoben wurde. Diese beiden Krustenteile bilden heute den Kern des Himalayas.

M5 Gebirgsbildung: Entstehung des Himalaya

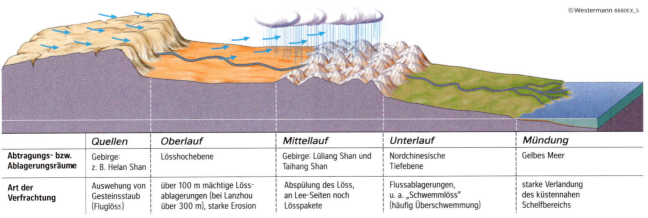

	Quellen	Oberlauf	Mittellauf	Unterlauf	Mündung
Abtragungs- bzw. Ablagerungsräume	Gebirge: z. B. Helan Shan	Lösshochebene	Gebirge: Lüliang Shan und Taihang Shan	Nordchinesische Tiefebene	Gelbes Meer
Art der Verfrachtung	Auswehung von Gesteinsstaub (Fluglöss)	über 100 m mächtige Löss-ablagerungen (bei Lanzhou über 300 m), starke Erosion	Abspülung des Löss, an Lee-Seiten noch Losspakete	Flussablagerungen, u. a. „Schwemmlöss" (häufig Überschwemmung)	starke Verlandung des küstennahen Schelfbereichs

M4 Fluviatile Lössbildung am Huang He

1.3 Mehrfachbedrohung durch Naturgefahren

Japan ist ein „Inselstaat", zu dem rund 4000 Inseln gehören. Diese sind die „Gipfel" eines untermeerischen Gebirges, das an der untertauchenden Pazifischen Platte entstanden ist. Von den vielen vulkanischen Berggipfeln gelten über 80 als aktiv. Das heißt, sie können jederzeit ausbrechen. Durch den Zusammenstoß von Lithosphärenplatten* sind auch Erd- und Seebeben, die Tsunami auslösen können, eine beständige Gefahr. Über 5000 größere Beben werden Jahr für Jahr registriert. Japan gehört zu der Schwächezone rund um den Pazifischen Ozean, dem sogenannten Pazifischen Feuerring (Ring of Fire). Für Japan ergeben sich noch weitere Bedrohungen: Im Frühsommer kommt es häufig zu Starkregen mit Überschwemmungen, im Spätsommer zu Taifunen und der Winter bringt regelmäßig heftige Schneefälle.

1. Stellen Sie die Naturgefahren Japans für die einzelnen Landesteile dar (M1, M3, M4, M7).
2. Erläutern Sie eine mögliche Gefährdung der Stadt Fujikawaguchiko (M3, Internet).
3. Erklären Sie geophysikalische Naturgefahren Japans anhand der Theorie der Plattentektonik* (M4, M5).
4. Erklären Sie die Entstehung und Ausbreitung des Tsunamis am 11.3.2011 (M2, Atlas).
5. Erklären Sie den Unterschied zwischen Naturgefahr und Naturrisiko (M2).
6. Beurteilen Sie die Auswirkungen der Naturkatastrophen in Japan (M6).

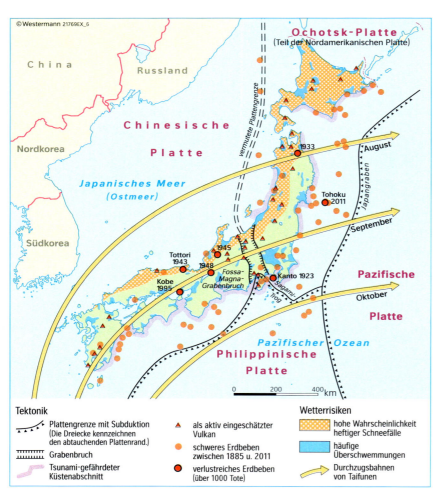

M1 Japan: Naturgefahren

Das Erdbeben vom 11. März 2011 vor der Pazifikküste Ostjapans erscheint als Naturkatastrophe, welcher der Mensch machtlos gegenübersteht. Andererseits: Der Mensch versucht, sich die Natur gefügig zu machen, dies umso erfolgreicher, je mehr er über technische Möglichkeiten verfügt. Dadurch macht er sich jedoch auch zunehmend verwundbar. Wie das „Große Erdbeben von Ostjapan" 2011 beispielhaft zeigt, kann dies zu einer verhängnisvollen Kettenreaktion führen, einer dreifachen Katastrophe: Erdbeben, Tsunami* und Atomunfall.

In einer immer stärker arbeitsteiligen und technisierten Welt stecken die Naturgefahren eher im Risiko, das der Mensch einzugehen gewillt ist. Deshalb gilt es zwischen (Natur-)Gefahr (natural hazard) und (Natur-)Risiko (natural risk) zu unterscheiden. Aus sozialwissenschaftlicher Perspektive wird Naturgefahr zum Naturrisiko, wo sich der Mensch dieser Gefahr bewusst ist und Möglichkeiten zur Schadensabwendung oder -verminderung kennt und Entscheidungen über Maßnahmen trifft oder eben auch nicht trifft. Für die Risikoforschung bedeutet dies einen Spagat zwischen unabwendbaren Gefahren („Gefahren ausgesetzt sein", passives Moment) und zukunftsgerichteten, kalkulierten Risiken („Risiken eingehen", aktives Moment). Bei der Analyse von Naturkatastrophen hat sich die Hazard-Forschung zu sehr auf die Bedeutung der Natur und der daraus resultierenden Gefahren konzentriert, zu wenig jedoch auf man-made hazards, die der Mensch durch das Wagnis zum Risiko hervorruft und durch Hazard-Management zu entschärfen sucht. Der Georisikoraum Japan dient dafür als herausragendes Beispiel.

In Japan gibt es kaum einen risikofreien Raum, ein Erdbeben kann auf dieser Inselkette überall ausbrechen. Die ständige Bedrohung des Menschen durch Naturkatastrophen ist ein Teil der Geschichte des Landes. Bisweilen heißt es, das Inselreich sei „einzigartig" auch darin, dass nirgendwo sonst die Erde so labil, der Mensch dermaßen durch Naturkatastrophen verwundbar sei. Dieses Problem betrifft aber nicht nur Japan, sondern auch zahlreiche andere Länder an den Bruchzonen von Kontinentalplatten. Am nordwestlichen Rand des Pazifischen Ozeans gelegen machen die japanischen Inselbögen nur einen kleinen Teil des zirkumpazifischen Ring of Fire aus. Was Japan jedoch besonders verwundbar macht ist die Konzentration der Bevölkerung in teilweise extrem engen Räumen. Die Verstädterung konzentriert sich auf die pazifische „Vorderseite" Japans: im engeren Sinne als Metropolisierung auf die drei großen Ballungsräume Tōkyō, Ōsaka und Nagoya, des Weiteren als Megalopolisierung zu einem großregionalen Städteband zwischen den Räumen Tōkyō und Ōsaka bzw. verlängert nach Westen bis Kitakyūshū/Fukuoka. Am meisten gefährdet ist die Hauptstadt Tōkyō. Die Metropolregion stellt mit 35 Mio. Menschen [...] den mit Abstand größten Verdichtungsraum der Welt dar.

Quelle: Winfried Flüchter: Das Erdbeben in Japan 2011 und die Optionen einer Risikogesellschaft. Geographische Rundschau 12/2011, S. 52

M2 Quellentext zu Naturgefahren und Naturrisiken

Mehrfachbedrohung durch Naturgefahren

M3 Die Stadt Fujikawaguchiko (25 000 Ew.) mit dem Fujisan (Fudschijama) im Hintergrund

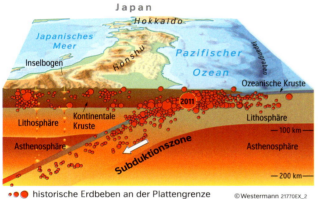

M4 Japan: Verteilung der Erdbebenzentren

M7 Taifun vor Japan

Die im Erdinneren stattfindenden Prozesse (endogenen P.) wie die Orogenese (griechisch: oros = Gebirge, genese = Entstehung), Erdbeben und Vulkanismus lassen sich durch die Plattentektonik* erklären. Unterschieden werden bei der Gebirgsbildung der Alpine (Himalayatyp), der Andine und der Inselbogentyp.
Beim Himalayatyp stoßen zwei kontinentale Platten zusammen und beim Andinen Typ (Anden, Kordilleren) taucht eine ozeanische unter eine kontinentale Platte und wird subduziert (lat.: sub = unter, cucere = schieben). Die Entstehung der japanischen Inseln entspricht dem Inselbogentyp. Durch die Subduktion* der Pazifischen Platte unter eine weitere ozeanische Platte entstehen auf dem Meeresboden Ketten von Vulkaninseln, die Inselbögen. Durch die Kollision der Platten werden die Sedimente zusammengeschoben und gefaltet und in die Inselbögen eingebaut. Durch Gesteinsbewegungen im Untergrund beim plötzlichen Lösen des Druckes der Platten aufeinander entstehen tektonische Beben. Erdbeben, die im Meer ausgelöst werden, können riesige Meereswellen (Tsunamis) erzeugen.

M5 Inselbogentyp der Orogenese

Jahr	Betroffene Haushalte	Betroffene Personen	Schaden (in Mio. Yen)	Personenschäden		
				Tote	Vermisste	Verletzte
2007	12 223	33 221	393 854	37	4	3 116
2008	4 984	12 090	261 276	88	13	1 413
2009	6 259	15 258	246 241	113	2	1 091
2010	2 828	6 200	206 729	84	5	897
2011	243 898	142 417	6 418 728	17 051	2 942	8 701
2012	17 048	27 210	397 221	189	3	2 904
2013	8 392	17 691	365 918	166	7	1 981
2014	8 442	13 874	392 312	272	8	3 421
2015	10 422	23 857	280 968	64	1	1 146
2016	85 190	60 880	1 755 316	293	4	3 840

Jahr	Wohnhäuser			Nichtwohngebäude		Erdrutsch (Orte)
	vollständig zerstört	halb zerstört	teilweise zerstört	öffentliche Gebäude	Andere	
2007	2 107	7 875	65 134	279	37 216	1 521
2008	63	212	4 516	511	1 620	765
2009	255	1 381	15 092	517	3 970	2 783
2010	68	592	1 637	140	1 855	3 142
2011	129 227	256 994	730 699	37 393	50 185	2 375
2012	553	3 165	12 657	980	8 234	2 344
2013	264	2 328	16 516	397	4 861	3 308
2014	367	1 145	17 396	441	7 021	2 130
2015	123	7 264	6 846	343	4 401	1 470
2016	9 286	36 709	175 211	570	15 268	830

Quelle: Fire and Disaster Management Agency, Japan

M6 Auswirkungen von Naturkatastrophen in Japan (2007 – 2016)

1.4 Monsunklima und Erderwärmung

China erstreckt sich fast 4000 km vom Amur nach Süden und über 4800 km in westlicher Richtung. Bei derartig großen Entfernungen treten naturgemäß große klimatische Unterschiede auf. Die Palette reicht von Hochgebirgs- und Trockenklimaten im Osten bis zu tropischen Gebieten ganz im Süden. Zentral- und Ostchina liegen hingegen in der gemäßigten und subtropischen Klimazone. In ganz China und Ostasien wird das Klima durch Monsunwinde bestimmt.

1. In Ostasien herrschen richtungsstabile Monsunwinde vor (M4, Atlas).
   a) Beschreiben Sie die Monsunwinde in Ost- und Südasien.
   b) Erklären Sie deren Stabilität.
2. Stellen Sie die klimatischen Verhältnisse in China dar (M1, M3).
3. Analysieren Sie anhand der Niederschläge und der Vegetationszeit die Nutzungsmöglichkeiten Chinas (M1, M3).
4. Erläutern Sie die extremen Schneefälle auf der japanischen Insel Honshu (geogr. Breite wie Sizilien, M2).
5. Erläutern Sie die Auswirkungen des Klimawandels* auf das Klima in der Hindukusch-Himalaya-Region (M6, M9).
6. Erörtern Sie die Auswirkungen des Klimawandels für Ost- und Südasien bei Begrenzung der globalen Erwärmung um 1,5 °C (Pariser Abkommen, M5–M9).

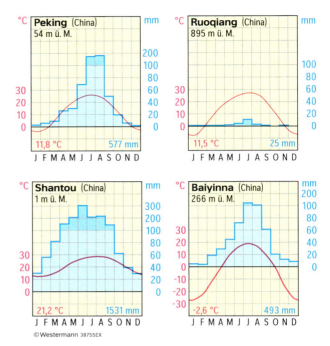

M3 Klimadiagramme chinesischer Klimastationen

Vegetationszeit (Wachstumszeit)
Zeitdauer, während der pflanzliches Wachstum möglich ist (d.h. in der die Pflanzen blühen, fruchten und reifen). Pflanzenwachstum ist an Tagen >+5°C möglich; Weizen: 120 Tage >10°C; Wasserreis: >25 - 30°C, Bergreis >18°C.

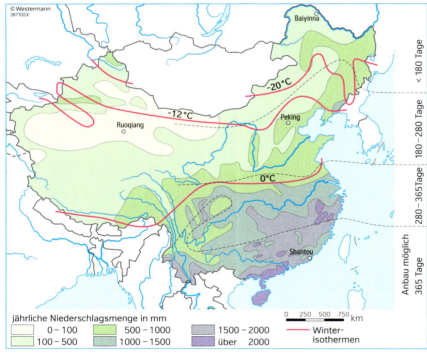

M1 Niederschläge und Vegetationszeit in China

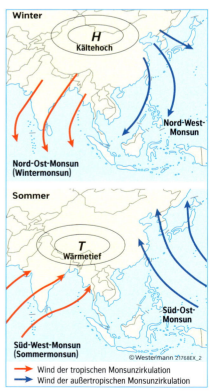

M4 Die tropische und außertropische Monsunzirkulation

M2 Luftmassenbewegung über Japans Hauptinsel Honshu zur Zeit des Wintermonsuns

M 5 Hindukusch-Himalaya-Region und ihre Flusseinzugsgebiete

M 8 Erdrutsch in Hakha (Myanmar) nach schweren Regenfällen 2015

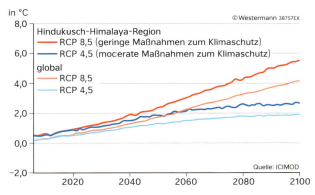

M 6 Klimaprojektionen* für die Erdoberflächentemperatur bis 2100 (global, Hindukusch-Himalaya-Region für verschiedene Szenarien gegenüber dem Referenzzeitraum 1976 – 2005)

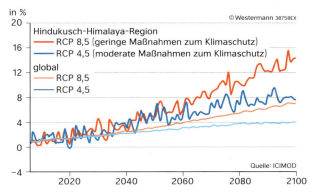

M 9 Klimaprojektionen* für die Niederschlagsentwicklung bis 2100 (global, Hindukusch-Himalaya-Region für verschiedene Szenarien gegenüber dem Referenzzeitraum 1976 – 2005)

Eine umfassende neue Studie der Region Hindukusch Himalaya (HKH), die wegen ihres riesigen Eisvorrats als „Dritter Pol" der Welt bekannt ist und die Heimat des Mount Everest, des K2 und anderer hoch aufragender Gipfel ist, stellt sogar das ehrgeizigste Ziel des Pariser Abkommens* in Frage. Eine Begrenzung der globalen Erwärmung auf 1,5°C bis Ende des Jahrhunderts würde dort zu einem Temperaturanstieg von 2,1°C führen und ein Drittel der Gletscher der Region schmelzen lassen, eine Wasserquelle für rund 250 Mio. Bergbewohner und 1,65 Mrd. Menschen, die dort und in den Flusstälern abwärts leben. Wenn die globalen Klimabemühungen scheitern, [...] würden die derzeitigen Emissionen zu einer Erwärmung von 5°C und einem Verlust von zwei Dritteln der Gletscher der Region bis 2100 führen. [...] Die globale Erwärmung ist auf dem besten Weg, die kalten, gletscherbedeckten Bergspitzen des HKH [...] in weniger als einem Jahrhundert in Felsen zu verwandeln. Die Auswirkungen auf die Menschen in der Region, die bereits eine der anfälligsten und gefährdetsten Bergregionen der Welt ist, reichen von einer Zunahme extremer Wetterereignisse über einen Rückgang der landwirtschaftlichen Erträge bis hin zu häufigeren Katastrophen. Aber es ist die projizierte Verringerung der Wassermenge der Flüsse in der Vormonsunzeit, die auf die geringere Schneeschmelze zurückzuführen ist, und die Veränderungen im Monsun, die die städtischen Wassersysteme sowie die Nahrungsmittel- und Energieerzeugung aus dem Gleichgewicht bringen, die die Region am härtesten treffen wird. [...] Obwohl die Bergregion vor rund 70 Mio. Jahren entstanden ist, sind ihre Gletscher extrem empfindlich gegenüber dem Klimawandel. Seit den 1970er-Jahren, als die globale Erwärmung einsetzte, haben sich diese Eismassen stetig verdünnt und zurückgezogen, und die schneebedeckten Flächen und die Schneemenge sind zurückgegangen. Diese Veränderungen haben in der gesamten Region Auswirkungen. Wenn die Gletscher schmelzen, fließen sie in Seen und Flüsse. Änderungen des Zeitpunkts und der Größe dieser Schmelze führen zu einer Zunahme der Anzahl und Größe der Gletscherseen, die plötzlich überfluten können. Dies kann dazu führen, dass der Gletscher in große Flüsse abfließt, was zu Überschwemmungen und zur Zerstörung von Ernten führen kann. Als Folge der HKH-Eisschmelze wird erwartet, dass mehr Wasser durch die Flüsse [...] strömt, was zu einer Veränderung der Landwirtschaft in den umliegenden Tälern führt. Die [Wirkung der] Treibhausgase wird durch Luftschadstoffe aus der Indus-Ganges-Ebene verschärft, die eine der am stärksten belasteten Regionen der Welt ist. Diese Schadstoffe setzen auf den Gletschern schwarzen Kohlenstoff und Staub ab, beschleunigen ihr Schmelzen und verändern die Monsunzirkulation und die Niederschlagsverteilung in ganz Asien. Wie das Erdbeben in Nepal im Jahr 2015 zeigte, sind Bergstädte und Siedlungen anfällig für Katastrophen – von Erdrutschen über Erosion bis hin zu Muren und Überschwemmungen. Mit zunehmender Anzahl und Intensität dieser Katastrophen sind mehr als eine Milliarde Menschen gefährdet. [...] Da sich viele der Katastrophen und plötzlichen Veränderungen über die Landesgrenzen hinweg auswirken werden, könnte es leicht zu Konflikten zwischen den Ländern der Region kommen. Aber die Zukunft muss nicht düster sein, wenn die Regierungen zusammenarbeiten, um gegen schmelzende Gletscher und die unzähligen Auswirkungen zu kämpfen, die sie entfesseln", [sagte Eklabya Sharma, stellvertretender Generaldirektor von ICIMOD.]

Quelle: Two-degree temperature rise could melt half of glaciers in Hindu Kush Himalaya region, destabilizing Asia's rivers. ICIMOD 4.2.2019 (Übers.: Rainer Starke)

M 7 Quellentext zu den Auswirkungen des Klimawandels*

1.5 Nahrungssicherheit – eine beständige Herausforderung

Die globalen Grenzen des Wachstums und die begrenzte Tragfähigkeit der Erde wurden erstmals durch den britischen Ökonomen Thomas Robert Malthus (1766 – 1834) in seinem Werk zur Bevölkerungstheorie thematisiert. Die Überbevölkerung werde zum Problem, wenn die Menschheit exponentiell wachse, die Nahrungsmittelproduktion jedoch nur linear. Zwar ist das Bevölkerungswachstum in China heute rückläufig und in Japan nimmt die Bevölkerung sogar ab. Doch trotzdem sind Nahrungssicherheit*, Tragfähigkeit, eine hohe Selbstversorgungsquote und eine produktive Landwirtschaft wichtige nationale Themen in den ostasiatischen Ländern.

1. Stellen Sie die agrarische Nutzung in China in Abhängigkeit vom Klima dar (M1, S. 12: M1).
2. Erläutern Sie die Aussage, Landwirtschaft in China sei ein Kraftakt (M1 – M4, M6).
3. Erläutern Sie die Faktoren, die die landwirtschaftliche Tragfähigkeit in Japan und China gefährden (M2, M5, M6).
4. Vergleichen Sie die Landwirtschaft und die Selbstversorgungsquote in China und Japan (M5, M10).
5. Begründen Sie die Entwicklung der Nahrungsmittelimporte in China (M8, M2).
6. Beurteilen Sie das Vertical Farming in Japan als Beitrag zur Nahrungssicherheit (M7, M9).

Tragfähigkeit
menschliche Bevölkerung eines Raumes, die in diesem unter Berücksichtigung des erreichten Kultur- und Zivilisationsstandes auf landwirtschaftlicher, natürlicher oder gesamtwirtschaftlicher Basis auf längere Sicht leben und überleben kann.

Landwirtschaft in China ist schon immer ein Kraftakt gewesen. Dies verdeutlichen nicht nur die mit großem Geschick angelegten Reisterrassen, sondern auch die statistischen Fakten: Als größter landwirtschaftlicher Erzeuger der Erde muss die VR China 22 % der Weltbevölkerung versorgen, verfügt aber nur über 10 % der weltweiten Agrarfläche. Aufgrund der Bodenknappheit legte die chinesische Regierung im Jahr 2008 eine „rote Linie" von 120 Mio. ha Ackerland fest, die nicht unterschritten werden darf. Da die VR China derzeit auf 121,7 Mio. ha Ackerbau betreibt, kommt sie der gesteckten Grenze bereits sehr nahe und chinesische Politiker sorgen sich weiter um die Ernährungssicherheit* der Bevölkerung. Trotz der starken geographischen Beschränkungen ist Chinas Lebensmittelproduktion gewaltig. Im Jahr 2015 wurden 208,3 Mio. t Reis und 130,2 Mio. t Weizen produziert, soviel wie in keinem anderen Land der Welt. [...] China betreibt wegen seiner Bodenknappheit eine sehr intensive Form der Landwirtschaft, die wiederum die Umwelt stark belastet. So wurden im Jahr 2013 ganze 63,5 Mio. ha Land künstlich bewässert und fast 60 Mio. t Kunstdünger ausgebracht. Insbesondere in den vielen landwirtschaftlichen Kleinbetrieben der bergigen Regionen Südchinas kommt es häufig zu exzessivem Einsatz von Pestiziden und Kunstdünger, was eine Verseuchung der Böden zur Folge hat. [...] Die industrielle Landwirtschaft ist vor allem im Bereich der Fleischproduktion enorm ausgeweitet worden. Grund hierfür ist die stark gestiegene Nachfrage nach Fleisch. [...] Mittlerweile geht es [...] nicht mehr allein um Masse, sondern auch um Klasse. Chinas Verbraucher fragen verstärkt nach qualitativ hochwertigen und sicheren Lebensmitteln.

Quelle: Stiftung Asienhaus (Hrsg.): Chinas Landwirtschaft. Beiblatt Nr.6 zur Broschüre „Sustainable Agriculture in China". Köln 2016, S. 2 – 3

M2 Quellentext zur Landwirtschaft in China

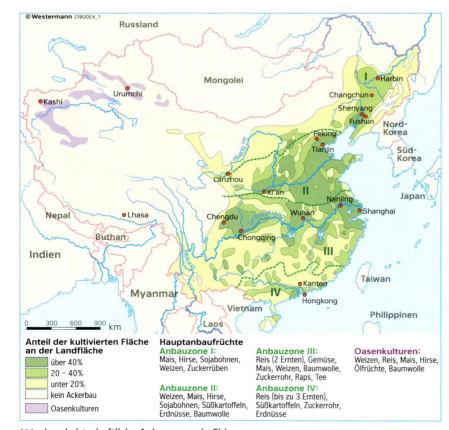

M1 Landwirtschaftliche Anbauzonen in China

M3 Weizenanbau in der Inneren Mongolei

M4 Reisanbau in Yunnan

Nahrungssicherheit – ein beständiges Problem

	Anteil der Landwirtschaft am BIP (in %)		Anteil der LW an der Beschäftigung (in %)		Landwirtschaftliche Nutzfläche		Ackerland pro Kopf (in ha/1000 Ew.)	Ackerland in % der Landesfläche	Kunstdüngerverbrauch (in kg/ha)	Anteil von Nahrungsmitteln an Gesamtexporten (in %)
	1995	2017	1991	2018	in Mio. ha	in %[1]				
China	19,6	7,9	55,3	16,4	527,7	56,2	94	14,4	503	3,0
Japan	1,7	1,2	6,7	3,5	4,5	12,3	35	12,3	242	0,9
Südkorea	5,3	2,0	16,4	4,8	1,7	17,4	32	16,9	380	1,3
Nordkorea	k.A.	k.A.	62,6	67,0	2,6	21,8	102	21,4	k.A.	k.A.
Taiwan	k.A.	k.A.	k.A.	k.A.	0,8	22,4	34	22,4	k.A.	k.A.
Mongolei	32,5	10,3	46,9	29,8	111,1	71,5	189	0,4	40	1,9
Deutschland	0,9	0,6	4,1	1,3	16,7	47,7	146	32,4	197	5,6
Welt	7,6	3,5	43,2	26,0	4869,6	37,4	213	12,2	141	9,2

LW = Landwirtschaft [1] der Landesfläche   Quelle: World Bank, FAO

M 5 Kenndaten der Landwirtschaft der ostasiatischen Staaten (2016)

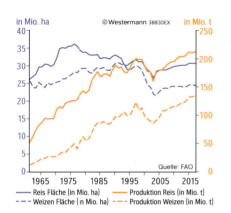

M 6 Produktion und Anbauflächen von Weizen und Reis in China (1961–2017)

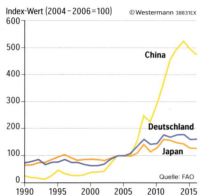

M 8 Entwicklung der Nahrungsmittelimporte in China, Japan und Deutschland

		China (in Mio. t)	Japan (in Mio. t)
Getreide	Prod./Verbr.	485,1/483,5	8,2/33,8
	Import/Export	14,8/2,1	25,5/0,3
Gemüse/Obst	Prod./Verbr.	732,5/716,7	14,3/21,7
	Import/Export	3,8/19,6	7,5/0,0
Pflanzl. Öle	Prod./Verbr.	21,7/32,6	1,6/2,7
	Import/Export	11,2/0,2	1,1/0,1
Soja	Prod./Verbr.	12,0/75,0	0,2/3,0
	Import/Export	63,3/0,3	2,8/0
Schweinefleisch	Prod./Verbr.	52,7/53,3	1,3/2,7
	Import/Export	0,8/0,3	1,4/0,0

Differenzen: Lagerung, Transportverluste, statistische Fehler   Quelle: FAO

M 10 Produktion, Verbrauch, Import, Export ausgewählter Agrarprodukte in Japan und China 2013

Aufgrund der Rahmenbedingungen hat Japan beim Vertical Farming eine Führungsrolle übernommen. Wegen der Inselstruktur und des überwiegend bergigen Landesinneren sind die Anbauflächen natürlich begrenzt und machen lediglich 14 % der Gesamtfläche aus. Nach der Fukushima-Katastrophe hat sich die landwirtschaftliche Nutzfläche nochmals verkleinert, da weite Anbaugebiete im Nordosten des Landes strahlenkontaminiert sind. Japan ist zudem schon seit Jahren auf Nahrungsmittelimporte angewiesen und hat sich in den letzten Jahren zum weltgrößten Nahrungs- und Futtermittelimporteur entwickelt. Die Selbstversorgungsquote sank 2010 auf einen historischen Tiefstand (40 %) [...]. Damit hat Japan die niedrigste Selbstversorgungsrate aller Industrieländer. So sieht sich die Regierung zum Handeln gezwungen und versucht, in den nächsten Jahren die Landwirtschaft zu modernisieren, die Selbstversorgungsquote zu erhöhen und Japans Landwirtschaft insgesamt weltmarkttauglich aufzustellen. Mithilfe des Vertical Farmings hofft das Land einen Schritt in diese Richtung zu machen. Dabei sind die Rahmenbedingungen für Vertical Farming in Japan ideal. Der Urbanisierungsgrad liegt bei weit über 90 % und das technologische Know-how ist längst vorhanden. So betreiben mehrere japanische Firmen auf zehntausenden Quadratmetern bereits seit Jahren einen vertikalen Gemüse- und Salatanbau. Mittlerweile gibt es über 400 Hightech-Gemüse-Fabriken. [...]
Beim Vertical Farming werden die Zweige der landwirtschaftlichen Entwicklung, grüne Gentechnik, nachhaltige Landwirtschaft und Agro-Hightech sowie die moderne Stadtentwicklung miteinander vereint. Vertical Farming bedeutet, dass in Hochhäusern Indoor-Plantagen eingerichtet werden. In diesen Plantagen können optimale Wachstumsbedingungen erzeugt werden, sodass mehrere Ernten im Jahr möglich sind. Die äußeren Rahmenbedingungen werden so angelegt, dass die Pflanzen am besten gedeihen können. In japanischen Plantagen herrscht

M 9 Indoor-Plantage in Japan

beispielsweise ein erhöhter Kohlenstoffdioxidanteil in der Luft, um die Photosynthese anzuregen. Leuchtdioden erzeugen das Licht, das die Pflanzen benötigen. Viren, Bakterien, Insekten, Pilze bleiben außen vor. Pestizide oder Fungizide kommen daher gar nicht erst zum Einsatz. Optimierte Wasserkreisläufe sorgen für einen effizienten Wassereinsatz und eine immensen Wasserersparnis. Das Abwasser kann aufgefangen und wiederverwendet werden. Zumal grundsätzlich Regenwasser bzw. Brauchwasser genutzt werden kann. Die Klärreste sowie die Pflanzenabfälle können zu Biogas vergärt werden. Erde wird nicht mehr benötigt. Die Pflanzen wachsen im Wasser bzw. in bestimmten Nährstofflösungen. [...] Der Strom- und Wärmebedarf wird komplett über erneuerbare Energie gedeckt. [...] Die Transportwege sind kurz, da der Anbau mitten unter den Abnehmern erfolgt.

Quelle: Thomas Koch: Vertical Farming. Die Zukunft der Landwirtschaft in Japan? Praxis Geographie 10/2015, S. 22

M 7 Quellentext zum Vertical Farming in Japan

1.6 Grundnahrungsmittel Fisch

Im maritimen Ostasien hat Fisch traditionell eine hohe Bedeutung als Nahrungsmittel, insbesondere als Quelle tierischer Proteine. Der Fischkonsum in China, Japan und Südkorea nimmt im weltweiten Vergleich eine Spitzenposition ein. In ihrer Rolle als Fischproduzenten und -exporteure gab es in den letzten Jahrzehnten allerdings große Veränderungen zwischen den großen ostasiatischen Staaten. Zudem kam in dieser Zeit mit dem massiven Ausbau der Aquakultur eine weitere Methode der Fischproduktion hinzu.

1. Erstellen Sie eine Übersicht der weltweit größten Fischproduzenten und Fischkonsumenten (M2, M6).
2. Charakterisieren Sie die Rolle Chinas und Japans in der globalen Fischereiwirtschaft (M1, M2).
3. Analysieren Sie die Bedeutung der Fischereiwirtschaft für die Ernährung und als Wirtschaftsfaktor in Ostasien (M1 – M6).
4. Stellen Sie die Entwicklung der Aquakulturen in China dar (M7, M10).
5. Erörtern Sie das Projekt des Reisanbaus und der Aquakultur auf gleicher Fläche (M8).
6. Die Fischereiwirtschaft stabilisiert in Ostasien die Nahrungssicherheit. Nehmen Sie Stellung zu der These (M1 – M7).
7. Beurteilen Sie im Hinblick auf die Nahrungssicherheit die Wiederaufnahme des Walfangs in Japan (M9, M11, M12).

M3 Fischmarkt in Tokio

	Fischproduktion (in 1000 t)[1,3]	Anteil Binnenfischerei [1,3]	Fischkonsum (in kg/Ew.)[2]	Verhältnis Fisch/Tierprotein[2]
China	79 935	39,2 %	37,9	22,4 %
Japan	4 296	1,5 %	48,9	36,1 %
Südkorea	3 672	1,0 %	53,5	34,1 %
Nordkorea	833	1,8 %	11,0	28,8 %
Taiwan	1 031	11,5 %	33,5	20,0 %
Mongolei	0,02	100 %	0,8	0,6 %
Deutschland	284	13,3 %	12,6	6,9 %
Welt	90 052	33,8 %	19,8	16,9 %

[1] 2017 [2] 2013 [3] incl. Aquakultur Quelle: FAO

M4 Kenndaten der Fischerei und des Fischkonsums in Ostasien

Land	Export (in Mio. US-$)		Land	Import (in Mio. US-$)	
	2006	2016		2006	2016
China	8 968	20 131	USA	14 058	20 547
Norwegen	5 503	10 770	Japan	13 971	13 878
Vietnam	3 372	7 320	China	4 126	8 783
Thailand	5 267	5 893	Spanien	6 359	7 108
USA	4 143	5 812	Frankreich	5 069	6 177
Indien	1 763	5 546	Deutschland	4 717	5 153
Chile	3 557	5 143	Italien	3 739	5 601
Kanada	3 660	5 004	Schweden	2 028	5 187
Dänemark	3 987	4 696	Südkorea	2 753	4 604
Schweden	1 551	4 418	UK	3 714	4 210
Welt	86 293	142 530	Welt	90 871	135 037

UK = Vereinigtes Königreich Quelle: FAO

M1 Top 10 Exporteure und Importeure von Fisch und Fischprodukten (2006 und 2016)

		1990	2000	2010	2016
Welt	Fischerei	27 071 570	32 826 719	38 268 197	40 039 900
	Aquakultur	3 876 878	10 400 413	16 570 060	19 271 000
China	Fischerei	9 432 464	9 213 340	9 013 173	8 795 228
	Aquakultur	1 740 999	3 722 349	4 978 969	5 021 686
Taiwan	Fischerei	232 921	216 501	246 659	229 256
	Aquakultur	92 981	97 598	83 522	92 575
Japan	Fischerei	370 600	260 200	202 880	160 020
Südkorea	Fischerei	k.A.	99 792	80 538	61 505
	Aquakultur	k.A.	45 450	34 419	26 709

Quelle: FAO

M5 Entwicklung der Zahl der Beschäftigten in den Bereichen Fischereiwirtschaft und Aquakulturen

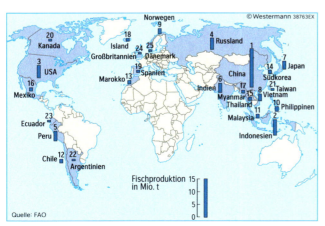

M2 Weltweite Fischproduktion (25 größte Produzenten, 2016)

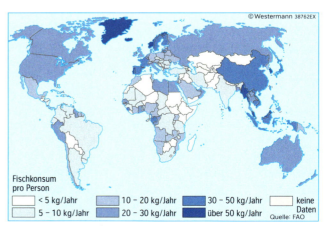

M6 Fischkonsum (Durchschnitt 2013 – 2015)

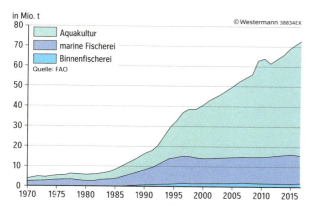

M 7 Fischproduktion in China (1970 – 2017)

M 10 Aquakulturen in China

China ist weltweit die wichtigste Aquakulturnation. Aber Aquakulturen gelten als problematisch. Die Fische werden nicht artgerecht gehalten und sind krankheitsanfälliger. Durch den Einsatz von Antibiotika und Medikamenten ist der Fisch mit Rückständen belastet. Nährstoffe und Fischkot führen zur Überdüngung. In China besinnt man sich auf die 2000 Jahre alte Methode der Fischzucht in den Reisfeldern. Dazu werden um die Reisfelder Gräben und Böschungen als Sperre für die Fische gezogen. Auf der Böschung wird Fischfutter wie Raps und Soja angebaut. Die in den Feldern ausgesetzten Fische wachsen während der Wachstumszeit des Reises. Sie ernähren sich von Phytoplankton, das beim Reisanbau anfällt. Die Exkremente der Fische wiederum düngen den Reis. Außerdem fressen die Fische Mückenlarven und senken das Malariarisiko. Zur Ernte wird das Wasser abgelassen und die Fische werden eingesammelt. 300 bis 900 kg Fisch pro Hektar lassen sich in diesen Reis/Fisch-Kulturen züchten. Nicht zuletzt steigen die Einkommen der Bauern durch diese Agrarkombination.

M 8 Reis-/Aquakulturen in China

Am 26. Dezember 2018 kündigte die japanische Regierung ihren Rücktritt aus der Internationalen Walfangkommission (IWC) an. Ab Juli 2019 soll die kommerzielle Jagd auf Großwale in japanischen Gewässern offiziell wieder aufgenommen werden. Der „wissenschaftliche" Walfang in der Antarktis und den internationalen Gewässern im Nordpazifik soll eingestellt werden. Stattdessen werden die Walfänger Jagd auf Sei-, Zwerg- und Bryde-Wale in den japanischen Küstengewässern und innerhalb Japans Ausschließlicher Wirtschaftszone machen. [...] Japans Entscheidung hat das Potenzial, mehr als drei Jahrzehnte Arbeit zum Schutz und Erhalt der großen Walarten zu gefährden. Im Jahr 1982 einigte sich die IWC auf ein weltweites Verbot oder Moratorium (indem alle Tötungsquoten auf null gesetzt wurden) für den kommerziellen Walfang für alle Großwalarten. Dieses Verbot trat 1986 in Kraft und ist einer der größten Erfolge des modernen Artenschutzes.

Astrid Fuchs: Japans Austritt aus der Internationalen Walfangkommission – Schlechte Nachrichten für die Wale. www.whales.org 14.1.2019

[Befürworter der Wiederaufnahme des kommerziellen Walfangs] nennen entweder kulturelle Gründe – in Japan behauptet man, traditionell ein Walesserland zu sein – oder die Vermutung, dass Wale nicht so gefährdet sind, wie es die IWC behauptet. Beide Punkte sind umstritten, aber ein weiterer, obskurer Grund, den Walfang zuzulassen, ist, dass der Verzehr von Walfleisch als Proteinzusatz umweltfreundlicher ist als der Verzehr von Vieh, dessen Produktion als Hauptquelle für Treibhausgase und allgemeine Umweltzerstörung gilt. [...]
[Nur] etwa 33 Prozent der Befragten [einer Umfrage in Japan] gaben an, dass sie Wale essen wollten. [...] Der ursprüngliche Grund dafür, dass sich das Walfleisch von einem regionalen zu einem landesweiten Grundnahrungsmittel in Japan ausdehnte, war der ernste Nahrungsmittelmangel nach dem Zweiten Weltkrieg, und es waren ältere Menschen in der Umfrage, die sagten, sie wollen Wale essen. [...] Die Gründe, warum die Befragten keine Wale aßen, waren der Geschmack oder die Tatsache, dass es andere Lebensmittel gibt, die sie lieber essen würden.

Philip Brasor, Masako Tsubuku: In 2019, how hungry is Japan for whale meat? The Japan Times 11.1.2019 (Übers.: Rainer Starke)

M 9 Quellentexte zur Wiederaufnahme des Walfangs in Japan

M 11 Wale auf Deck eines japanischen Walfangschiffs (2005)

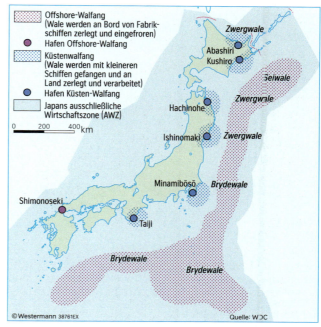

M 12 Kommerzieller Walfang in Japan seit Juli 2019

1.7 Ungebremster Hunger nach Rohstoffen

Aufgrund des enormen wirtschaftlichen Wachstums hungert China geradezu nach Rohstoffen. China erschließt Rohstoffvorkommen in Entwicklungsländern, insbesondere in Afrika, und sichert sich so zukünftige Rohstoffimporte. Dabei führt das Land die weltweiten Förderlisten bei vielen Rohstoffen an. Bei den für viele moderne elektronische Produkte wichtigen Seltenen Erden spielt China eine besondere Rolle.

1. Bestimmen Sie die geographische Lage der energetischen Rohstoffvorkommen in China (M2).
2. Erklären Sie die Bedeutung der Kohle unter den energetischen Rohstoffen in China (M1, M2).
3. Analysieren Sie die Fördermengen und Reserven der mineralischen Rohstoffe (M3, M4).
4. Erläutern Sie den Namen und die Bedeutung Seltener Erden (Internet, M5, M10).
5. Stellen Sie die Umweltprobleme beim Abbau Seltener Erden dar (M7–M9).
6. Erläutern Sie die Entwicklung bei der Produktion Seltener Erden seit 2010 (M5, M6).
7. Beurteilen Sie, ob man Seltene Erden zu den kritischen Rohstoffen zählen kann (M5, M6).

	Reserven		Förderung	
	in 1000 t	in %[2] (Rang)	in 1000 t	in %[2] (Rang)
Wolfram	1 900	57,8 (1.)	67	81,7 (1.)
Seltene Erden	44 000	36,7 (1.)	120	70,5 (1.)
Phosphaterz	3 200 000	4,6 (2.)	140 000	51,9 (1.)
Blei	18 000	21,7 (2.)	2 100	47,7 (1.)
Molybdän	8 300	48,8 (1.)	130	43,3 (1.)
Zink	44 000	19,1 (2.)	4 300	33,1 (1.)
Zinn	1 100	23,4 (1.)	90	29,0 (1.)
Bauxit	1 000 000	3,3 (7.)	70 000	23,3 (2.)
Eisenerz	20 000 000	11,8 (4.)	340 000	13,6 (3.)
Gold	2 000[1]	3,7 (9.)	400[1]	12,2 (1.)
Kupfer	26 000	3,1 (8.)	1 600	7,6 (3.)

[1] in t [2] der Weltreserven/förderung Quelle: USGS

M 3 Reserven und Förderung von mineralischen Rohstoffen (2018)

China war mit 19 % des Wertes weltweit der mit Abstand größte Produzent mineralischer Rohstoffe. Insgesamt 18 Rohstoffe wiesen einen Produktionswert von jeweils über 1 Mrd. US-$ auf. Eisenerz nahm dabei mit 80 Mrd. US-$ fast die Hälfte des Gesamtwertes ein. Es folgten Gold, Phosphat, Kupfer und Zink mit jeweils über 10 Mrd. US-$. Bei der Raffinadeproduktion war die Dominanz noch viel größer. Hier stand China vom Wert für fast 50 % des weltweiten Produktionsvolumens. China dominierte praktisch alle Raffinadeprodukte von Aluminium bis Zinn. Vom Wert hervorzuheben ist die Stahlproduktion, die ca. 50 % des weltweiten Raffinadeumsatzes ausmachte. Hier hatte China einen Anteil von 48 %, was einem Wert von etwa 500 Mrd. US-$ entsprach. Bei den Reserven lag China hinter Australien auf dem 2. Platz. Eisenerz war zwar der wichtigste Rohstoff bei den Reserven, insgesamt waren die Rohstoffe jedoch recht gut diversifiziert.

Quelle: Vorkommen und Produktion mineralischer Rohstoffe – ein Ländervergleich. Bundesanstalt für Geowissenschaften und Rohstoffe (BGR) 2017, S. 16

M 4 Quellentext zur Produktion mineralischer Rohstoffe

	Reserven		Förderung		Verbrauch	
	in Mio. t	in %[1] (Rang)	in Mio. t	in %[1] (Rang)	in Mio. t	in %[1] (Rang)
Steinkohle	128 112	17,9 (2.)	3 103	49,3 (1.)	3 349	53,4 (1.)
Braunkohle	7 801	2,5 (6.)	140	14,1 (2.)	140	14,2 (2.)
Erdöl	3 435	1,5 (13.)	200	4,6 (7.)	860	13,2 (2.)
Erdgas	5 191[2]	2,6 (10.)	142[1]	3,9 (6.)	204[1]	5,7 (3.)
Uran	128[3]	3,7 (9.)	1,6[2]	2,6 (8.)	5,3[2]	8,4 (4.)

[1] der/des Weltreserven/förderung/verbrauch [2] in Mrd. m³ [3] in 1000 t Quelle: BGR

M 1 Reserven, Förderung und Verbrauch von Energierohstoffen in China (2016)

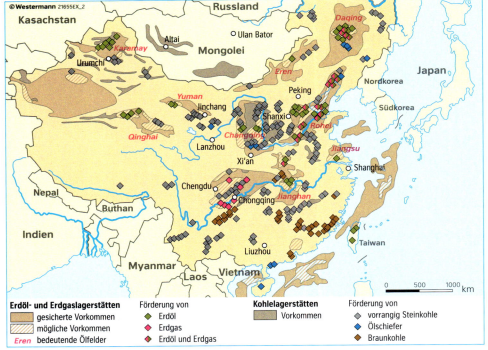

M 2 Erdöl-, Erdgas- und Kohlelagerstätten in China

Reserven
nachgewiesene, zu heutigen Preisen und mit heutiger Technik wirtschaftlich gewinnbare Rohstoffe.

Raffinadeproduktion
technisches Verfahren zur Reinigung, Veredlung, Trennung oder Konzentration von Rohstoffen.

Kritische Rohstoffe
Rohstoffe werden als kritisch bezeichnet, wenn das mit ihnen verbundene hohe Versorgungsrisiko in erster Linie darauf zurückzuführen ist, dass sich die weltweite Produktion zum großen Teil auf wenige Länder konzentriert. Das Risiko der Rohstoffversorgung und -verfügbarkeit wird vor allem auch dadurch erhöht, dass die produzierenden Länder von internationalen Institutionen als politisch instabil kategorisiert werden. In vielen Fällen kommt hinzu, dass sich der Rohstoff nur schwer ersetzen lässt und seine Recyclingquote gering ist.

Seltene Erden (abgekürzt: SE) ist ein Oberbegriff für eine Gruppe von einzelnen Metallen bzw. chemischen Elementen, die zur Gruppe 3 des Periodensystems gehören. Ausgehend vom Atomgewicht werden leichte, mittlere und schwere SE unterschieden. [...] Der durchschnittliche Gehalt an SE in der Erdkruste beträgt >180 ppm; im Vergleich kommen sie damit häufiger vor als Blei, Gold oder Platin. [Die weltweiten Reserven garantieren] eine theoretische Versorgung mit SE von über 200 Jahren. Auffällig ist, dass die schweren SE in der Mehrheit der Lagerstätten nur in sehr geringen Konzentrationen auftreten. [...] Trotz der insgesamt großen globalen Reserven konzentrieren sich sowohl die derzeit wirtschaftlich nutzbaren Vorkommen als auch die Produktion von SE auf nur wenige Länder. Die gegenwärtigen Diskussionen um die mögliche Verknappung der SE, insbesondere der schweren SE, haben global zahlreiche neue Prospektionen und Explorationen ausgelöst, u. a. in den USA, Australien, Brasilien, Kanada, Madagaskar, Malawi und Vietnam. [...]

China, der weltgrößte SE-Produzent, hat sein Exportmaximum von [...] 2013 bisher nicht wieder erreicht; vielmehr sind die Exportzahlen [...] gesunken. Zudem reduzieren die großen SE-Unternehmen in China aktuell ihre gesamte Produktionsmenge [...], nicht zuletzt als Reaktion auf die sinkenden SE-Preise und auf die dadurch in zahlreichen chinesischen SE-Minen entstehenden Verluste. China steuert und begrenzt seine Produktion vor allem deshalb, um die eigenen Ressourcen an schweren SE für sich selbst langfristig zu erhalten. Dies könnte beim Rest der Welt schon bald zu Versorgungsproblemen mit schweren SE führen.

Quelle: Karl-Heinz Otto: Seltene Erden. Karl-Heinz Otto (Hrsg.): Welt im Wandel. Braunschweig: Westermann 2017, S. 186–188

M 5 Quellentext zu Seltene Erden

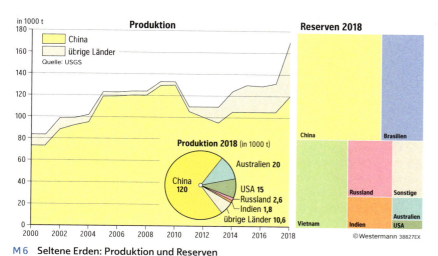

M 6 Seltene Erden: Produktion und Reserven

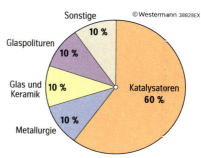

M 10 Verwendung Seltener Erden (2015)

M 7 Seltene-Erden-Tagebau in Baotou (Innere Mongolei, China)

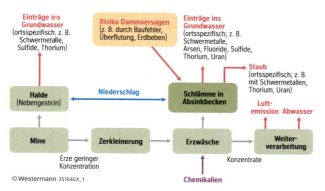

M 8 Umweltprobleme durch Abbau und Aufbereitung von SE

- Durch riesige SE-Tagebaue* und entsprechend große Abraumhalden, die oftmals mit dem Verlust wertvoller Wald- und Ackerflächen einhergehen, erfolgt die weiträumige Zerstörung ganzer Landschaften.
- Das Zermahlen der Gesteine bedarf großer Energiemengen. Diese werden in China insbesondere mithilfe klimaschädlicher Kohlekraftwerke bereitgestellt.
- Die meisten bekannten SE-Lagerstätten enthalten radioaktive Substanzen (Uran und Thorium) sowie Schwermetalle und Sulfide. Entsprechend hoch ist hier die Anzahl der Menschen, die an Krebs und anderen schweren Erkrankungen leiden und versterben.
- Das Trennen und Anreichern von SE verbraucht große Mengen an Wasser und Chemikalien. Allein die Minen rund um Baotou (Innere Mongolei) produzieren jedes Jahr rund 10 Mio. t Abwasser. Zurück bleiben große Mengen giftiger Schlämme, die meistens in großen, mit künstlichen Wällen umgebenen Staubecken gesammelt werden. Ein Dammbruch – ausgelöst durch ein Erdbeben oder bauliche Mängel – könnte zur Kontaminierung großer Landflächen und auch des Grundwassers mit Schwermetallen, Sulfiden sowie Uran und Thorium führen.
- Die beim Abbau freigesetzten giftigen und radioaktiven Elemente aus den offenen Gruben, den Abraumhalden und den Schlammreservoirs werden durch Wind in die umgrenzenden Regionen verweht und verursachen dadurch weitflächige Verschmutzungen und Verseuchungen.
- Niederschläge lassen die Giftstoffe in den Boden versickern, sodass es auch zur Kontamination des Grundwassers kommen kann.
- Abgase und Abwässer haben drastische Auswirkungen auf die Gesundheit der Bergleute und der in der Umgebung von SE-Minen lebenden Bevölkerung. Bei den Minenarbeitern sind Krankheiten wie Schwarze Lunge und Chemikalienvergiftungen nicht unüblich.

Quelle: Otto 2017

M 9 Umweltprobleme beim Abbau Seltener Erden (SE)

DIE REGION IM ÜBERBLICK · »Ostasien

1.8 Grenzkonflikte um Felsen im Meer

Fünf Inseln, drei Felsenriffe – die unbewohnten Senkaku-Inseln (chin. Diaoyu) im Ostchinesischen Meer sind insgesamt lediglich 7 km² groß. Doch die seit 1971 japanisch kontrollierten Eilande, die auch von China und Taiwan beansprucht werden, sind ein steter Zankapfel zwischen den Ländern, besonders seit in ihrer Nähe Erdölvorkommen entdeckt wurden. Immer wieder eskaliert der Streit, auch mittels militärischer Drohgebärden beiderseits. Die zahlreichen friedensbedrohenden Grenzstreitigkeiten in der Region sind auch deshalb schwierig, weil im Meer die Grenzziehung komplexer ist als auf dem Land.

1. Stellen Sie die Grenzkonflikte in Ost- und Südostasien dar (M1, M2, M4, M5).
2. Erklären Sie die Streitigkeiten in Ostasien um „belanglose" Felsen im Meer (M3).
3. Ordnen Sie den Namenstreit um das Japanische Meer in die maritimen Grenzkonflikte ein (M6, M10).
4. Erläutern Sie den Konflikt um die Kurilen (M8, M9).
5. Erörtern Sie im ostasiatischen Raum das Spannungsfeld der „Freiheit der Meere" und der „Ausschließlichen Wirtschaftszonen*" (M3, M4, M7).

- Zwischen Russland und Japan sind die südlichen Kurilen umstritten, die Russland seit Ende des Zweiten Weltkriegs besetzt hält (M8, M9).
- Nord- und Südkorea sind im Zuge des Korea-Krieges (1950–1953) geteilt worden, ein förmlicher Friedensvertrag wurde nie geschlossen. Das Atomprogramm des Nordens stellt eine ernste Bedrohung des Friedens in der Region dar (Kap. 1.10).
- Das Verhältnis zwischen der VR China und Taiwan bleibt gespannt, weil Peking die Wiedereingliederung der „abtrünnigen" Insel in das Staatsgebiet Festlandchinas fordert.
- Hinzu kommen konkurrierende nationale Seerechtsansprüche im Japanischen, Ost- und Südchinesischen Meer, die Ausdruck ausgeprägter Nationalismen und wachsender Konkurrenz sind.
- Die USA als wichtigster Bündnispartner Japans und Südkoreas sind zugleich geopolitischer Konkurrent Chinas und Russlands.

M1 Konflikte in der Region

Rang	Land	Rüstungsetat (in Mrd. US-$)
1	USA	643,3
2	China	168,2
3	Saudi-Arabien	82,9
4	Russland	63,1
5	Indien	57,9
6	Japan	47,3
7	Deutschland	45,7
8	Südkorea	39,2

Quelle: Londoner Institut für Strategische Studien 2019

M2 Rüstungsetats (2019)

M5 Schiffe der chinesischen und japanischen Küstenwache bei den umstrittenen Senkaku-Inseln

Die Wellen der Meere in Ostasien schlagen hoch um Inseln, die man als belanglose Streitobjekte abtun könnte, die aber regelmäßig für Spannungen zwischen Japan und seinen Nachbarstaaten sorgen. Bei den Konflikten überlagern sich drei Probleme: erstens die Nutzung der Ressourcen des Meeres (reiche Fischgründe) und des Meeresbodens (vermutete oder gesicherte Erdöl- und Erdgaslager) in Ausschließlichen Wirtschaftszonen*; zweitens die Sicherung von Schiffsrouten für den Handelsverkehr und die Kontrolle militärisch sensibler Meeresregionen, strategisch bedeutend nicht nur in der Phase des Kalten Krieges […], sondern auch in der Gegenwart […]; drittens und insbesondere ein tief verwurzelter Nationalismus und historische Animositäten, bedingt durch die nur unzureichend aufgearbeitete Kolonialgeschichte Japans mit seinen Nachbarn. […]

Grenzzwiste um Felsenriffe von vermeintlicher Belanglosigkeit mögen aus weltpolitischer Sicht unbedeutend erscheinen, können jedoch angesichts der Rivalität besonders der Weltwirtschaftsmächte Japan und China im Kampf um knapp gewordene Rohstoffe derart eskalieren, dass der Schwanz (Inselchen) mit dem Hund (Weltpolitik) zu wedeln droht. Die Wechselwirkung von zunehmendem Nationalismus und Ressourcenmangel birgt die Gefahr der Entwicklung hin zum Worst Case.

Quelle: Winfried Flüchter: Territorialisierung der Meere um Japan im Zeichen von Grenzstreitigkeiten und Nationalismus. Geographische Rundschau 3/2013, S. 20

M3 Quellentext zu den Gründen maritimer Grenzstreitigkeit in Ostasien

M4 Maritime Grenzkonflikte in Ost- und Südostasien

Die Benennung des Randmeeres des Pazifiks zwischen Südkorea und Japan ist ein Politikum erster Güte. Der international übliche Name Japanisches Meer wird von Südkorea abgelehnt. Es soll in Ostmeer umbenannt werden, was Japan kategorisch ablehnt. Auch Nordkorea möchte einen Namenswechsel und zwar in Koreanisches Ostmeer. Der vierte Anrainer Russland verhält sich in dem Namensstreit zurückhaltend. Die für die weltweite Standardisierung verantwortliche United Nations Conference on Standardization of Geographic Names (UNCSGN) wartet ab, empfiehlt aber Japanisches Meer für den internationalen Gebrauch. Süd- und Nordkorea verwenden ihre Namen durchgehend in den eigenen Karten und Medien.
Beide Seiten versuchen ihre Sichtweise mit einer Reihe geographischer und historischer Argumente zu unterfüttern. Zudem argumentiert Japan, eine Umbenennung würde einen Präzedenzfall schaffen, der international für Unruhe sorgen würde. Südkorea betont hingegen, dass aus dem Namen Japanisches Meer ein Besitzanspruch auf die

M 6 Namenstreit um das Japanische Meer

M10 Dokdo bzw. Takeshima im Ostmeer bzw. Japanischen Meer

internationalen Gewässer zwischen beiden Ländern durch Japan herausgestellt wird. Beide Länder versuchen im Ausland intensiv für ihre Position zu werben und eine Umbenennung bzw. die Beibehaltung des Namens in Schulbüchern und Atlanten durchzusetzen.

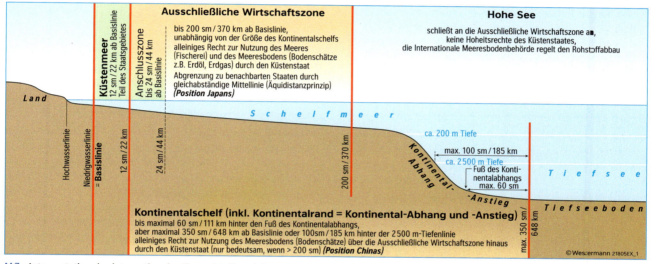

M 7 Interpretation des internationalen Seerechtsübereinkommens

Ein Dreivierteljahrhundert nach Beendigung des 2. Weltkriegs gibt es wegen des Streites um die Kurilen noch keinen Friedensvertrag zwischen Japan und Russland. Die Sowjetunion hatte die dünn besiedelten Inseln 1945 annektiert, Russland hält dies für rechtskräftig. Doch Japan besteht auf ihrer Rückgabe, zumindest der südlichen Kurilen (jap. „Nördliche Territorien").
Der japanische Ministerpräsident Shinzo Abe will 2019 zu einer Einigung mit Russland kommen. Das Problem dürfe nicht auf die Schultern der neuen Generation abgewälzt werden. Zudem sollen gute Beziehungen zu Russland Japan im Ringen mit China um die Hegemonie in Ostasien stärken. Der russische Staatspräsident Wladimir Putin hat ebenfalls Verhandlungsbereitschaft signalisiert, Verhandlungen im Januar 2019 scheiterten jedoch.
Ein Kompromiss könnte so aussehen: Japan erhält die Insel Schikotan (jap. Shikotan) und die Inselgruppe Chabomai (Habomai) gegen die Gewährung einer großzügigen Wirt-

M 8 Beendigung des Kurilenkonflikts?

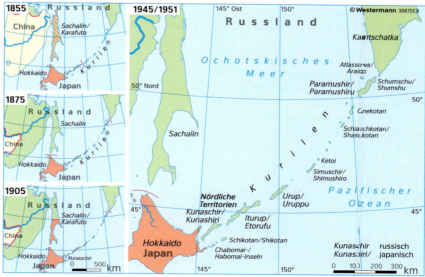

M 9 Der Konflikt um die Kurilen

schaftshilfe zurück. Zugleich würden beide Seiten bekräftigen, sich über ihre Besitzansprüche auf die zwei anderen, inzwischen von Russen bewohnten Inseln, Kunashir (Kunashiri) und Iturup (Etorofu), zu einem späteren Zeitpunkt zu einigen. Durch Ausschluss der Stationierung von US-Truppen auf den Inseln kommt Japan Russland entgegen.

1.9 Ein geteiltes Land

Vor knapp 70 Jahren zementierte ein verlustreicher Krieg die Spaltung Koreas in den kommunistischen Norden und den westlich orientierten Süden. Bis heute gibt es keinen Friedensvertrag zwischen den beiden Staaten. Eine Wiedervereinigung nach deutschem Vorbild scheint unerreichbar. Vielmehr schaut die Weltöffentlichkeit gebannt auf das bitterarme, weitgehend isolierte Nordkorea, das mit Raketen- und Atomwaffentests seine Nachbarn und die USA herauszufordern versucht. Allerdings kam es auch zu gewissen Annäherungen, die sich etwa in einer gemeinsamen Olympiamannschaft 2018 zeigten.

1. Fassen Sie die Folgen des Korea-Kriegs zusammen (M1).
2. Erläutern Sie die Positionen der Akteure im Korea-Konflikt (M2–M4).
3. Vergleichen Sie den Entwicklungsstand Nord- und Südkoreas (M8, M9).
4. Nehmen Sie Stellung zu dem UN-Hilfspaket einerseits und dem Rüstungsprogramm andererseits (M2–M4, M6).
5. Erörtern Sie auf der Grundlage der Strukturdaten Nord- und Südkoreas Probleme bei der von Südkorea angestrebten Wiedervereinigung (M5–M9).

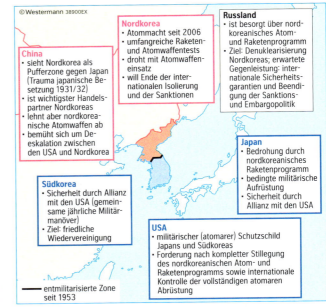

M2 Akteure im Korea-Konflikt

Nachdem Korea 1910 von Japan annektiert und in den folgenden Jahrzehnten als Kolonie ausgebeutet worden war, besetzten zum Ende des Zweiten Weltkrieges die USA und die Sowjetunion das Land. Am 38. Breitengrad wurde 1945 eine Demarkationslinie vereinbart, die zwei Besatzungszonen voneinander trennte: Die Sowjetunion regierte nördlich, die USA südlich des Breitengrads. Was als vorübergehende Lösung gedacht war, wurde zum Dauerzustand. Denn im Zuge des Kalten Krieges* zwischen den USA und der Sowjetunion verschärfte sich auch der Gegensatz zwischen den koreanischen Landesteilen zunehmend. […] [Rhee Syng-man] rief […] im August 1948 die Republik Korea aus. Nur wenige Wochen später wurde im Norden die „Demokratische Volksrepublik" unter der Führung Kim Il-sungs gegründet.
Bestärkt vom Sieg der Kommunisten in China unter Mao Tse-tung, überschritten nordkoreanische Truppen am 25. Juni 1950 die Demarkationslinie. Die Sowjets unterstützten den Einfall auf Drängen Kim Il-sungs und bezeichneten ihn als Reaktion auf einen Angriff der südkoreanischen Armee. […] Wenige Tage später stimmte der UN-Sicherheitsrat […] einem Militäreinsatz zu, um Südkorea zu unterstützen. Die USA übernahmen den Oberbefehl über die UN-Truppen. Etwa 90 Prozent der in den folgenden Monaten entsendeten Truppen waren US-Amerikaner. […] [Es folgte ein dreijähriger Krieg mit großen menschlichen Verlusten und Zerstörungen.] Durch Flächenbombardements der USA wurden nahezu alle Städte Nordkoreas und zahlreiche Dörfer zumindest teilweise zerstört.
Bis heute gibt es keine exakten Opferzahlen; schätzungsweise starben insgesamt 3,5 bis 4,5 Millionen Menschen, davon bis zu einer Million Südkoreaner und 2,5 Millionen Nordkoreaner (jeweils Soldaten und Zivilisten), etwa eine Million Chinesen sowie rund 40 500 Soldaten der UN-Nationen, die meisten von ihnen US-Amerikaner. […] Am 27. Juli 1953 endete nach 37 Monaten der Koreakrieg mit einem von den USA und der Sowjetunion initiierten Waffenstillstand, der die Teilung des Landes besiegelte. Eine etwa 250 Kilometer lange und vier Kilometer breite entmilitarisierte Zone wurde eingerichtet, die beide Landesteile bis heute trennt und in etwa dem Verlauf der ursprünglichen Demarkationslinie folgt.
Quelle: 1950: Beginn des Koreakriegs. www.bpb.de 25.6.2015

M1 Quellentext zum Koreakrieg 1950–1953

Die Bedeutung dieses multi-dimensionalen Konflikts für Sicherheit und Weltfrieden ist kaum zu überschätzen. Zunächst geht es um die Situation der Menschen in Nordkorea, deren Recht auf ein sicheres und gutes Leben die eigene Regierung anhaltend und massiv verletzt. Die Teilung Koreas ist zudem eine unbearbeitete Hinterlassenschaft des Kalten Krieges*, die nach wie vor Ursache für Spannungen ist. Die koreanische Halbinsel ist eine der am stärksten militarisierten Regionen der Welt. Nordkorea bedroht durch seine Raketen und Massenvernichtungswaffen zudem die Staaten in der Region. Mit der erfolgreichen Erprobung von Langstreckenraketen stellt es überdies für weiter entfernte Regionen ein Sicherheitsrisiko dar. Nordkoreanische Raketen können auch Nordamerika und Europa erreichen. […] Schließlich droht die Gefahr, dass die fortgesetzten und schweren Verletzungen multilateraler Regelwerke die Effektivität und Legitimität internationaler Ordnungsstrukturen unterminieren. Seit mehr als 20 Jahren provoziert Pyongyang beispielsweise die internationale Gemeinschaft, indem es sich weigert, Beschlüssen des UN-Sicherheitsrats Folge zu leisten. Dabei versucht Nordkorea immer wieder, den Konflikt zwischen China und USA zu seinen Gunsten auszunutzen.
Quelle: Hanns Günther Hilpert, Oliver Meier: Interessen, Interdependenzen und ein gordischer Knoten. SWP Facetten des Nordkoreakonflikts. Berlin 2018

M3 Quellentext zum Korea-Konflikt

M4 Raketentest im Beisein des Staatsoberhauptes Kim Jong-un 2017

Ein geteiltes Land

M5 Grenze und entmilitarisierte Zone zwischen Nord- und Südkorea

[Das Landesteam des UN-Koordinators für humanitäre Hilfe] *in der Demokratischen Volksrepublik Korea (DVRK) sieht 2019 im Bedarfs- und Prioritätsplan 120 Mio. US-Dollar vor, um dringend lebensrettende Hilfe für 3,8 Millionen Mio. Menschen [...] bereitzustellen. Frauen, Kinder, ältere Menschen und Menschen mit Behinderungen sind besonders anfällig und in diesem Plan priorisiert. Im Ernährungssektor beispielsweise gehen 90 Prozent der Unterstützung an Kinder unter fünf Jahren und Frauen. [...] Schätzungsweise 11 Mio. Menschen in der Demokratischen Volksrepublik Korea haben zu wenig nahrhafte Nahrungsmittel, sauberes Trinkwasser oder keinen Zugang zu grundlegenden Dienstleistungen wie Gesundheit und Hygiene. Die weit verbreitete Unterernährung bedroht eine ganze Generation von Kindern, jedes fünfte Kind ist wegen chronischer Unterernährung unterentwickelt. In Verbindung mit eingeschränkter Gesundheitsversorgung und fehlendem Zugang zu sauberem Wasser und Sanitär- und Hygieneeinrichtungen sind Kinder auch in Gefahr, an heilbaren Krankheiten zu sterben.*

Am besorgniserregendsten ist, dass die gesamte Nahrungsmittelproduktion im Jahr 2018 um mehr als neun Prozent niedriger war als im Jahr 2017, die niedrigste Produktion seit mehr als einem Jahrzehnt. Dies hat zu einer erheblichen Nahrungslücke geführt. [...] Letztes Jahr konnten wir nur ein Drittel der Menschen erreichen, denen wir als humanitäre Mitarbeiter Hilfe zur Verfügung stellen wollten. Schätzungsweise 1,4 Mio. Menschen erhielten keine Nahrungsmittelhilfe. Knapp 800 000 Menschen hatten keinen Zugang zu wichtigen Gesundheitsdiensten. Schätzungsweise 190 000 Kindergartenkinder und 85 000 akut unterernährte Kinder bekamen nicht die Unterstützung, die sie brauchten.

Quelle: Statement by Tapan Mishra, UN Resident Coordinator in DPRK, on the release of the 2019 Needs and Priorities Plan 6.3.2019 (Übers.: Rainer Starke)

M6 Quellentext zur humanitäre Hilfe für Nordkorea

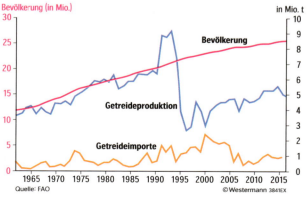

M7 Nordkorea: Bevölkerungsentwicklung, Getreideproduktion und Getreideimporte (1961–2017)

	Dem. Volksrepublik Korea (Nordkorea)	Republik Korea (Südkorea)
Fläche (in km^2)	120410	97489
Bevölkerung (in Mio., 2017)	25,49	51,47
Verstädterungsgrad (2018)	61,9 %	81,5 %
Lebenserwartung (in Jahren, 2016)	71,7	85,2
Fertilitätsrate* (Geburten/Frau, 2018)	1,94	1,27
Säuglingssterblichkeit (pro 1000 Geburten, 2017)	14,4	2,8
Anteil Unterernährung (2016)	43,1 %	2,5 %
(körperliche) Unterentwicklung bei Kindern (< 5 Jahre, 2016)	39,8 %	-
BIP* (in Mrd. US-$, 2015)	40	1918
BIP/Ew. (in US-$, 2015)	1700	37600
Anteil Landwirtschaft am BIP (2017)	22,5%	2,2%
Wissenschaftliche Artikel (2016)	44	63063
Stromverbrauch/Ew. (in kWh, 2014)	600	10497
CO_2-Emissionen (in kt, 2014)	40527	587156
CO_2-Emissionen/Ew. (in t, 2014)	1,6	11,6
Landwirtschaftliche Nutzfläche/Landesfläche	21,8 %	17,4 %
Anbaufläche Getreide (in ha, 2016)	1219304	857784
Ertrag Getreide (in kg/ha, 2016)	4083	6795
Nahrungsmittelversorgung (kJ/Ew./Tag, 2013)	8761	13949
Festnetzanschlüsse (pro 100 Ew., 2016)	4,7	55,2
Mobiltelefone (pro 100 Ew., 2016)	14,2	120,7
Internetnutzer (pro 100 Ew., 2018)	10,0	92,2
Zugang zu Elektrizität (2016)	39,2 %	100 %
Lehrer (Primar-, Sekundarstufe, 2018)	197813	397815
Ärzte (pro 1000 Ew., 2015)	3,5	2,2
Regierungsform	Ein-Parteienstaat, Diktatur	Präsidialrepublik, Demokratie
Staatoberhäupter nach 1953	3	12
Press Freedom Index (Länderrang, 2018)	180.	43.
Transparency Index (Korruption, Länderrang, 2018)	176.	45.
Politische Gefangene (2018)	120000	-
Soldaten (2016)	1469000	634000
Anteil der Militärausgaben am BIP	22%*	2,70%
Nuklearsprengköpfe (2018)	10–20*	0

* Schätzung Quelle: World Bank, CIA Factbook, FAO, Internetworldstats, Reporter ohne Grenzen, Transparency International, Amnesty International, Bulletin of the Atomic Scientists

M8 Vergleich Nord- und Südkoreas

Nordkorea	Südkorea
Importe 2017	
• Erdöl, Kokskohle • Maschinen • Elektrotechnik u. Elektronik • Getreide, Nahrungsmittel Wert: 3,9 Mrd. US-$ Staaten: China (92 %), Südkorea	• Erdöl, Erdgas, Kohle, Stahl • Halbleiter • Chemikalien, Textilien • Nahrungsmitte Wert: 478,5 Mrd. US-$ Staaten: China (21 %), Japan (12 %), USA, Deutschland, Saudi-Arabien, Australien
Exporte 2017	
• Anthrazitkohle • Eisenerz, andere Mineralien • Textilien • Fische und Meeresfrüchte • Agrarerzeugnisse Wert: 1,9 Mrd. US-$ Staaten: China (86 %), Südkorea	• Halbleiter • Erdölprodukte • Kraftfahrzeuge und -Teile • Schiffe • Elektrotechnik, Computer, Handys Wert: 573,6 Mrd. US-$ Staaten: China (25 %), USA (12 %), Vietnam, Japan, Australien, Indien

Quelle: World Bank, CIA Factbook

M9 Handel Nord- und Südkoreas

Zusammenfassung

Die Bedeutung der ostasiatischen Staaten

Ostasien ist neben Europa und Nordamerika die bedeutendste Wirtschaftsregion der Welt. Die seit ihrer wirtschaftlichen Öffnung zur wichtigsten Exportnation aufgestiegene Volksrepublik China will zudem auch ihre Rolle als zweite Supermacht neben der USA ausfüllen und diese mittelfristig überflügeln. Lange Zeit galt Japan als das Land Ostasiens, in dem die Einführung moderner Wirtschaftsstrukturen und die Beibehaltung von Traditionen die Basis wirtschaftlichen Wachstums waren. Seit geraumer Zeit stagniert das Land wirtschaftlich und kämpft auch noch mit den Folgen der Tsunami-Katastrophe von 2011. Südkorea und Taiwan haben als Tigerstaaten der ersten Generation einen beispiellosen wirtschaftlichen Aufstieg zu Hightech-Nationen erreicht, während die riesige, bevölkerungsarme Mongolei vorwiegend als Rohstofflieferant in Erscheinung tritt. Das sozialistische Nordkorea zählt zu den ärmsten Staaten der Erde, dass sich trotz Hunger der eigenen Bevölkerung ein aggressives Atomprogramm leistet.

Ungelöste Konflikte und Grenzstreitigkeiten

Das Verhältnis der ostasiatischen Staaten ist trotz zunehmender wirtschaftlicher Zusammenarbeit gespannt. In China und Korea wirkt das Trauma der japanischen Besetzung nach. Rund 75 Jahre nach Ende des Zweiten Weltkriegs stehen Friedensverträge Japans mit Russland um die Kurilen und mit den ostasiatischen Staaten weiterhin aus. Die Volksrepublik China erhebt weiter Ansprüche auf seine „abtrünnige Provinz" Taiwan. Auf den ersten Blick unverständlich mutet der Streit im ostasiatischen Raum um nahezu unbewohnte Inseln an. Dabei geht es nicht nur um Sicherung der Fischgründe, sondern auch um die Sicherheit der Schiffswege und die Ausbeutung untermeerischer Rohstoffvorkommen. Als neuer Konfliktherd ist das nuklear aufgerüstete Nordkorea hinzugekommen. Mit Russland, China und den USA, Schutzmacht für Südkorea und Japan, treffen vier Atommächte auf engstem Raum aufeinander.

Die Geomorphologie und die Naturgefahren

Die Bevölkerung Japans gehört nach dem Weltrisikoindex zu den am meisten gefährdeten auf der Welt. Die am Japangraben steil abtauchende Pazifische Platte und die Philippinische Platte führen zur Entstehung eines untermeerischen Gebirges, dessen vulkanische Berggipfel aus dem Meer herausragen. Diese Lage bedeutet beständige Bedrohungen durch den Ausbruch der Vulkane, aber auch durch zahlreiche Erd- und Seebeben (Tsunamis). Weitere Gefahren drohen der japanischen Bevölkerung durch Taifune und besonders im Norden durch winterliche Schneestürme. Auch in China kommt es aufgrund der Plattentektonik immer wieder zu schweren Erdbeben. Die indische Platte stößt in die Asiatische, wodurch der Himalaja mit dem höchsten Berg der Erde entstanden ist. Mehr als zwei Drittel des Landes liegen höher als 1000 Meter. In drei Stufen fällt das Land von den Gebirgen und dem Hochland von Tibet von West nach Ost zum Pazifischen Ozean ab.

Agrarische Nutzung in Abhängigkeit von Klima und Relief

Die agrarische Nutzfläche Chinas wird durch das Relief und die Trockengebiete sehr stark eingeschränkt. In den Hochländern und Becken ist lediglich Viehhaltung möglich. Der Ackerbau ist auf die Mittelgebirge und Tiefebenen beschränkt. Aufgrund des Klimas herrscht im Nordosten der Getreideanbau vor, während im Südosten neben Reis auch der Anbau von Zuckerrohr und Erdnüssen möglich ist. China ist weltgrößter Erzeuger zahlreicher landwirtschaftlicher Produkte, muss aber auch mehr als 18 Prozent der Weltbevölkerung versorgen. Dies wirft die Frage der Tragfähigkeit auf, auch wenn das Bevölkerungswachstum stark rückläufig ist. Wegen der Knappheit der Nutzfläche wird die Landwirtschaft äußerst intensiv, somit aber umweltbelastend betrieben. Aufgrund der ebenfalls begrenzten Anbauflächen und der geringen Selbstversorgungsrate werden in Japan moderne Verfahren wie das Vertical Farming eingesetzt. Ebenfalls einen wichtigen Beitrag zur Nahrungssicherheit leistet in Ostasien die Fischerei. Immer bedeutender wird dabei das Aquafarming.

Weiterführende Literatur und Internetlinks

Geographische Rundschau
- Die neue Seidenstraße 6/2019
- Deltaregionen Asiens 7-8/2016
- China 4/2014
- Japan 3/2013
- Mongolei – Transformation in Zentralasien 12/2012

Informationen zur politischen Bildung
- Volksrepublik China – Band 337
- Japan – Band 255

Thomas Feldhoff: Diercke Spezial – Ostasien. Braunschweig: Westermann 2014

Doris Fischer, Christoph Müller-Hofstede (Hrsg.): Länderbericht China. Bonn: Bundeszentrale für politische Bildung 2014

Raimund Wördemann, Karin Yamaguchi (Hrsg.): Länderbericht Japan. Bonn: Bundeszentrale für politische Bildung 2014

Lee Eun-Jeung, Hannes B. Mosler(Hrsg.): Länderbericht Korea. Bonn: Bundeszentrale für politische Bildung 2015

Stefan Baron, Guangyan Yin-Baron : Die Chinesen. Psychogramm einer Weltmacht. Berlin: Ullstein 2018

Chinesische Botschaft
- www.china-botschaft.de/det

Japanische Botschaft
- www.de.emb-japan.go.jp

National Bureau of Statistics of China
- www.stats.gov.cn/english/

Statistics Bureau of Japan
- www.stat.go.jp/english

Statistics Korea
- kostat.go.kr/eng

Länderinformationsportal der GIZ
- www.liportal.de

Giga Focus Asien
- www.giga-hamburg.de

Statistiken zu Naturkatastrophen
NatCatService Munich Re
- www.munichre.com/de/reinsurance/business/non-life/natcatservice/index.html

Weltrisikobericht/Weltrisikoindex
- http://weltrisikobericht.de

Pacific Disaster Center
- www.pdc.org

FAOSTAT (landwirtschaftliche Statistik)
- www.fao.org/faostat/en

National Minerals Information Center
- www.usgs.gov/centers/nmic

2 WIRTSCHAFT UND ENERGIE

Zwei japanische Shinkansen-Hochgeschwindigkeitszüge im Bahnhof Shinagawa, Tokio

2.1 Schwergewicht in der Weltwirtschaft

Der wirtschaftliche Erfolg Ostasiens dauert nun schon einige Jahrzehnte an. Mittlerweile werden knapp ein Drittel der globalen Wirtschaftsleistung in diesem Großraum erwirtschaftet und damit inzwischen mehr als in Europa/Russland und Nordamerika (M 2). Die Akteure, die dabei besonders im Fokus standen, haben sich allerdings im Laufe der Zeit geändert. Vorreiter einer nachholenden Entwicklung* war Japan, das mit seiner Entwicklungsstrategie zum Vorbild für eine ganze Reihe ost- und südostasiatischer Staaten wurde (Kap. 2.2). Zu diesen „Tigerstaaten"* gehört Südkorea, dem ein beispielloser Aufstieg von einem bitterarmen Agrarland zu einem innovativen Industriestaat in kürzester Zeit gelang (Kap. 2.3). Einer der Erfolgsfaktoren hierfür liegt in dem Bildungseifer der Koreaner begründet (Kap. 2.4).

Der unangefochtene Star der letzten Jahre war jedoch China. Seit Einführung marktwirtschaftlicher Strukturen und der Öffnung zur Weltwirtschaft seit 1978 wurde das sozialistische Land zur Handels- und Wirtschaftsmacht (M 3, Kap. 2.5). Mittlerweile hat es längst seinen ehemaligen Status als „Werkbank" der Welt – also als Produzent einfacher Konsumgüter für den Westen – abgestreift. Heute entwickelt und produziert China eigene Produkte auch in Hightech*-Branchen (Kap. 2.6). Zudem ist die Volksrepublik zum globalen Investor aufgestiegen und tritt vielerorts als Konkurrent der westlichen Wirtschaftsnationen in Erscheinung (Kap. 2.7). Aufkäufe deutscher Unternehmen, gewaltige Infrastrukturprojekte in Entwicklungsländern und die medienwirksame Seidenstraßen-Initiative zeigen dieses neue China. Auch die Mongolei hat sich als Rohstofflieferant für den großen Nachbarn positioniert (Kap. 2.9).

Der wirtschaftliche Aufstieg sowohl Japans nach dem Zweiten Weltkrieg als auch Chinas seit den 1980er-Jahren waren mit einer energieintensiven Industrialisierung verbunden. Während China aber über große eigene Vorkommen von Energierohstoffen verfügt, hat man im rohstoffarmen Japan den Kernenergiesektor ausgebaut, um teure Kohle-, Gas- und Ölimporte zu verringern. Auch nach der verheerenden Katastrophe von Fukushima scheint das Land nicht aus der Atomkraft aussteigen zu wollen (Kap. 2.9). In China hingegen setzte man in letzter Zeit vermehrt auf erneuerbare Energien – nicht zuletzt wegen der größer werdenden Unzufriedenheit der Bevölkerung aufgrund der Luftverschmutzung (Kap. 2.10). Im Bereich Wasserkraft ist das Land weltweit führend (Kap. 2.11).

Wird China zur nächsten ökonomischen Supermacht? Das Land ist bereits die zweitgrößte Volkswirtschaft der Welt, und die Aufholjagd geht weiter. [...] Der Aufstieg Chinas ist beispiellos. Noch nie hat sich ein Land so schnell aus der Armut befreit, das nicht – wie die Golfstaaten – durch Rohstoffe reich geworden ist. Dieser rasante Aufstieg ist nur möglich, weil China letztlich zu seinen historischen Wurzeln zurückkehrt. Schon in der Antike war es ein mächtiges Land und hat den Anschluss erst in der Neuzeit verloren. Das chinesische Kaiserreich wurde bereits 221 v. Chr. gegründet – und ist damit der älteste Staat der Welt. Lange Zeit war das Land weitaus fortschrittlicher als etwa Europa. Schon früh wurde es von einer leistungsfähigen Bürokratie verwaltet, und die Liste der chinesischen Erfindungen ist eindrucksvoll: Schwarzpulver, Kompass, Seismograf, Papier, Druckerpresse. [...] Erst im 20. Jahrhundert wurde die europäische Landwirtschaft insgesamt so produktiv*, wie es die chinesische schon im 12. Jahrhundert gewesen war.

Im 18. Jahrhundert erreichte China dann seine maximale Größe: Es hatte Taiwan, die Mongolei und Tibet erobert. Hinzu kamen große Teile Sibiriens und ebenso große Flächen in Ostturkestan. [...] Doch nur wenige Jahrzehnte später war von dieser Macht nichts mehr übrig. China wurde ab 1840 von den Europäern und Japanern in mehreren Kriegen vernichtend geschlagen und war fortan weitgehend fremdbestimmt. Das reichste Land der Welt wurde zu einem Armenhaus: 1952 lag die Wirtschaftsleistung pro Kopf niedriger als 1820. [...] Der Abstieg Chinas war in der Weltgeschichte genauso beispiellos, wie es jetzt sein Aufstieg ist. Die Ursachen hängen zusammen. Im 19. Jahrhundert wurde China so vernichtend von den Briten geschlagen, weil der chinesische Kaiserhof die industrielle Revolution in England einfach ignoriert hatte. Die Chinesen begriffen sich als „Reich der Mitte" und hielten den Westen daher definitionsgemäß für randständig. Es wurde nicht verstanden, dass der Kapitalismus auch eine Waffe ist. Also unternahm Peking nichts, um das Wachstum der Briten zu kopieren. Dieser Fehler wird nun korrigiert. Seit dem Tod von Mao setzt die chinesische Führung alles daran, den technologischen Rückstand zum Westen wieder aufzuholen.

Quelle: Ulrike Herrmann: Chinas beispielloser Aufstieg. Atlas der Globalisierung. Berlin: taz 2019, S. 108

M 3 Quellentext zum Niedergang und Aufstieg Chinas

M 1 Entwicklung der Exportwirtschaft von China, Japan, der USA und Deutschland (1980, 2017)

China in Mrd. US-$
- 1980: 18,1
- 2000: 249,2
- 2017: 2263,4

Japan in Mrd. US-$
- 1980: 130,4
- 2000: 479,2
- 2017: 698,1

Deutschland in Mrd. US-$
- 1980: 192,9
- 2000: 551,8
- 2017: 1448,2

USA in Mrd. US-$
- 1980: 225,6
- 2000: 781,9
- 2017: 1546,3

Quelle: WTO

M 2 Anteil von ausgewählten Ländern und Großräumen an der globalen Wirtschaftskraft (in %)

	1967	1977	1987	1997	2007	2017
Ostasien	12,0	16,8	21,0	24,3	21,1	29,6
China	3,2	2,4	1,6	3,1	6,1	15,1
Japan	5,4	9,9	14,7	14,0	7,8	6,0
Europa/Zentralasien	34,8	37,2	37,2	33,4	36,5	26,6
Nordamerika	40,8	31,6	30,8	29,4	27,5	26,1
Lateinamerika	5,9	6,6	4,8	7,2	6,8	7,4
Südasien	3,0	2,1	2,0	1,8	2,6	4,1
Nordafrika/Vorderasien	k.A.	3,1	2,4	2,6	3,7	4,0
Subsahara-Afrika	2,0	2,2	1,8	1,2	1,8	2,1

Quelle: World Bank

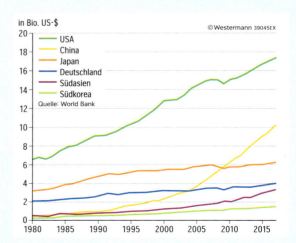

M 4 Bruttoinlandsprodukt* ausgewählter Länder (1980–2017)

Schwergewicht in der Weltwirtschaft

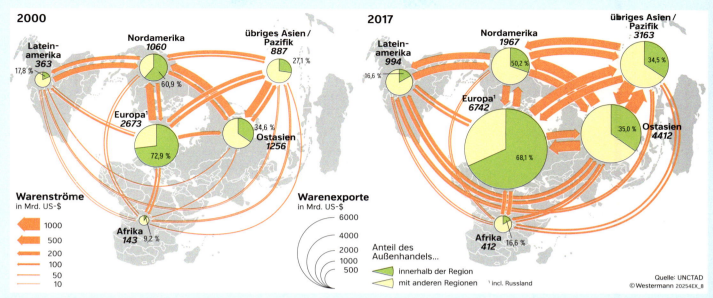

M 5 Globale Warenströme (2000 und 2017)

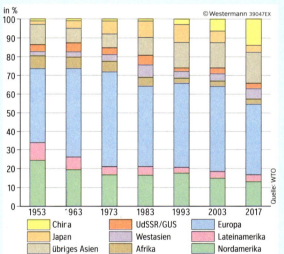

M 6 Anteile am Weltexport (1953–2017)

	China[1]	Japan	Südkorea	Taiwan	Deutsch-land
Lebensmittel, Agrarprodukte	749,7 (4,6 %, 5.)	101,9 (0,6 %, 35.)	107,9 (0,7 %, 32.)	66,5 (0,4 %, 45.)	800,9 (5,0 %, 4.)
Eisen und Stahl	56,7 (13,5 %, 1.)	29,3 (7,0 %, 2.)	26,0 (6,2 %, 4.)	12,5 (6,2 %, 12.)	28,8 (6,9 %, 3.)
Chemische Erzeugnisse	159,9 (8,1 %, 3.)	71,4 (3,5 %, 9.)	70,5 (3,5 %, 10.)	33,8 (1,7 %, 17.)	220,6 (10,9 %, 1.)
Textilien, Kleidung	292,7 (35,3 %, 1.)	8,0 (1,0 %, 21.)	13,5 (1,6 %, 14.)	11,9 (1,4 %, 18.)	35,9 (4,3 %, 4.)
Maschinen	1650,3 (20,6 %, 1.)	543,6 (6,8 %, 4.)	394,2 (4,9 %, 5.)	203,2 (2,5 %, 12.)	930,4 (11,6 %, 2.)
IKT	1116,6 (4,6 %, 1.)	115,6 (3,9 %, 7.)	178,7 (6,0 %, 3.)	133,2 (4,5 %, 5.)	167,6 (4,6 %, 4.)
Fahrzeuge	104,8 (5,8 %, 6.)	162,5 (9,0 %, 2.)	105,2 (5,8 %, 5.)	15,6 (0,9 %, 23.)	305,4 (16,9 %, 1.)

[1] incl. Hongkong und Macau; IKT= Informations- und Kommunikationstechnologie   Quelle: UNCTAD

M 8 Exporte ausgewählter ostasiatischer Länder und Deutschlands (in Mrd. US-$, in Klammern: Anteil an den weltweiten Gesamtexporten und Rangplatz; 2017)

Land	BIP in KKP* (in Mrd. US-$)			Anteil BIP Welt (in %)	BIP/Ew. (in US-$)	Arbeitslosen-rate (in %)	Industrielle Wert-schöpfung* pro Ar-beitskraft (in US-$)	Export von Waren (in Mrd. US-$)	Import von Waren (in Mrd. US-$)
	1980	2000	2018	2018	2018	2018	2017	2017	2017
China	307	3713	25270	18,7	18110	3,8	21550	2263	1842
Hongkong	34	180	480	0,36	64216	2,8	k.A.	550	589
Macau	k.A.	k.A.	77	0,06	116808	1,8	k.A.	1	9
Japan	1044	3418	5594	4,14	44227	2,4	103757	698	672
Mongolei	3	9	43	0,03	13447	10,0	18132	6	4
Nordkorea	k.A.	k.A.	40	0,03	1700	k.A.	k.A.	45	43
Südkorea	83	776	2136	1,58	41351	3,8	70338	574	478
Taiwan	62	483	1251	0,93	53023	3,8	k.A.	350	269
Deutschland	868	2440	4356	3,20	52559	3,4	95964	1448	1167
Welt	k.A.	63627	116773	-	15508	5,0	29236	17730	18024

BIP = Bruttoinlandsprodukt; KKP = Kaufkraftparitäten   Quelle: IMF, World Bank, WTO, CIA Factbook

M 7 Ökonomische Kenndaten ausgewählter Länder

---

1. Analysieren Sie den Bedeutungswandel Ostasiens als globale Wirtschafts- und Handelsmacht (M1–M7).
2. Erläutern Sie die wirtschaftlichen Stärken der ostasiatischen Exportwirtschaft (M8).
3. Beurteilen Sie die wirtschaftlichen Machtverhältnisse innerhalb Ostasiens (M7).

2.2 Ist die asiatische Leitgans müde?

Das Gänseflugmodell veranschaulicht die erfolgreiche Entwicklungsstrategie Japans, die später von ost- und südostasiatischen Staaten wie Südkorea und Taiwan nachgeahmt wurde. Innerhalb nur weniger Jahrzehnte wurde Japan als Industrie-, Handels-, Finanz- und Technologiemacht einer der gewichtigsten weltwirtschaftlichen Akteure. Mittlerweile scheint es jedoch, als sei die Leitgans ein wenig müde geworden.

1. Erläutern Sie die idealisierte Import- und Exportentwicklung des Gänseflugmodells am Beispiel Japan (M1–M3).
2. Erklären Sie den Zusammenhang von wirtschaftlichem Wachstum und demografischer Entwicklung (demograf. Dividende*, M4).
3. Beurteilen Sie, inwieweit das Gänseflugmodell die wirtschaftliche Entwicklung Japans, Südkoreas und Chinas abbildet (M4, S. 34: M2).
4. a) Analysieren Sie Schwächen und Risiken der aktuellen japanischen Wirtschaft (M5, M6).
   b) Erörtern Sie Chancen und Stärken (M5, M6).

1. Wirtschaftliche Unterentwicklung
- Keine relevante Industrieproduktion,
- Import von Konsum- und Investitionsgütern (Importabhängigkeit),
- negative Handelsbilanz*.

2. Beginnende Industrialisierung
- Verringerung von Importen durch Einfuhrbeschränkungen und Aufbau einer eigenen (Leicht-)Industrie* (Importsubstitution*),
- Verbesserung der Handelsbilanz*.

3. Industrielle Selbstversorgung
- Wachsende Industrieproduktion, primär auf den Binnenmarkt ausgerichtet.

4. Exportorientierte industrielle Produktion
- Ausrichtung auf Exportprodukte,
- Integration in den Weltmarkt,
- Ausbau ausländischer Direktinvestitionen (ADI)*,
- ausgeglichene oder leicht positive Handelsbilanz.

5. Industrielle Reifephase
- Auslagerung der arbeitsintensiven Fertigung ins Ausland,
- Intensivierung der Hightech*-Branchen,
- Export hochwertiger und hoch spezialisierter Investitions- und Konsumgüter (hohe Exporterlöse),
- Import standardisierter Industriegüter,
- zunehmende Investitionen im Ausland (ADI),
- positive Handelsbilanz, volle Integration in die Weltwirtschaft.

M1 Fünf Entwicklungsphasen nachholender Entwicklung beim Gänseflugmodell

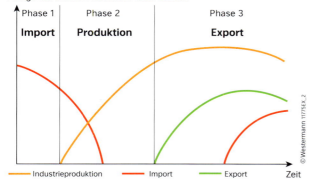

M2 (Modellhafte) Entwicklung von Import und Export

[Der japanische Ökonom Kaname] Akamatsu entwarf seine Theorie, die er das „Gänseflug-Modell der Entwicklung" (flying geese pattern of development) nannte, in den 30er-Jahren, vor allem aufgrund seiner Beobachtungen der Entwicklung der japanischen Textilindustrie. Die Theorie erklärt, wie ein unterentwickeltes Land sich relativ schnell entwickeln kann. Das Land übernimmt geeignete arbeitsintensive Industrien aus weiterentwickelten Ländern. Die neuen Industrien produzieren zunächst für den Inlandsmarkt, beginnen aber zu exportieren, sobald sie stark genug sind. Zunächst sind ihre Produkte einfach, roh und billig, aber mit der Zeit wird der Qualitätsstandard angehoben. Dieser Prozess wird immer aufs Neue wiederholt und führt so zu einem schnellen Prozess nationaler ökonomischer Entwicklung.

Die beteiligten Länder werden von Akamatsu in zwei Gruppen eingeteilt: „vorangehende Länder" (senshinkoku) und „nachfolgende Länder" (kooshinkoku). Dazu kommt als übergreifende Kategorie die der „neu aufsteigenden Länder" (shinkookoku); das sind solche, die sich schneller entwickeln als andere und daher in der Rangliste aufsteigen, möglicherweise sogar die bisher vorangehenden ablösen. Man kann sich die Gruppierung der Länder vorstellen wie die von Wildgänsen, die in Keilformation fliegen, mit der jeweils stärksten an der Spitze, die aber zurückfällt, wenn sie nach längerem Voranflug ermüdet.
Quelle: Pekka Korhonen: Entwicklungstheorie in Ostasien. Entwicklung und Zusammenarbeit 6/1999, S. 169–171

Im Japan der Nachkriegszeit kann die Zeit bis 1973 – wie die zeitgleiche Entwicklung in Deutschland – als Japans Wiederaufbau- und Hochwachstumsphase („Wirtschaftswunder") bezeichnet werden. In den 1950er- und 1960er-Jahren wuchs das Bruttoinlandsprodukt im Durchschnitt jährlich um zehn Prozent, die Exporte nahmen im gleichen Maß zu. Die japanische Industrie hatte Anfang der 1970er-Jahre ihren technischen und Qualitätsrückstand gegenüber dem Westen aufgeholt. Dabei war eine exportorientierte Industrie entstanden, die durch die Ausnutzung von Kostenvorteilen durch Massenproduktion zunehmend hochwertigere Fertigprodukte auf dem Weltmarkt absetzen konnte. Der eigene Markt war hingegen vor Importen verarbeiteter Güter weitgehend geschützt, die Einfuhren bestanden größtenteils aus Rohstoffen, an denen es in Japan selbst mangelt.

Seit Mitte der 1980er-Jahre wird die Entwicklung der japanischen Industrie zunehmend durch die Internationalisierung beziehungsweise Globalisierung* bestimmt. Im Gegensatz zu den USA und den meisten westeuropäischen Ländern hat sich die japanische Industrie in der Vergangenheit erst spät und nur zögernd dazu entschlossen, im Ausland zu investieren. Zunächst dienten die Auslandsinvestitionen primär der Erschließung und Sicherung der Energie- und Rohstoffquellen, zum Beispiel in den südostasiatischen Nachbarländern oder in Lateinamerika. Erst seit Mitte der 1980er-Jahre wurden verstärkt Einrichtungen der verarbeitenden Industrie ins Ausland verlegt. Niedrige Lohnkosten und geringe Standortprobleme, vor allem in den Entwicklungsländern, haben ebenso zu dieser Entwicklung beigetragen wie die gestiegenen Lohnkosten und der Mangel an Arbeitskräften in Japan selbst. [...]

Aufgrund der geographischen Nähe profitiert die japanische Industrie auch in besonderem Maße vom wirtschaftlichen Aufstieg seiner Nachbarn. Japans Industrie nutzt die Länder in Ost- und Südostasien nicht nur als Absatzmärkte, sondern hat dort effiziente und zunehmend durch bilaterale Freihandelsabkommen abgesicherte Wertschöpfungsnetzwerke aufgebaut und so seine internationale Wettbewerbsfähigkeit gestärkt.
Quelle: Thomas Feldhoff: Ostasien. Braunschweig: Westermann 2014, S. 49

M3 Quellentexte zur Entwicklung der japanischen Wirtschaft

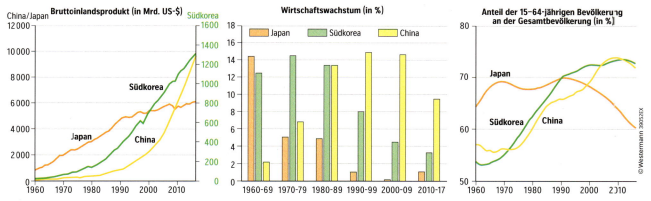

M 4 Entwicklung des Bruttoinlandsprodukts*, des Wirtschaftswachstums und des Anteils der Bevölkerung im arbeitsfähigen Alter (15–64 Jahre) an der Gesamtbevölkerung in Japan, Südkorea und China (1960–2017)

Mit Beginn des neuen Jahrhunderts hat Japan nicht nur seine Rolle als Vorreiter des asiatischen Wirtschaftswunders verloren, es ist auch zu einem Synonym für wirtschaftliche Stagnation und politische Reformunfähigkeit geworden. Noch bis in die 1980er-Jahre schien das Land uneinholbar auf dem Weg an die Spitze der internationalen Einkommensentwicklung. Es war die Nummer 2 in der Weltwirtschaft hinter den wesentlich größeren USA, es war an der Spitze der Statistiken für wirtschaftliche Wettbewerbsfähigkeit und Innovationkraft und es dominierte mit Produkten von Weltmarktführern wie Sony die Märkte ebenso wie es heute Apple und Samsung tun. Doch [...] der zuvor überwiegend überschüssige Staatshaushalt versank in Defiziten und die Wettbewerbsfähigkeit fiel von Platz Nummer 1 weit hinter andere asiatische Länder auf Platz 27. Inzwischen hat der Erzkonkurrent China Japan auch vom Platz 2 der größten Volkswirtschaften verdrängt. [...] Was ist passiert? [...] Drei Entwicklungen waren von besonderer Bedeutung: Auslöser waren die Entwicklung und das Platzen der japanischen Finanzblase um das Jahr 1990, die von einer starken Deregulierung der Finanzmärkte und einer expansiven Wirtschaftspolitik nach dem Ende des japanischen Wirtschaftswunders angetrieben wurde und in einer Überhitzung der Immobilienmärkte endete. [...]

Als längerfristiger Faktor hinzu kam die Entwicklung Japans als Vorläufer eines „asiatischen" Wachstumsmodells. Die hohen Wachstumsraten wurden durch eine Konzentration von Kapital und sehr hohe Investitionsraten erreicht, aber auch von starken wirtschaftlichen Ungleichgewichten begleitet. Dieser in Japan als „Überinvestition" bezeichnete extrem schnelle Aufbau von Infrastruktur, Städten und Industriekapazitäten bei gleichzeitig niedrigem privaten Konsum kann zu einer schwierigen Anpassungsphase führen, wenn die „gereifte" Volkswirtschaft nicht noch mehr Autobahnen, Häuser und Stahlpressen braucht. Denn die einseitig auf diese Produkte spezialisierte Wirtschaft muss nun bei wesentlich verlangsamtem Wachstum den notwendigen Strukturwandel weg vom Beton und hin zu den modernen Dienstleistungen in der Bildung, der Medizin und der sozialen Infrastruktur leisten, ohne dabei zu kollabieren. Unglücklicherweise sah sich Japan gleichzeitig noch mit einer dritten Entwicklung konfrontiert, die die beiden anderen Faktoren verstärkte [...] der demografische Alterungsprozess. [...] Innerhalb von nur 24 Jahren hat sich Japan von der jüngsten Industriegesellschaft zur ältesten entwickelt. [...] Trotz der großen Herausforderungen [...] hat sich die japanische Wirtschaft gar nicht so schlecht entwickelt. So ist Japan in den letzten zehn Jahren mit knapp einem Prozent des realen BIP pro Jahr zwar etwas langsamer als Deutschland (plus 1,2 %) und deutlich langsamer als die USA (plus 1,6 %) gewachsen. Beim Wachstum pro Arbeitnehmer aber dreht sich diese Relation um, denn Japan wuchs ohne die meisten Formen von Einwanderung und, obwohl der aktive Arbeitnehmeranteil immer schneller schrumpfte. Bemerkenswert ist ebenfalls, dass in Japan auch im tiefsten Tal der Krise die Arbeitslosigkeit nie über sechs Prozent gestiegen ist, der Staatsanteil am BIP nur moderate 38 Prozent beträgt (Deutschland knapp 50 Prozent), das staatliche Gesundheitssystem bei geringen Kosten Spitzenleistungen produziert, die innere Sicherheit wohl beispiellos ist und die Währung zu den stärksten der Welt gehört. Auch bei den zukunftsgerichteten Indikatoren steht Japan weiterhin gut da. Bei den OECD-Pisa-Vergleichen der Bildungsergebnisse in der Schule nimmt es nicht nur einen internationalen Spitzenplatz ein, unter den großen Ländern steht es sogar mit Abstand an der Spitze. Ähnlich positiv sieht es bei den Wissenschafts- und Forschungsindikatoren aus, die dem Land eine herausragende Forschungskultur attestieren. So fehlt es in Japan trotz einer Phase langsamen Wachstums weder an Zukunftstechnologien oder konkreten Innovationen* noch an hervorragenden Unternehmen, die diese umsetzen können. [...] Inzwischen prägen zunehmend auch die lange vernachlässigten modernen Dienstleistungen den Standort. Denn mit den gesellschaftlichen Strukturen verschiebt sich die Innovationsdynamik immer weiter aus der produktorientierten verarbeitenden Industrie in die prozessorientierte Dienstleistungsindustrie. Japans neue Spitzenunternehmen sind daher im modernen Handel und in den Konsumentendienstleistungen verankert.

Quelle: Martin Schulz: Die Entwicklung der japanischen Wirtschaft. Länderbericht Japan Bonn: bpb 2016, S. 241–258

Stärken (Strength)	Schwächen (Weakness)
Hohe Forschungs- und Technologieintensität	Hohe Abhängigkeit von Energie- und Rohstoffimporten
Verlässlichkeit der Geschäftsbeziehungen	Geringe Internationalisierung von kleinen und mittleren Firmen
Qualifizierte Arbeitskräfte	Fachkräftemangel
Hohe Kaufkraft*	Umfangreiche Bürokratie
Sehr gute Infrastruktur	Sehr hohe inländische Staatsverschuldung
Chancen (Opportunities)	**Threats (Risiken)**
Abschluss neuer Freihandelsabkommen*	Wechselkursschwankungen
Stärkere Deregulierung* und Globalisierung*	Schrumpfende und schnell alternde Gesellschaft
Ausbau der Gesundheitswirtschaft	Steigende Abhängigkeit vom Ausland
Kooperation auf Drittmärkten	Relativ hohe Besteuerung
Produktionsausbau und digitale Transformation*	Naturkatastrophen

Quelle GTAI

M 5 SWOT-Analyse für Japan 2018 (GTAI)

M 6 Quellentext zur japanischen Wirtschaft seit den 1990er-Jahren

2.3 Musterschüler nachholender Entwicklung

Südkorea war 2018 die vierzehntgrößte Volkswirtschaft der Welt und die Nummer 4 in Asien. Bekannt ist es heute für seine Smartphones, LCD-TVs und Speicherkarten der großen Marken Samsung und LG. Südkorea ist zudem weltgrößter Schiffsproduzent und wichtiger Autobauer (Kia, Hyundai). Dabei ist kaum mehr vorstellbar, welch rasante wirtschaftliche Entwicklung das ehemalige Agrarland in den letzten Jahrzehnten genommen hat, dessen Infrastruktur durch den Koreakrieg weitgehend zerstört worden war (Kap. 1.9).

1. Beschreiben Sie die Entwicklung des Pro-Kopf-Einkommens* Südkoreas im Vergleich zur europäischen Industrienation Italien (M2, M4).
2. Erläutern Sie die nachholende Entwicklung* Südkoreas mit Hilfe des Gänseflugmodells (M3, M4, Kap. 2.2).
3. Charakterisieren Sie die Erfolgsfaktoren der südkoreanischen Wirtschaftsentwicklung (M1, M7, M8).
4. Analysieren Sie die Entwicklung des Hightech*-Standorts Südkorea seit 2000 (M5, M7, M9).
5. Vergleichen Sie die Wirtschaftsstruktur Südkoreas mit der einer langsamer gewachsenen Wirtschaft wie die Deutschlands (M4, M6, M8, Atlas).
6. Als fortgeschrittene Volkswirtschaft steht Südkorea heute vor Herausforderungen, die mit denen Deutschland vergleichbar sind. Nehmen Sie Stellung zu dieser Aussage (M8).

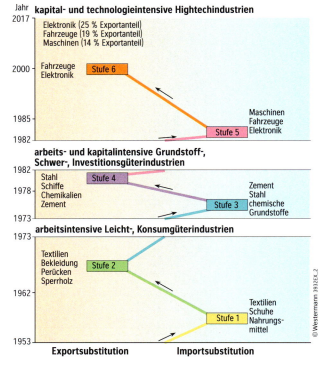

M 3 Südkorea: Schwerpunkte der Industrialisierung

Die Aufgabe, ein armes Agrarland zu einem modernen Industriestaat zu entwickeln, ist höchst komplex und erfordert koordinierte Entwicklungsmaßnahmen in allen Bereichen [...]. Die industrielle Entwicklung konnte nach dem Korea-Krieg (1953) in wenigen Jahrzehnten erfolgreich gelöst werden, weil die Zielsetzung durch eine Reihe weiterer aufeinander abgestimmter Maßnahmen flankiert wurde:
- Modernisierung der traditionellen Landwirtschaft (Ersatz von für die Industrie freigesetzten Arbeitsplätzen durch maschinelle Modernisierung, Vergrößerung der Betriebsgrößen, Landgewinnungsmaßnahmen, Ertragssteigerung)
- Ausbau des Verkehrsnetzes (Modernisierung und Ausbau des Eisenbahnnetzes, Ausbau eines alle Landesteile erfassenden Autobahnnetzes und eines nationalen und internationalen Luftverkehrsnetzes, Ausbau und Neugründung von Häfen für den Interkontinentalverkehr)
- Aufbau eines international konkurrenzfähigen Bildungssystems, insbesondere Gründung zahlreicher Universitäten für die in Angriff genommenen Entwicklungen (Wissenschaft, Verwaltung, Bildung, Gesundheit, Umwelt ...)
- eine am Entwicklungsfortschritt angepasste Umweltpolitik (Bekämpfung der zunehmenden Luftverschmutzung, Abfallbeseitigung, Natur- und Gewässerschutz, Reduzierung des Monokulturanbaus ...) [...]
- durch Spezialisierung industrieller Hochleistungsbranchen (Automobilindustrie, kommunikationsspezifische Branchen) Vorstoß in industrielle Spitzenbereiche.

[So] ist in wenigen Jahrzehnten gelungen, nicht nur Armut und hohe Arbeitslosigkeit zu überwinden, sondern auch eine stabile, im internationalen Vergleich konkurrenzfähige Wirtschaft aufzubauen und ein hohes Wohlstandsniveau für den weitaus größten Teil der Bevölkerung zu erreichen.

Quelle: Dieter Appelt, Karl Engelhard, Karl-Heinz Otto: Welt im Wandel eine Einführung. Braunschweig: Westermann 2017, S. 13

M 1 Quellentext zur wirtschaftlichen Entwicklung Südkoreas

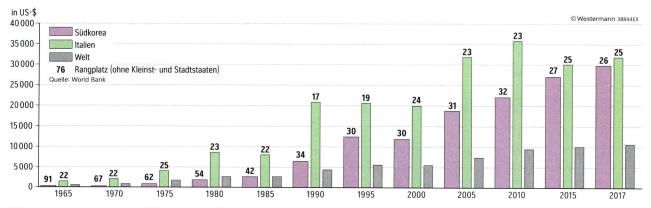

M 2 Entwicklung des Pro-Kopf-Einkommens Südkoreas, Italiens und der Welt (1965–2017)

Musterschüler nachholender Entwicklung | 31

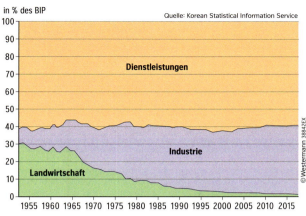

M 4 Südkorea: Entwicklung der Wirtschaftssektoren (1953–2018)

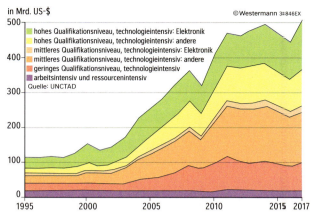

M 9 Exporte verarbeiteter Waren nach Fertigungsgrad (1995–2017)

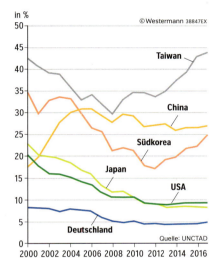

M 5 Anteil der Informations- und Kommunikationstechnologie an der Gesamtproduktion ausgewählter Staaten (2000–2017)

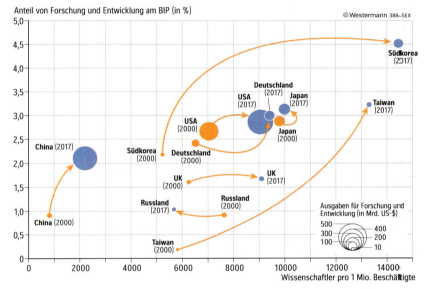

M 7 Entwicklung von FuE*-Ausgaben und Wissenschaftlerdichte (2000, 2017)

Südkoreas demokratische Regierung, weitgehend als stabil und agil geltend, sieht ihr Land selbstbewusst als Industrial- and Leading-IT-Country. Für diese Sichtweise spricht die Tatsache, dass Südkorea seit geraumer Zeit nach China zweitwichtigster Chip-Hersteller der Welt ist. [...] Neben dem hohen Pro-Kopf-Einkommen und dem kontinuierlich recht hohen Wirtschaftswachstum sind auch die niedrige Arbeitslosigkeit (3,8 %) und geringe Armut (< 2 %) sowie das effektive Bildungssystem (Spitzenplätze bei den Pisa-Umfragen der OECD) beeindruckend und bestätigen die südkoreanische Selbsteinschätzung. Doch wirtschaftlicher Erfolg bedeutet noch keineswegs landes- und gesellschaftsdurchdringende Entwicklung. [...] Die wirtschaftliche Entwicklung konzentriert sich auf drei räumliche Fragmente: Seoul-Suweon, Jeonju-Gunsan und das Busan-Dreieck. Diese Wirtschaftsfragmente heben sich sozial, infrastrukturell und physiognomisch geradezu bruchhaft von ihrem Umland ab. Entwicklungsfördernde Ausstrahlungseffekte gehen von ihnen nicht aus. Ungleichheit herrscht auch zwischen den staatlich geförderten Großunternehmen (Chaebols*) und der vernachlässigten Klein- und Mittelindustrie sowie zwischen der Industrie allgemein und der benachteiligten Landwirtschaft. Folgen sind Land-Stadt-Wanderung und extremes Stadtwachstum [...], wodurch sich in wachsendem Maße die soziale Kluft zwischen Stadt und Land verstärkt und verstetigt hat.
Die zunehmende Konzentration auf die Elektrotechnik- und IT-Branche verschafft Südkorea zwar Teilhabe an globalen Märkten, macht das Land und seine Global Player aber auch angreifbarer für Konkurrenz [...]. Diese Konkurrenz geht nicht nur von den dynamischen Akteuren in den USA und China aus, sondern zunehmend auch von den aufstrebenden kleinen ASEAN-Staaten* mit ihrem Billiglohnstatus, insbesondere Thailand, Vietnam und Laos.
Quelle: Fred Scholz: Länder des Südens. Braunschweig: Westermann, S. 18

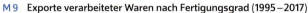

M 6 Südkorea: räumliche Zentren

M 8 Quellentext zu Problemen der südkoreanischen Wirtschaftsentwicklung

2.4 Erfolgsfaktor Bildung

Spätestens seit Südkorea bei den PISA-Tests regelmäßig hervorragende Ergebnisse erzielt – immer besser als Deutschland –, ist das Bildungssystem des Landes in den Fokus der internationalen Aufmerksamkeit geraten. Die starke Betonung von Bildung und Ausbildung erhöhte die Produktivität*, führte zu einer Beschleunigung des Wirtschaftswachstums und war maßgeblich daran beteiligt, dass Südkorea heute ein erfolgreiches Hightech*-Land ist. Mehr als zwei Drittel der 25–34-Jährigen in Korea haben eine Hochschulausbildung abgeschlossen. Doch das Bildungssystem ist in letzter Zeit auch massiv in die Kritik geraten.

1. Vergleichen Sie Ihren Schulalltag mit dem eines/einer typischen südkoreanischen Schüler/in (M1, M5, M6).
2. Fassen Sie wesentliche Unterschiede im Bildungssystem von Südkorea und Deutschland zusammen (M1, M3, M5, M6).
3. Begründen Sie, inwieweit die Entwicklung des Bildungssystems eine Voraussetzung für die wirtschaftliche Entwicklung Südkoreas war (M3, M4, Kap 2.3).
4. Beurteilen Sie die Bedeutung privater Bildungsausgaben in Südkorea (M3, M6, M9).
5. Das koreanische Bildungssystem hemmt kritisches wie auch kreatives Denken. Nehmen Sie Stellung zu dieser These.

	Lesen	Mathematik	Naturwissenschaften
Südkorea	517 (7.)	524 (7.)	516 (12.)
Japan	516 (8.)	532 (5.)	538 (2.)
Deutschland	509 (11.)	506 (16.)	509 (16.)
OECD-Durchschnitt	493	490	493

Quelle: OECD

M2 Kompetenzmittelswerte von 15-Jährigen Schülern in der PISA-Studie der OECD* 2015 (in Klammern Rang unter 73 Ländern)

Wie funktioniert das südkoreanische Bildungssystem [...] ?
Eun-Jeung Lee: Es gibt zwölf Schuljahre und danach vier Jahre Studium bis zum Bachelor. Und dann – wenn man weitermachen will – gibt es auch Masterprogramme. Der wesentliche Unterschied ist, dass die Kinder in den Schulen sehr früh Benotungen und Evaluierungen ausgesetzt sind. Das heißt, das Schulsystem ist sehr zeitig und sehr stark auf Konkurrenz ausgelegt, und die zwölf Jahre Schulbildung sind letztendlich darauf fokussiert, im zwölften Schuljahr das bestmögliche Examen für die Aufnahme an einer Universität zu schaffen. Spätestens ab dem 6. oder 7. Schuljahr bereitet man sich auf die Aufnahmeprüfung vor. Das ist der größte Unterschied zu Deutschland oder zu den USA. Und: In Deutschland machen von einem Geburtsjahrgang nicht einmal 50 Prozent Abitur. In Korea sind es dagegen über 90 Prozent.

[....] Der Ehrgeiz wird früh geweckt in den Kindern, die diesen Leistungsdruck auch schon in jungen Jahren spüren. Wie sieht es da aus mit der Kreativität, mit Kunst, den musischen Fächern?
Die sind sehr vielfältig. Was mich in Deutschland am meisten gewundert hat, war, dass Kunst- und Musikunterricht nicht selbstverständlich waren. In Korea gehören trotz des ganzen Leistungsdrucks – oder vielleicht gerade deshalb – Kunst und Musikunterricht dazu. Die Kreativität wird gefördert, aber sie wird eben auch bewertet. Das ist das Problem. Um in kreativen Fächern wie im Kunst- oder Musikunterricht bessere Noten zu bekommen, müssen die Kinder selbst in Musik und Kunst zusätzlich Unterricht nehmen. Eigentlich alles, was zur Allgemeinbildung gehört, wird bewertet. Und fließt dann in die Evaluierung mit hinein. Unser Bildungssystem in Südkorea ist sehr leistungsorientiert. Nicht ohne Grund sieht man auch in Deutschland sehr viele koreanische Musikstudenten. Die sind von Kindheit an darauf trainiert, Virtuosen zu werden.

Quelle: Thomas Kohlmann: Südkoreas Jugend zwischen Leistungsdruck und Jugendkultur. Deutsche Welle 19.2.2018

M1 Interview mit Eun-Jeung Lee, Professorin am Institut für Koreastudien an der Freien Universität Berlin

---

Gegenwärtig existieren weit auseinandergehende Meinungen zur Realität und zu den Erfolgen des Bildungswesens in Südkorea. Einerseits betonen viele Wissenschaftler die Erfolge im Bereich der Bildung und sehen darin die Triebkräfte für die rasante wirtschaftliche Entwicklung und für die Demokratisierung. In der Tat haben das Streben der Koreaner nach sozialem Aufstieg und das diesen unterstützende offene und wettbewerbsorientierte Bildungssystem entscheidend dazu beigetragen, dass sich Südkorea kaum ein halbes Jahrhundert nach dem verheerenden Koreakrieg (1950–1953) in die Reihe der fortgeschrittenen Länder hinzugesellen konnte. [...] Andererseits gibt es in Südkorea auch viele Wissenschaftler, die der Meinung sind, dass das Bildungssystem heute eines der wichtigsten Probleme in der südkoreanischen Gesellschaft darstellt. [...] Zum einen belaste der überzogene Prüfungskampf die Jugendlichen so sehr, dass deren Gesundheit und auch Entwicklung der Persönlichkeit beeinträchtigt werde, zum anderen hätten aber auch nicht alle Mitglieder der Gesellschaft eine gerechte Chance, sich an diesem Wettbewerb zu beteiligen. In einem prüfungsorientierten Bildungssystem gewinnt der private Bildungsmarkt im Vergleich zum öffentlichen Bildungssektor an Bedeutung. Der Wettbewerb um die Hochschulaufnahmeprüfung entsteht nicht erst in der Oberschule, sondern infolge des frühzeitig einsetzenden Bildungsfiebers bereits auf der Grund- und Mittelschulstufe. In diesem Prozess hat sich schon seit Langem die Tendenz herausgebildet, sich auf die private Bildung zu verlassen. [...] Die privaten Bildungsausgaben in Südkorea [sind] nicht nur weltweit mit am höchsten, sondern seit 1998 auch dramatisch angestiegen. Für die mittlere und untere Schicht der Gesellschaft ist dies eine enorme Belastung. [Der Bildungsboom in Südkorea und der große Zustrom zu weiterführenden Schulen und Universitäten kann auf die abnehmende Zahl von Kindern zurückgeführt werden.] In Südkorea selbst wird dieses Phänomen [...] mit der konfuzianischen Kultur und ökonomischen Faktoren in Verbindung gebracht. [...] In Korea und anderen Ländern Ostasiens [hat] die konfuzianische Tradition, die die Vervollkommnung der Persönlichkeit durch Bildung und Studium als einen wichtigen Wert im Leben betrachtet, in der Phase der Modernisierung das Streben nach Bildung positiv beeinflusst. Jedoch allein der konfuzianisch geprägte Bildungseifer kann nicht hinlänglich begründen, warum es in den 2000er-Jahren zu einem derart steilen Anstieg der Studienanfängerzahlen kam. Hierbei ist die ökonomische Erklärung plausibler, denn Gehaltsunterschiede auf dem koreanischen Arbeitsmarkt sind sehr stark nach den Bildungsabschlüssen strukturiert, was die Menschen veranlasst, nach einem möglichst hohen Abschluss zu streben. In der Tat war die Bildung ein wichtiger Faktor bei der dynamischen Veränderung der südkoreanischen Gesellschaft und für viele eine Möglichkeit zur Verbesserung ihrer sozialen Stellung.

Quelle: Jung Keun-sik: Das Bildungssystem in Südkorea. In Eun-Jeung, Lee, Mosler, Hannes B. (Hrsg.): Länderbericht Korea. Bonn: Bundeszentrale für politische Bildung 2015, . S. 314, 323, 319, 320

M3 Quellentext zum südkoreanischen Bildungssystem

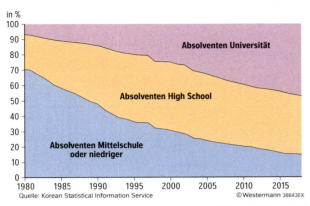

M 4 Südkorea: Beschäftigte nach Bildungsabschlüssen (1980 – 2018)

M 7 Englischunterricht in einem Hagwon in Seoul

Der Leistungsdruck, dem südkoreanische Kinder und Jugendliche in ihrer Schulausbildung ausgesetzt sind, ist weltweit einmalig. Seit den 1990er-Jahren ist in Südkorea eine regelrechte Nachhilfe-Industrie entstanden. Familien sind bereit, für Nachhilfe bis zu 1500 Euro im Monat pro Kind zu investieren (im Durchschnitt 6 % der privaten Einkommen), damit dieses auf einer der drei begehrten Elite-Universitäten Zugang erhält. Dies ist im Endeffekt lediglich für zwischen 0,01 und 0,1 Prozent der jährlich circa 600 000 Prüfungskandidaten. Die schulische Ausbildung ist von Grundschule bis Abitur ausgerichtet auf die Abschlussprüfung „Suneung" (CSAT – College Scholastic Ability Test), die über die Zukunft der Jugendlichen entscheidet.

Um an einer dieser renommierten Hochschulen aufgenommen zu werden, wird der Alltag der jungen Südkoreaner von einem durchgetakteten bis zu 19 Stunden umfassenden Lernmarathon bestimmt. Beginnend mit dem regulären Schulunterricht, der ab der dritten Klasse bis 16 oder 17 Uhr dauert, verbringen die Schüler den restlichen Tag in den omnipräsenten privaten Lernzentren, den sogenannten „Hagwons". Hier wird der Lehrstoff vertieft beziehungsweise im „Voraus" gelernt (auch in den Ferien für das kommende Schuljahr). Der Schultag endet meist um 21 oder 22 Uhr, manchmal erst um Mitternacht. Zu Hause müssen noch die Hausaufgaben für den regulären Unterricht fertiggestellt werden, womit südkoreanische Schüler selten mehr als fünf oder sechs Stunden Schlaf bekommen.

Vor allem in den städtischen Gebieten ist der Besuch der landesweit etwa 95 000 Hagwons (2009) obligatorisch. Der elterliche Druck auf ihre Kinder ist enorm, aber gesellschaftlich tief verankert. Eine Änderung ist nicht in Sicht, auch wenn die Zahl der Schüler, die diesem Druck nicht standhalten können, stetig zunimmt. Selbst im Vorschulbereich gehen bereits 83 Prozent der Kinder in Hagwons.

M 5 Südkoreanischer Schulalltag und Hagwons

M 8 Eltern beten im Gilsangsa Tempel in Seoul für ihre Kinder, die den Collage Scholastic Ability Test machen.

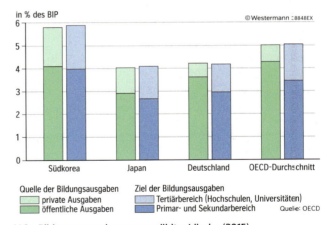

M 9 Bildungsausgaben ausgewählter Länder (2015)

Die 17-jährige [südkoreanische Snowboard-Fahrerin] *Chloe Kim sicherte sich* [bei den olympischen Winterspielen 2018] *nicht nur Gold in der Halfpipe, sondern gewann mit ihrer kalifornischen Coolness, den blond gefärbten Locken und ihrem einnehmenden Lächeln auch die Herzen der Fans. Im Heimatland von Chloe Kims Eltern sorgte ihr Sieg ebenfalls für emotionale Diskussionen. Das Credo in den sozialen Netzwerken lautet: Wäre die Snowboarderin in Südkorea aufgewachsen, hätte sie es niemals zum Olympia-Gold geschafft. „In Südkorea würde sie jetzt im Nachhilfeinstitut versauern", schrieb ein Nutzer. Ein anderer meint: „Südkorea begräbt dein Talent wie ein schwarzes Loch."*

Natürlich lässt sich nur spekulativ beantworten, ob Snowboarderin Chloe Kim auch in der Gesellschaft Südkoreas ihr Talent wie in den USA hätte entwickeln können. Fakt ist: Die südkoreanische Jugend wächst mit einem extrem fordernden Bildungssystem auf, das kaum Zeit zur freien Entfaltung bietet und ein strikt hierarchisches Denken implementiert. [...] In solch einem gesellschaftlichen Klima gibt es dementsprechend wenig Freiraum, nicht konformistische Lebensentwürfe zu verfolgen. Wenig verdeutlicht das so sehr wie die koreanische Pop-Branche („K-Pop"): Da die Labels auf wenige Garagenbands zählen konnten, die in ihrer Freizeit in Jugendzentren erste Erfahrungen gesammelt haben, gründeten sie die Ausbildungsstrukturen von Grund auf. Die Musiktalente werden teilweise schon im Grundschulalter gecastet und in Ausbildungscenter gesteckt, wo sie in Gesang, Tanz und Medienumgang ausgebildet werden. Auch hier warten mindestens 13-Stunden-Tage auf die Jugendlichen.

Quelle: Fabian Kretschmer: Kalifornisch coole Chloe Kim. Deutsche Welle 16.2.2018

M 6 Quellentext zum südkoreanischen Bildungssystem

2.5 Von der Plan- zur Marktwirtschaft

Zwei Jahre nach dem Tod von Mao Zedong vollzog die Kommunistische Partei Chinas einen radikalen Kurswechsel bei der Ausrichtung und Lenkung der Wirtschaft (bis dahin sozialistische Zentralverwaltungswirtschaft*) und ihrer Einbindung in den Weltmarkt. Der Aufbau einer chinesischen Form von Marktwirtschaft, die Liberalisierung des Handels und die Integration in die globale Wirtschaft unter Beibehaltung der sozialistischen Gesellschaftsordnung waren die neuen Maximen. Seitdem ist die chinesische Wirtschaft rasant gewachsen und voll in die internationale Arbeitsteilung eingebunden. Heute ist China nicht nur Exportweltmeister, sondern hinter den USA die zweitgrößte Volkswirtschaft der Welt.

1. Beschreiben Sie die wirtschaftliche Entwicklungsstrategie Chinas seit Ende der 1970er-Jahre (M3, M1).
2. Analysieren Sie die drei Strukturveränderungen der chinesischen Wirtschaft (M9, M2, M3, M4, M10, S. 29: M4).
3. Vergleichen Sie den wirtschaftlichen Entwicklungsweg Chinas mit denen von Japan und Südkorea (Kap. 2.2, 2.3).
4. Erläutern Sie das Konzept von Sonderwirtschaftszonen* am Beispiel China (M6–M8).
5. a) Analysieren Sie die Wirtschaftsstruktur Shanghais und der Sonderwirtschaftszone Pudong (M8, Atlas).
   b) Deutsche Unternehmer der Sportartikel-, Automobil-, Pharmazie- und Softwarebranche wollen in China investieren. Begründen Sie, inwieweit der Hightech-Park Zhangjiang jeweils ein geeigneter Standort ist (Atlas).

- Beseitigung der wirtschaftlichen Rückständigkeit,
- Beseitigung der Armut der (ländlichen) Bevölkerung,
- Sicherstellung der sozialen und politischen Stabilität (auch der Herrschaft der Kommunistischen Partei),
- Verbesserung des Lebensstandards,
- Erhöhung des niedrigen Binnenkonsums*,
- Gewinnung von Devisen durch den Export von in China hergestellten Waren,
- Verbesserung der Energieversorgung und Infrastruktur,
- rasche Übernahme ausländischer Technik,
- Übernahme ausländischer Management-Strategien,
- Erhöhung der Kapitalausstattung durch ADI*.

M1 Ziele der wirtschaftlichen Öffnung Chinas

Die chinesische Wirtschaft hat sich seit Anfang der 1990er-Jahre rasant entwickelt. Ausgangspunkt war die Politik der „Reform und Öffnung", die unter dem Reformstrategen Deng Xiaoping in den 1980er-Jahren eingeleitet worden war: In der bisher von Staatsbetrieben dominierten Wirtschaft wurden private und ausländische Unternehmen sowie Markt-, Preis- und Qualitätswettbewerb zugelassen. Das rigide planwirtschaftliche und von Agrarwirtschaft geprägte System wandelte sich schrittweise zu einer Wettbewerbswirtschaft mit rasch wachsendem privaten Sektor und reduzierter staatlicher Lenkung. Zielvorgaben des Staates in der Produktion und die Zuteilung von Ressourcen verloren in einigen Bereichen, insbesondere bei Konsumgütern, an Bedeutung, Marktanreize gewannen dagegen an Boden. Die Einflussnahme des Staates blieb aber trotz der Stärkung von Marktmechanismen weiterhin stark. Das Ergebnis war ein Wachstumsmodell, das auch in anderen ostasiatischen Volkswirtschaften wie Japan, Südkorea oder Taiwan einen schnellen Wirtschaftswandel ausgelöst hatte.

In China wurde das Wirtschaftswachstum durch einen rasant steigenden Export von Konsumgütern – von Haushaltsgeräten bis hin zu Smartphones – und durch sehr hohe Investitionen in Industrie, Infrastruktur und Immobilienwirtschaft angetrieben. Ein Kernelement des Wachstumsmodells bestand darin, den Überschuss an jungen, meist gering qualifizierten Arbeitskräften aus den ländlichen Gebieten produktiver in Fabriken einzusetzen („Demografische Dividende"). Eine besondere Rolle spielte dabei die Öffnung für ausländische Direktinvestitionen, die zu einer Vielzahl der neuen Fabriken beitrug. Die Schattenseiten des schnellen Wirtschaftswachstums waren (und sind) unter anderem schwache Arbeitnehmerrechte sowie ein rücksichtsloser Umgang mit der Umwelt.

Die chinesische Volkswirtschaft durchlief ab 1992 eine Phase des Hochwachstums. Zwischen 1990 und 2010 wuchs das Bruttoinlandsprodukt (BIP), also die Gesamtwirtschaftsleistung des Landes, jährlich um rund zehn Prozent. [...] Dank dieser historisch außergewöhnlich raschen wirtschaftlichen Entwicklung entkamen in den vergangenen vier Jahrzehnten hunderte Millionen Chinesinnen und Chinesen der zuvor herrschenden Armut eines Entwicklungslandes und gelangten auf das Wohlstandsniveau eines Schwellenlandes.

Quelle: Max J. Zenglein: Folgen der marktwirtschaftlichen Öffnung. Informationen zur politischen Bildung 2/2018 Volksrepublik China, S. 64–65

M3 Quellentext zur marktwirtschaftlichen Öffnung Chinas

		1980	1990	2000	2010	2018
China	Landwirtschaft	68,7	60,1	50,0	36,7	26,8
	Industrie	18,2	21,4	22,5	28,7	28,6
	Dienstleistungen	13,1	18,5	27,5	34,6	44,6
Japan	Landwirtschaft	10,4	7,2	5,1	3,7	3,4
	Industrie	35,3	34,1	31,2	25,3	24,5
	Dienstleistungen	54,0	58,2	63,1	69,7	72,1
Südkorea	Landwirtschaft	34,0	17,9	10,6	6,6	4,7
	Industrie	29,0	35,4	28,1	17,0	25,0
	Dienstleistungen	37,0	46,7	61,2	76,4	70,3
BRD	Landwirtschaft	k.A.	3,3	2,6	1,6	1,3
	Industrie	k.A.	36,1	33,5	28,3	27,1
	Dienstleistungen	k.A.	60,6	63,8	70,0	71,6

Quelle: World Bank

M2 Wandel der Beschäftigtenstruktur in China, Japan, Südkorea und Deutschland (in %; 1980–2018)

Jahr	Warenexporte (in Mrd. US-$, in Klammern USA)	Exporterzeugnisse
1980	18,1 (225,6)	Landwirtschaftliche Erzeugnisse (24 %), Rohstoffe (24 %), Textilien/Bekleidung (21 %), chemische Erzeugnisse (6 %)
1990	62,1 (393,6)	Textilien/Bekleidung (27 %), landw. Erz. (16 %), Maschinen (12 %), Rohstoffe (10 %), chem. Erz. (6 %), Elektronik (5 %)
2000	249,2 (781,9)	Textilien/Bekleidung (21 %), Elektronik (20 %), Maschinen (13 %), chem Erz. (5 %), Fahrzeuge/-Teile (4 %)
2010	1577,8 (1278,5)	Elektronik (31 %), Maschinen (18 %), Textilien/Bekleidung (13 %), chem Erz. (6 %), Fahrzeuge/-Teile (5 %)
2018	2487,0 (1664,1)	Elektronik (30 %), Maschinen (18 %), Textilien/Bekleidung (12 %), chem Erz. (6 %), Fahrzeuge/-Teile (4 %)

Quelle: WTO, UNCTAD

M4 China: Umfang und Art der Exporte (1980–2018)

Von der Plan- zur Marktwirtschaft   35

M 5   Hafen Yangshan in Shanghai

M 6   China: Infrastruktur und Sonderwirtschaftszonen*

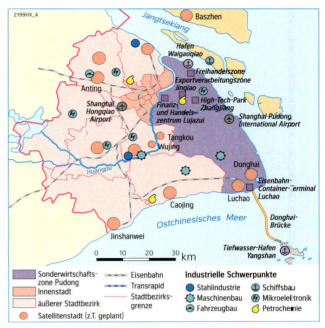

M 8   Großraum Shanghai mit Sonderwirtschaftszone*

1979 hatte die chinesische Regierung beschlossen, in den beiden Provinzen Fujian und Guandong Sonderwirtschaftszonen, d.h. abgeschirmte „kapitalistische Enklaven" zu errichten. 1980 entstanden die vier Sonderwirtschaftszonen Xiamen (Provinz Fujian), Shenzhen, Shubai und Shantou (Provinz Guandong). Ein Jahr später kam die Insel Hainan hinzu. Alle diese Gebiete lagen im Süden, im größeren Umfeld der kapitalistischen Exklave Hongkong. Bei diesen Zonen handelte es sich zunächst um etwas Ähnliches wie Freihäfen. Ausländische Unternehmen sollten exportorientierte Industrien ansiedeln, sozusagen kapitalistische Inseln, weitgehend abgeschirmt von der chinesischen Wirtschaft. Allerdings sollte ein Technologietransfer erreicht werden; man wollte fortgeschrittene Technologien kennen lernen sowie die Ausbildung und Schulung von Managern und Arbeitern verbessern. 1984 kamen dann weitere sogenannte „offene" Küstenstädte hinzu. In der Folgezeit entstand dann eine Vielzahl weiterer Special Economic Zones mit unterschiedlichen Regulierungsformen, zunächst vor allem an der Küste, später auch im Binnenland. [...] Heute werden in jeder größeren Stadt Teile des Stadtgebiets zu Special Economic Zones erklärt. [...] [Der Hightech Park] Zhangjiang, im Zentrum von Pudong gelegen, [...] wurde seit 1992 erschlossen und besteht heute aus über 42 nationalen und regionalen F&E-Instituten sowie einigen ausländischen. Er umfasst eine Fläche von 25 km². Charakteristisch ist das Nebeneinander von Industrieunternehmen [...] von Software-Entwicklern, Universitätsforschung und einem Areal von Angestelltenwohnungen. Verkehrlich ist das ganze über die U-Bahn und die Magluv (die Magnetschwebebahn) sehr gut angebunden.

Quelle: Hans Gebhardt: China – von den Sonderwirtschaftszonen zur integrierten Entwicklung der Megacities des Landes. Heidelberg 2009

M 7   Quellentext zu chinesischen Sonderwirtschaftszonen*

Parallel zu der erheblichen Ausweitung der Leistungsfähigkeit der chinesischen Volkswirtschaft sind drei grundlegende Strukturverschiebungen zu verzeichnen:
1. Die Transformation* von einer zentralverwaltungswirtschaftlichen organisierten Wirtschaftsordnung zu einer Marktwirtschaft.
2. Der Übergang von einer am Ideal der Autarkie* ausgerichteten und vom Weltmarkt abgeschotteten „Binnenwirtschaft" hin zu einer umfassenden Integration in die weltweite Arbeitsteilung.
3. Die Ablösung der Landwirtschaft als dominierenden Sektor der Volkswirtschaft durch einen in seiner Verteilung auf Leicht-* und Schwerindustrie* ausgewogen aufgestellten, leistungsstarken industriellen Sektor.

Markus Taube, deutscher Ostasienwissenschaftler (2014)

M 9   Zitat zu den Strukturverschiebungen in China

		Anzahl	Beschäftigte (in Mio.)	Bilanzsumme (in Mrd. Yuan)	Gewinn (in Mrd. Yuan)
Staatsunternehmen	1998	64 737	37,5	7 492	52,5
	2005	27 477	18,7	11 763	632,0
	2011	17 052	18,1	28 167	1 645,8
	2017	19 022	16,0	43 962	1 721,5
Privatunternehmen	1998	10 667	1,6	149	6,7
	2005	123 820	16,9	3 033	212,
	2011	180 612	29,6	12 775	1 815,6
	2017	215 138	32,3	24 264	2 304,3

Quelle: Statistical Yearbook of China 2018

M 10   Staats- und Privatunternehmen in der Industrie (1998 – 2017)

2.6 Von der Werkbank der Welt zu Innovation und Hightech

In der ersten Phase der wirtschaftlichen Transformation* Chinas wurden Teilbereiche der Wirtschaft zum Weltmarkt geöffnet, ausländische Investoren ins Land geholt und das Außenhandelssystem liberalisiert. So konnten vor allem westliche Unternehmen günstig einfache Industrieprodukte in China herstellen, das damit zur „Werkbank" der Welt wurde. Doch dieses investitionsgetriebene Wachstumsmodell ist nun am Ende. Wenn China seine Erfolgsgeschichte fortsetzen will, muss es Hightech*-Produkte wie (Elektro-)Autos, Flugzeuge und Hochgeschwindigkeitszüge selbst entwickeln und herstellen sowie auf Gebieten wie Künstlicher Intelligenz, Nano- und Biotechnologie innovativ tätig sein.

1. Erläutern Sie die räumlichen Disparitäten (M1, M2).
2. Erklären Sie das Ende des investitionsgebundenen Wachstumsmodells in China (M3, M4, M8).
3. a) Charakterisieren Sie die Innovationsstrategie Chinas am Beispiel der Auto- und Eisenbahnindustrie (M5, M6, M9, M10).
   b) Beurteilen Sie das Innovationsbemühen (M11, S. 31: M6).
4. a) Erläutern Sie die Gefahr der middle income trap am Beispiel Chinas (M7, M3, S. 29: M6).
   b) Die Gefahr in diese „Falle" zu tappen ist für China vergleichsweise gering. Nehmen Sie Stellung zu dieser Aussage.

In den 2010er-Jahren geriet das chinesische Wachstumsmodell der 1990er-Jahre unter Druck. Die bisherigen Wachstumstreiber – Exporte und Investitionen – hatten ihre Grenzen erreicht. In arbeitsintensiven Exportbranchen hat China mittlerweile an Wettbewerbsfähigkeit gegenüber südostasiatischen Ländern verloren. Schuhe, Textilien oder Spielzeuge werden zunehmend in Vietnam, Bangladesch oder Indonesien hergestellt. Dies ist mit dem rapiden Lohnwachstum in China erklärbar, das die schnelle wirtschaftliche Entwicklung begleitet hat. Zwar ist die Volksrepublik weiterhin eine der führenden Exportnationen und dominiert nach wie vor ganze Bereiche wie etwa die Elektronikindustrie. Gesamtwirtschaftlich gesehen aber hat die Bedeutung der arbeitsintensiven Exportwirtschaft als Antriebskraft für das BIP-Wachstum nachgelassen.

Durch massive Investitionen in die Infrastruktur des Landes hat China über die letzten Jahre hinweg den Ausbau von Straßen, Eisenbahnnetzwerken, Flughäfen oder Kraftwerken vorangetrieben. Daneben gewann auch der Immobiliensektor an Bedeutung. [...] Auch in der industriellen Fertigung hat China in den Ausbau von Kapazitäten investiert. Der auf ungebremstes Wachstum gerichtete Aufbau der Industrie führte teils zu erheblichen Überkapazitäten. Gleichzeitig bewirkten die anhaltend hohen Investitionen einen rapiden Anstieg der Verschuldung. [...]

Diese Entwicklung verdeutlicht strukturelle Probleme und die Notwendigkeit von strukturellen Veränderungen. Chinas Regierung hat dies erkannt und propagiert seit 2014 eine „Neue Normalität": eine Übergangsphase mit nur noch mittelhohem BIP-Wachstum in Höhe von sechs bis sieben Prozent. Gemessen an der wirtschaftlichen Größe ist das immer noch beachtlich. Einen abrupten Wachstumsabfall möchte die auf Stabilität bedachte Regierung jedoch vermeiden, um soziale Spannungen zu verhindern. [...]

Wie aber kann China die Umstellung von der Niedriglohnproduktion („Werkbank der Welt") hin zu einer von Hochtechnologie und Produktivitätssteigerungen* angetriebenen Wirtschaft gelingen? Wo sind die künftigen Wachstumstreiber zu finden? Während der Sekundärsektor (produzierende Industrie und Bauwesen) seit 2005 in China an Bedeutung verloren hat, konnte sich der Dienstleistungssektor, unter anderem Banken, Handel und E-Commerce, als Wachstumsmotor etablieren: 2015 trug er erstmals mehr als 50 Prozent zum BIP bei. Einzelhandel, Logistik, Finanzdienstleistungen, Transportwesen und die Internetwirtschaft florieren. Deshalb kommt dem Dienstleistungssektor bei der Umstellung auf ein neues Wirtschaftsmodell eine tragende Rolle zu.

Quelle: Max J. Zenglein: Folgen der marktwirtschaftlichen Öffnung. izbp 2/2018 Volksrepublik China, S. 65 – 66

M1 China: Pro-Kopf-Einkommen und Wirtschaftswachstum in den Provinzen (2017)

M3 Quellentext zu den wirtschaftlichen Herausforderungen Chinas

Im Zuge seiner nachholenden Entwicklung* hat China ganz bewusst den Küstenprovinzen im Osten den Vorzug gegeben. Die maximale Ausnutzung der Standortvorteile in den Agglomerationsräumen (Sonderwirtschaftszonen*, Privatisierung, Öffnung nach außen etc.) versprach schnelleres Wirtschaftswachstum und schneller steigenden Lebensstandard als eine gleichmäßige Entwicklung des ganzen Landes oder eine gezielte Förderung der weniger entwickelten zentralen und westlichen Provinzen. Ähnlich wie in Japan und Südkorea Jahrzehnte zuvor haben durch diese „Polarisationspolitik" die räumlichen Disparitäten erheblich zugenommen. [...] Damit einher gehen große Unterschiede zwischen den Einkommen der städtischen und ländlichen Bevölkerung. Die ursprünglich erwarteten Sickereffekte von den Küstenstädten ins Inland blieben geringer als erhofft. [...] Um den wachsenden räumlichen Disparitäten zu begegnen, beschloss die chinesische Regierung zahlreiche Förderprogramme und Projekte im Rahmen der jeweiligen Fünfjahresplanung mit dem Ziel, Westchina besser zu erschließen. Diese so genannte „Go West-Kampagne" (seit 1999) besteht vor allem aus zwei Typen von Maßnahmen: Zum einen soll mit (Groß-)Projekten die Infrastruktur ausgebaut werden. Zum anderen will man mittels finanzieller und anderer Anreize in- und ausländische Investoren ins Binnenland locken.

Quelle: Thomas Feldhoff: Diercke Spezial Ostasien. Braunschweig: Westermann 2014, S. 70, 72

M2 Quellentext zu den räumlichen Disparitäten in China

Von der Werkbank der Welt zu Innovation und Hightech

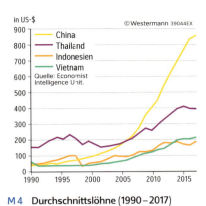

M 4 Durchschnittslöhne (1990–2017)

M 8 Arbeitskostenindex* (1990–2017)

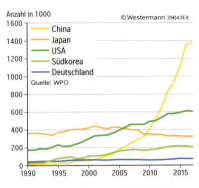

M 11 Patentanmeldungen (1990–2017)

M 5 Geely Autofabrik in Linhai (2017)

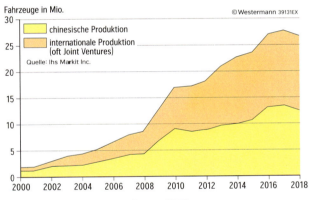

M 6 Autoproduktion in China (2000–2018)

[Die chinesische Regierung beschloss] Ende der Neunzigerjahre, die Metropolen mit schnellen Zügen zu verbinden. Da ihnen jedoch die Erfahrungen mit Bau und Betrieb von Hochgeschwindigkeitszügen fehlte, setzten die Chinesen auf den Import von etablierten Fahrzeugen und Knowhow aus dem Ausland. […] Etablierte Schienenfahrzeughersteller witterten das große Geld und boten ihre Hochgeschwindigkeitszüge feil. Siemens punktete mit der Velaro-Plattform, Alstom mit dem Pendolino ohne Neigetechnik, Japan mit einer Shinkansen-Variante auf Basis der Serie E2 und Bombardier [kanadisch] mit seiner Regina- und Zefiro-Familie. Nur wenige Garnituren durften ab 2005 in den Ursprungsländern gefertigt werden; die meisten Züge wurden in Lizenz in China hergestellt. Zeitgleich stampfte man in atemberaubendem Tempo Schnellfahrstrecken aus dem Boden – schneller als erwartet, denn 2003 ging man noch von einer Baugeschwindigkeit von 8000 Kilometern binnen 30 Jahre aus. Doch das Hochgeschwindigkeitsnetz avancierte schnell zum mit Abstand längsten der Welt und bereits 2008 nahmen die ersten Hochgeschwindigkeitszüge den Betrieb auf chinesischem Boden auf. Mit bis zu 350 Stundenkilometern im Plandienst führt China die Liste der schnellsten Serienzüge der Welt an. Dank vieler Technologietransfers verfügen die Chinesen inzwischen über genügend Wissen, um ihre eigenen Hochgeschwindigkeitszüge zu konstruieren. Die Baureihe CRH380A ist eine chinesische Eigenproduktion, allerdings noch mit Unterstützung und in Lizenz nachgebauten Komponenten aus dem Ausland. Doch mit den Serien CR400A und CR400B brachte China seine ersten eigenen Hochgeschwindigkeitszüge heraus, die Ende Juni 2017 den regulären Dienst aufnahmen. Wie vorauszusehen war, möchte China mit seinen Superzügen nun auf dem Weltmarkt selbst als Global Player auftreten und mit den etablierten Bahnherstellern in Konkurrenz treten.
Quelle: André Werske: Hochgeschwindigkeitszüge in China. 2018

M 9 Quellentext zur Produktion von Hochgeschwindigkeitszügen

Die sogenannte middle income trap bezeichnet eine lang gezogene Periode der Stagnation, in die Volkswirtschaften hineingeraten können, nachdem sie eine dynamische Wachstumsphase durchlaufen haben. Diese „Falle" taucht in der Regel in einem Entwicklungsstadium auf, in dem mittlere Wohlstandniveaus erreicht worden sind und die betroffenen Volkswirtschaften nicht mehr in der Lage sind, durch die Verfügbarkeit billiger Arbeitskräfte und die Übernahme von Technologien und Geschäftsmodellen aus dem Ausland signifikant zu wachsen und nicht befähigt sind, ihr Wachstum auf einen durch einen starken Mittelstand zu tragenden inländischen Konsum sowie eigenständige Innovationsleistungen* und Produktivitätssteigerungen* zu basieren. „Gefangene" Volkswirtschaften befinden sich somit in einem wettbewerbsstrategischen Niemandsland, insofern sie weder mit den aufstrebenden Niedriglohnvolkswirtschaften konkurrieren können, noch in der Lage sind, mit den innovationsgetriebenen hoch qualifizierten Volkswirtschaften der Industriestaaten in Wettstreit zu treten.
Quelle: Markus Taube: Wirtschaftliche Entwicklung und ordnungspolitischer Wandel in der Volksrepublik China seit 1949. Bonn: bpb 2014, S. 674

M 7 Quellentext zum *middle income trap*

M 10 Zwei Hochgeschwindigkeitszüge im Pekinger Südbahnhof, der hintere CRH380B (380 km/h Höchstgeschwindigkeit) ist in China gebaut, beruht aber auf einer Siemensbaureihe (ICE 3), der vordere CR400AF (420 km/h) ist eine chinesische Eigenproduktion.

2.7 Die neuen Seidenstraßen

Mit „One Belt, One Road" hat China 2013 ein ambitioniertes Zukunftsprojekt gestartet, das an die historische Seidenstraße und die große Vergangenheit des Landes anknüpfen soll. Investiert wird in Eisenbahnstrecken und Autobahnen, in Häfen und Flughäfen, Telekommunikations- und Energienetze. Von chinesischer Seite als Initiative zur Erschließung und Vernetzung von Märkten in Eurasien und Afrika verstanden, sieht der Westen hierin ein „Signal zur Machtverschiebung im Welthandel des 21. Jahrhunderts".

1. Erläutern Sie die Entwicklung der ausländischen Direktinvestitionen* in und aus China (M1, M2).
2. Erstellen Sie eine Kartenskizze mit der historischen Seidenstraße und den Routen der neuen Seidenstraßen (M4, M5, M7).
3. Erstellen Sie über das Seidenstraßen-Projekt in Duisburg oder eines der anderen der Initiative einen Kurzvortrag (M3, M6, Internet).
4. Charakterisieren Sie Ziele und Maßnahmen der BRI-Initiative (M1, M6, M8, M9).
5. Beurteilen Sie die Aussage des chinesischen Botschafters (M8).
6. Schon die Wahl des Begriffs Seidenstraße zeigt, dass die Initiative in erster Linie ein Vermarktungsinstrument (chinesischer Handelspolitik) ist. Nehmen Sie Stellung zu dieser Aussage.

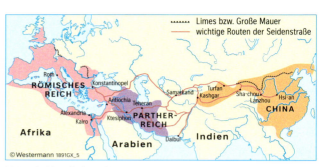

M4 Die historische Seidenstraße zur Römerzeit

Die alte Seidenstraße war ein Netz von Karawanenstraßen, das China mit dem Mittelmeerraum verband. Sie entstand vor ca. 2000 Jahren und diente viele Jahrhunderte dem Austausch von Gütern (Seide, Gewürze und Keramik gen Westen; Wolle, Glas, Gold und Silber gen Osten). Daneben wurden über die Seidenstraße aber auch Techniken (z.B. Papierherstellung, Destillation), Ideen (diverse Religionen) und Krankheiten (z.B. die Pest) ausgetauscht. Der Handel war über diverse Zwischenstationen organisiert, sodass nur wenige Händler die gesamte Strecke bereisten. Ihr Ende fand die Seidenstraße, als der Seeweg – vorangetrieben durch die europäischen Kolonialmächte – immer mehr an Bedeutung gewann.

M5 Die historische Seidenstraße

Die Öffnung für ausländische Direktinvestitionen war ein zentrales Element von Chinas Reformpolitik insbesondere seit Ende der 1980er-Jahre: Für den Zugang zu Hochtechnologie, den industriellen Strukturwandel und die Ausweitung des Außenhandels spielten ausländische Unternehmen und chinesisch-ausländische Gemeinschaftsunternehmen eine wichtige Rolle. Die chinesische Regierung versucht bis heute, durch verbindliche Investitionskataloge und andere Instrumente die Entwicklung bestimmter Branchen und Regionen zu steuern.

Die aktive Förderung und Erleichterung chinesischer Auslandsinvestitionen ist ein deutlich jüngeres Phänomen, mit globalen Auswirkungen insbesondere seit 2011. China ist mittlerweile zu einer der drei größten Quellen für weltweite Direktinvestitionen geworden. Diese haben sich von Ressourcen und dem Energiesektor hin zu moderner Fertigung, Informations- und Kommunikationstechnik und Hochtechnologie verlagert, also in Bereiche, wie sie vor allem in Industriestaaten wie den USA oder der Europäischen Union anzutreffen sind. Die Mehrzahl der Auslandsinvestitionen chinesischer Unternehmen wird getätigt, um den eigenen Gewinn zu maximieren. Sie profitieren dabei zum Teil allerdings von einer staatlich betriebenen, expansiven Industriepolitik, die gezielt auf Technologie-Akquise setzt, um im internationalen Wettbewerb weiter aufzuholen. [...]

Peking unternimmt vermehrt Aktivitäten, um die Bedingungen der Integration Chinas in die Weltwirtschaft selbst zu gestalten. Mit Initiativen zur regionalen Handels- und Finanzintegration, neuen Institutionen wie der Asiatischen Infrastruktur-Investitionsbank (AIIB) und Vorstößen wie der sogenannten Belt and Road Initiative versucht die Zentralregierung, strategisch eigene Erfahrungen sowie finanzielle und unternehmerische Kapazitäten beispielsweise beim Ausbau von Infrastruktur international zum Einsatz zu bringen. Von chinesischen Unternehmen erschlossene Transportkorridore sollen neue Märkte eröffnen und wirtschaftliche Integration in der erweiterten Nachbarschaft stärker auf die Volksrepublik ausrichten.

Quelle: Mikko Huotari: China in der Weltwirtschaft. izbp 2/2018, S. 80

M1 Quellentext über die Entwicklung Chinas vom Investitionsstandort zum globalen Investor

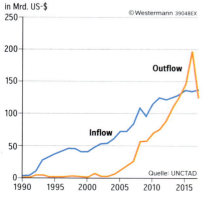

M2 Jährliche ausländische Direktinvestitionen* nach und aus China (1990–2017)

„Seit dem Besuch von Chinas Staatspräsident Xi im März 2014 ist der Duisburger Hafen als größter Binnenhafen Europas auch in Asien ein Begriff. Pro Woche verkehren rund 30 Güterzüge zwischen China und Duisburg. Das gewaltige Infrastrukturprojekt BRI ist auch – und das spüren wir in Duisburg – für Europa eine große Chance. Wir Europäer sollten das Angebot der chinesischen Regierung aufnehmen und selbstbewusst genug sein, um die Gelegenheit zu nutzen, die Regeln der Zusammenarbeit mitzugestalten."

Erich Staake, Vorstandsvorsitzender der Duisburger Hafen AG

M3 Zitat

M6 Chinesischer Staatspräsident Xi Jinping (mi.) in Duisburg 2014

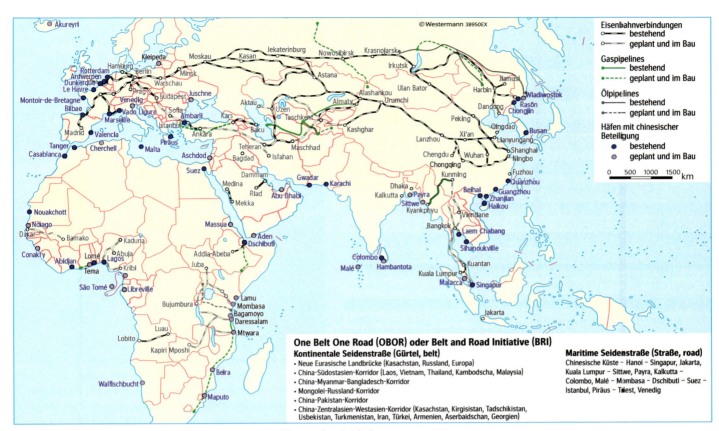

M 7 Häfen, Bahnen und Energieleitungen im Zuge der Seidenstraßen-Initiative

„Wir wollen mit unseren Partnern einen Weg in die Moderne gehen, mehr Verbundenheit und Wohlstand für die Menschen schaffen. Die neue Seidenstraße ist eine Plattform für die Zusammenarbeit aller Länder, die sich daran beteiligen wollen. [...] Die Initiative ist in erster Linie ein wirtschaftliches Großprojekt zum Wohle aller. [...] Alle, die mitmachen, sind gleichberechtigte Teilnehmer. Dadurch entstehen engere Verbindungen in Politik, in Infrastruktur, Handel, Finanzen und schließlich auch in der Zivilgesellschaft. Wir verfolgen damit keine geopolitischen Absichten."

Wu Ken, chinesischer Botschafter in Deutschland (5.5.2019).

M 8 Zitat zur Zielsetzung der Seidenstraßen-Initiative

Das Ausmaß der Belt and Road Initiative (BRI) der Volksrepublik China ist immens; den Planungen zufolge betrifft die Initiative etwa 65 Staaten und damit rein rechnerisch etwa ein Drittel des weltweiten Bruttoinlandsprodukts (BIP) und fast zwei Drittel der Weltbevölkerung. [...] Laut Angaben der chinesischen Regierung wurden bereits 890 Mrd. US-$ investiert und insgesamt sollen über 4 Bio. US-$ in die Initiative fließen. [...]

Da sich die Initiative jedoch nicht nur auf eine Straße bezieht, sondern eher einen Gürtel von Verbindungslinien, Highways und Schienen, Pipelines sowie Schifffahrtsrouten umfasst, stellte Chinas Staatspräsident Xi Jinping im Herbst 2013 der Weltöffentlichkeit die Initiative unter dem Begriff „One Belt One Road (OBOR)" vor, der zum neuen Markennamen aufstieg. OBOR umfasst zwei Hauptstränge, einen kontinentalen, den Silk Road Economic Belt, sowie einen maritimen, die Maritime Silk. Heute firmiert dieses Großprojekt unter dem Label der Belt and Road Initiative (BRI). [...] Durch die umfassenden Maßnahmen der BRI ist eine Erleichterung des regionalen und interkontinentalen Handels höchstwahrscheinlich, die BRI soll aber insbesondere auch dazu beitragen, die Versorgung der Volksrepublik mit Öl und Gas zu sichern und neue Märkte für China zu erschließen. [...] Durch die immensen Investitionen und Baumaßnahmen Chinas erhoffen sich viele Staaten, die von den kontinentalen und maritimen Korridoren der BRI betroffen sind, positive ökonomische Impulse und Entwicklungen. Hierzu zählen die Verbesserung ihrer eigenen Infrastrukturen, die Anbindung an den Weltmarkt oder neue Möglichkeiten des Exports eigener Rohstoffe nach China. Dabei darf jedoch nicht unberücksichtigt bleiben, dass der willkommene Zufluss an Kapital und Know-how aus China die Zielländer in eine zunehmende wirtschaftliche Abhängigkeit, im Zeichen neokolonialer Praktiken, führt. Es ist zu befürchten, dass zahlreiche Staaten Zentral- und Südasiens sowie Afrikas in eine Schuldenspirale* gegenüber China geraten, die sie mittelfristig stark an die Volksrepublik binden und von deren Wohlwollen abhängig machen könnte. [...]

Das Auftreten der Volksrepublik China als Kooperationspartner, Investor und Akteur im Globalen Süden, insbesondere in Afrika, sorgt in Europa und Nordamerika für weitverbreitete Irritationen, weil damit die traditionell [...] unangefochtene Rolle des Westens als Geber internationaler oder bilateraler Entwicklungshilfe nicht mehr konkurrenzlos ist. [...] Auch im Hinblick auf mögliche geo- und militärpolitische Ambitionen der Volksrepublik China herrscht große Ungewissheit und Verunsicherung. [...] Zudem zeigen sich bereits zahlreiche Fehlinvestitionen, etwa der Hafenausbau in Hambantota in Sri Lanka, sowie eine Zunahme von Verschuldung und Korruption. Auch muss bedacht werden, dass Maßnahmen der BRI Gewinner und Verlierer zwischen den Staaten, aber auch innerhalb eines Landes hervorbringen wird, was zu steigender Ungleichheit, Arbeitslosigkeit und Armut führen kann. Chinas bilaterale Politik, die derartige Polarisierungen noch verstärkt, löst daher international zunehmend Kritik aus. Neben den negativen Umweltauswirkungen stößt BRI weltweit auch auf Befürchtungen sozioökonomischer und politischer Art – es ist die Sorge vor Chinas ökonomischer und politischer Dominanz in Asien und weltweit.

Quelle: Matthias Schmidt: Neue Seidenstraßen – Verschiebungen von Geopolitik und Weltwirtschaft. Geographische Rundschau 6/2019, S. 4-10

M 9 Quellentext zur Belt and Road Initiative

2.8 Fluch und Segen der Ressourcen

In der vorwiegend landwirtschaftlich strukturierten Mongolei folgte auf eine jahrzehntelange Phase der sozialistischen Planwirtschaft und der Orientierung an der Sowjetunion seit 1989 eine Transformation* zu Demokratie und Marktwirtschaft. Während die politische Wende sich rasch und friedlich vollzog, war der Umbau der Wirtschaft weitaus mühsamer. Der Wegfall der sowjetischen Wirtschaftshilfe und der Zusammenbruch der Staatsbetriebe, die Privatisierung des Staatseigentums und die nur langsam beginnenden Investitionen aus dem Ausland waren für die Bevölkerung mit viel Leid und zunehmender Armut verbunden. Für alle Beteiligten stand jedoch schnell fest, dass der Weg der wirtschaftlichen Entwicklung für die Mongolei nur über ihre sehr großen, zum Teil unerschlossenen Rohstoffvorkommen gehen kann.

1. Beschreiben Sie die Rohstoffvorkommen der Mongolei (M1, M5, Atlas).
2. Analysieren Sie die Entwicklung des BIP, der Exporte und der Finanzzuflüsse aus dem Ausland (M2, M3, M8).
3. Erläutern Sie die Bedeutung der Weiterentwicklung des Eisenbahnnetzes für die Mongolei (M5, M6).
4. Erörtern Sie die Entwicklungsstrategie der Mongolei, die sich vor allem auf den Bergbau konzentriert.
5. Die Mongolei hat die Abhängigkeit von der Sowjetunion mit der von China getauscht. Nehmen Sie Stellung zu dieser Aussage.

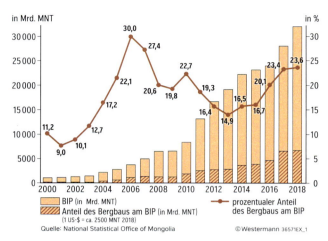

M2 Mongolei: Entwicklung des BIP* (2000–2018)

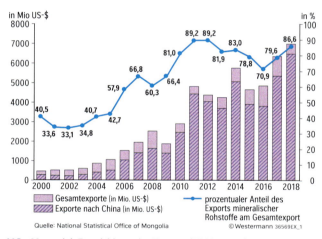

M3 Mongolei: Entwicklung der Exporte (2000–2018)

Als sich in den späten 1990er-Jahren die verschiedenen Regierungen des Rohstoffreichtums ihres Landes voll bewusst wurden, betrieben sie den Aufbau eines modernen Bergbausektors. Hohe Rohstoffpreise und eine enorme Nachfrage insbesondere aus der VR China begünstigten diese Entwicklung. Seitens der Regierung wurden investorenfreundliche Rahmenbedingungen geschaffen. So erfolgte bis Anfang der 2010er-Jahre die Vergabe von annähernd 2400 Explorations- und über 1200 Abbaulizenzen an einheimische und ausländische Interessenten. Gefördert wurden vor allem Gold, Kupfer und Kohle, aber auch Zink, Wolfram, Molybdän, Eisen, Flussspat, Uran und Erdöl. Aus Mangel an eigenem Kapital der mongolischen Lizenzeigner wurden daran transnationale Unternehmen, Banken, internationale Organisationen und Privatfirmen aus Kanada, Australien, Großbritannien, den USA, Russland und vor allem aus der VR China beteiligt. Die wohl spektakulärsten Bergbauprojekte werden derzeit in der Süd-Gobi nahe der chinesischen Grenze durchgeführt. Es handelt sich um Oyu Tolgoi und Tavan Tolgoi. Oyu Tolgoi, im Jahr 2001 entdeckt, ist die größte Kupfer- und Goldlagerstätte der Welt. Im benachbarten Tavan Tolgoi liegen in Reichweite chinesischer Schwerindustriegebiete* gewaltige Kokskohle- und Steinkohle-Vorkommen, die im Tagebau* abgebaut werden können. Der überwiegende Teil der Förderung beider Großminen gelangt über Straßen- und Eisenbahnverbindungen [...] grenzüberschreitend in die Absatzgebiete der Inneren Mongolei/China. Oyu Tolgoi gehört zu 66 Prozent zur kanadischen Ivanhoe Mines. Die Gesamtreserven dieser Mine werden auf etwa 25 Mio. t Kupfer und circa 1000 t Gold geschätzt, und die Nutzungsdauer ist auf 35 bis 50 Jahre prognostiziert.

Durch die riesigen Bergbauprojekte haben Teile der Provinz Süd-Gobi einen regelrechten Entwicklungsschub erhalten. Arbeitskräfte sind aus allen Teilen der Mongolei und aus dem benachbarten China zugezogen und haben einen enormen Bauboom ausgelöst. Die technische und soziale Infrastruktur wurden ausgebaut, zahlreiche neue Wohnsiedlungen mit Service- und Zulieferbetrieben für die Minengesellschaften sind entstanden. Da sich die Laufzeit der großen Minenprojekte über mehrere Jahrzehnte erstrecken wird, dürfte es sich in der Süd-Gobi um eine länger währende Entwicklung handeln. Dahinter fällt der übrige ländliche Raum der Mongolei mangels vergleichbarer Möglichkeiten zurück. [...] Der Reichtum an Ressourcen sollte eigentlich immer Chancen für die Entwicklung eines Landes bieten. Er birgt aber auch unzählige Risiken. So erwachsen der Mongolei aus den mineralischen/fossilen Vorkommen [...] eigentlich Einnahmen, die zur Landesentwicklung, zur Verbesserung der Lebensbedingungen, zur Beseitigung der Armut und zur Tilgung der seit den 1990er-Jahren angehäuften ausländischen Schulden genutzt werden könnten. Tatsächlich entsteht auch Wohlstand, doch nur für Wenige und einzig an wenigen Orten. Die Bevölkerungsmehrheit fristet ein karges, beklagenswertes Dasein. So ist die Gesellschaft heute – wie nie in der mongolischen Geschichte – durch eine unüberbrückbare Kluft zwischen Arm und Reich [...] gespalten. Immer häufiger regt sich daher zivilgesellschaftlicher Protest. Er beklagt den Ausverkauf landeseigener Interessen durch Vertreter der mongolischen Eliten sowie die überall feststellbare Korruption und Vetternwirtschaft. Seit einigen Jahren führt auch die vermehrte Beschäftigung qualifizierter Chinesen im Bau-, Minen- und Landwirtschaftssektor zu Unmut und zu Angst vor dauerhafter chinesischer Überfremdung und Abhängigkeit.

Quelle: Jörg Janzen: Mongolei: Ressourcenreichtum als Chance. In Fred Scholz: Länder des Süden. Braunschweig: Westermann 2017, S. 149–151

M1 Quellentext zur Entwicklung des Bergbausektors in der Mongolei

Fluch und Segen der Ressourcen

M 4 Abbau von Kohle im Tagebau* in der Lagerstätte Tavan Tolgoi
Die Lagerstätte (30 x 40 km) gilt als eine der größten der Welt für hochwertige Koks- und Kraftwerkskohle (6,4 Mrd. t). Der Abbau begann bereits 1967, steht aber immer noch erst am Anfang. Seit 2011 fördert ein weitgehend chinesisches Unternehmen im großen Stil. Auf chinesischer Seite wurde bereits eine Bahnstrecke bis an die mongolische Grenze gebaut. Der Plan, diese Strecke auf mongolischer Seite zu ergänzen, scheiterte aufgrund von mongolischen Protesten. Stattdessen fahren jeden Tag hunderte von LKW mit Steinkohle in Richtung China.

M 7 Privates Bergbaucamp (Goldkleinbergbau)
Als Existenzsicherungsstrategie ist Kleinbergbau – insbesondere von Gold – in der Mongolei weit verbreitet. Zehntausende schürfen in Flüssen und anderen bekannten Lagerstätten und schmuggeln das Edelmetall heimlich ins Ausland. Auch diese Form des Bergbaus hat negative ökologische Auswirkungen. So wurden in den Schürfgebieten große Waldgebiete zerstört und der Boden durch den Einsatz von hochgiftigem Quecksilber kontaminiert, was auch eine große Gefahr für die mobilen Tierhalter ist.

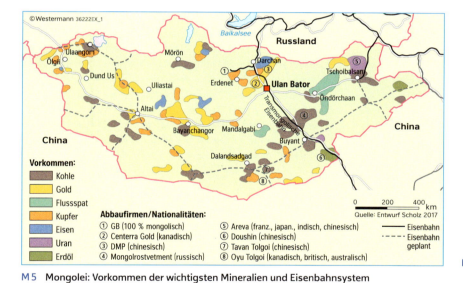

M 5 Mongolei: Vorkommen der wichtigsten Mineralien und Eisenbahnsystem

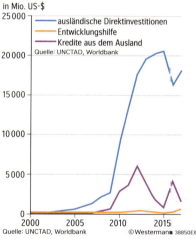

M 8 Mongolei: ADI, Entwicklungshilfe und Kredite (2000 – 2017)

Die Mongolische Eisenbahn ist eine der größten und wichtigsten Transportunternehmen in der Mongolei. Die Gesamtlänge der Eisenbahn beträgt derzeit 1815 km, von denen 1110 km von Nord nach Süd verlaufen und den europäischen und asiatischen Kontinent verbinden. Aufgrund der geografischen Gegebenheiten, des fehlenden direkten Zugangs zum Meer und der Weite des Gebietes spielt der Schienenverkehr in der Mongolei eine äußerst wichtige Rolle. [...]
Wegen der rasanten Entwicklung des Bergbaus wächst die Nachfrage nach Schienenverkehr und Güterverkehr von Jahr zu Jahr. [Die Regierung der Mongolei plant] einen schrittweisen Bau von 5683,5 km Schiene, und es wird erwartet, dass die Exporte von Rohstoffen bei der Nutzung neuer Eisenbahnen bis zu 50 Millionen Tonnen pro Jahr erreichen werden. [...] Die Nachfrage nach Transporten wird 2,5-5,5mal höher sein, wenn man mit dem Abbau in den großen Minen beginnt [...]. Die Bergbauindustrie der Mongolei ist am chinesischen Markt orientiert [...]. Derzeit könnte das Land 100 Millionen Tonnen Kohle pro Jahr exportieren, aber 2016 exportierte es nur 19,5 Millionen. Dies ist ein offensichtliches Beispiel für den Mangel an Logistik- und Transportkapazitäten, die die Wirtschaft des Landes hemmen.
Die mongolische Regierung gab [zudem] 2014 ihre Absicht bekannt, große Verkehrsinfrastrukturprojekte umzusetzen, um den Rohstofftransport von Russland nach China über die Trans Mongolian Railway zu fördern. [...] Diese neue Eisenbahn wird den nordmongolischen Provinzen erhebliche wirtschaftliche und soziale Vorteile bringen, da die wirtschaftliche Entwicklung und die regionale Integration beschleunigt werden. Ziel der Schaffung des Wirtschaftskorridors ist es, die Voraussetzungen für den Auf- und Ausbau der trilateralen Zusammenarbeit zwischen der Volksrepublik China, der Mongolei und der Russischen Föderation zu schaffen. [...] Das Wirtschaftskorridorprogramm umfasst Schienen- und Straßenverkehr, Luftverkehrsräume, Gas- und Ölpipelines, Stromleitungen und Hochgeschwindigkeitsautobahnnetze.

Quelle: Ulziinorov Gansukh, Xu Ming, Syed Ahtsham Ali: Analysis of the Current Situation of Mongolian Railway and Its Future Development. International Business Research; Vol. 11, No. 5; 2018 (Übersetzung: Thilo Girndt)

M 6 Quellentext zum mongolischen Eisenbahnsystem

2.9 Abschied von der Atomkraft?

Nach der verheerenden Erbeben-Tsunami-Katastrophe im März 2011 und dem Atomunfall im Kernkraftwerk in Fukushima haben Deutschland und einige andere Länder einen Ausstieg aus der Kernenergie beschlossen. Auch die meisten der 50 japanischen Atomkraftwerke wurden abgeschaltet. Doch seit 2019 sind neun Reaktoren wieder am Netz. Eine Abkehr von der Kernenergie will Japan noch nicht vollziehen.

1. Fassen Sie die Ereignisse der Dreifachkatastrophe im März 2011 zusammen (M1, Kap. 1.3, Atlas, Internet).
2. Erläutern Sie die jap. Energiepolitik vor Fukushima (M3–M5).
3. Vergleichen Sie den Mix der Energieträger zur Elektrizitätsgewinnung in den in M5 ausgewählten Ländern.
4. Beurteilen Sie die Ziele der japanischen Energiepolitik und für den Energiemix* für 2030 (M5, M6, M8).
5. Erörtern Sie die Energiepolitik Japans nach Fukushima im Vergleich zu Deutschland (M5–M8).

Am 11. März 2011, um 14:46 Ortszeit, ereignete sich 72 km vor der Küste Nordostjapans ein Erdbeben der Stärke 9,0 auf der Richterskala. [...] Das mächtige Beben, das Teile der Küstenlinie um über 80 cm absenkte [...], löste einen Tsunami aus, der innerhalb von 20 bis 140 Minuten das Land erreichte und teilweise ganze Städte und Dörfer entlang von über 500 km Küste zerstörte. Dieser Flutkatastrophe fielen 15 870 Menschen zum Opfer, 2846 werden noch immer vermisst. Ferner wurden etwa 130 000 Gebäude völlig und 726 000 teilweise zerstört. [...] Der Tsunami [legte] zunächst die Notstromversorgung des Atomkraftwerks Fukushima Daiichi lahm und an mindestens drei, nunmehr ungekühlten Reaktoren kam es noch am 11. März zu einer Kernschmelze. Viel zu spät wurden bis zu 200 000 Menschen aus einem Radius von 20 km um das havarierte Kraftwerk evakuiert. Bis zum heutigen Tag ist nicht klar, ob und wann diese Menschen in ihre Heimatgemeinden zurückkehren können. Die daraus folgende Abschaltung und technische Überprüfung aller anderen Atomkraftwerke in Japan führte zu landesweiten Energieengpässen. [...] Energiemangel sowie die katastrophenbedingte Schließung wichtiger Infrastruktureinrichtungen und Produktionsstätten führten nicht nur zu Nahrungsmangel in den Katastrophengebieten und selbst in Tokio, sondern lösten auch globale Störungen in den Zulieferketten von Schlüsselindustrien aus.

Quelle: Christian Dimmer: Japan nach dem 11. März 2011. Geographische Rundschau 3/2013, S. 3–4

M1 Quellentext zur Dreifachkatastrophe von 2011

Die Ölkrisen der 1970er-Jahre, die sich in drastischen Preissteigerungen für den Rohstoff und der Verknappung der Lieferungen aus dem Mittleren Osten ausdrückten, führten Japan vor Augen, wie stark es von einer einzigen Region und einem einzigen Energieträger abhängig war. Diese Erkenntnis veranlasste Tokyo zu einer Umsteuerung seiner Energiepolitik. Reduzierung der Öleinfuhren sowie Diversifizierung* und Sicherung der Energieressourcen vor allem durch den forcierten Ausbau der Kernkraft hieß die Maxime auf der Angebotsseite; auf der Nachfrageseite galt das Hauptaugenmerk dem Energiesparen. [...]
Die ersten Schritte in Richtung Kernkraft tat Japan bereits in den frühen 1950er-Jahren. [...] Für die spätere Entwicklung ist wichtig, dass sich schon in den 1950er- und 1960er-Jahren allmählich eine eng verflochtene Kernkraftgemeinde herausbildete, die in verschiedener Weise die Entwicklung des Sektors vorantrieb und von ihr profitierte. Ihr gehörten und gehören auch heute noch Politiker auf allen Ebenen an, genauso wie Vertreter der Bürokratie, Geschäftsleute und Wissenschaftler. Zu den wichtigen institutionellen Befürwortern der Kernkraft zählen u. a. das Ministerium für Wirtschaft, Handel und Industrie (METI), die Federation of Electric Power Companies of Japan (Dachverband der Stromversorger) und die Firmen Toshiba, Hitachi und Mitsubishi Heavy Industries, die große Hersteller von Kernkraftwerken sind. Die Gemeinde wird oft auch als „Atomdorf" [...] bezeichnet. [...] [Eine Ursache für den schnellen Ausbau der Kernkraft] war, dass eine Reihe von Präfekturen die Zustimmung zum Bau neuer Reaktoren [...] als eine große Chance für wirtschaftliche Entwicklung sahen, erhielten sie doch als Gegenleistung von der Zentralregierung hohe Subventionen und Darlehen. [...]
In der letzten Dekade des 20. Jahrhunderts verschoben sich unter dem Eindruck der weltweiten politischen, wirtschaftlichen und sozialen Veränderungen die Akzente in Japans Energiepolitik. Es ging nun nicht mehr allein um die Sicherung der Energieversorgung, zu gleichwertigen Parametern wurden ökonomische Effizienz im Energiesektor und dessen Beitrag zum Umwelt- und Klimaschutz (3E-Politik: Energy Security, Economic Efficiency, Enviromental Protection). [...] Schon in der Vergangenheit hatte die japanische Bevölkerung viele der Argumente „pro Kernkraft" im Namen der notwendigen Energiesicherheit hingenommen. Die Pläne waren in der Öffentlichkeit allerdings nicht unumstritten, da sich in den Kernkraftwerken immer wieder Unfälle ereigneten.

Quelle: Detlef Rehn: Energiepolitik Japans. In Raimund Wördemann, Karin Yamaguchi (Hrsg.): Länderbericht Japan. Bonn 2016, S. 298–301

M3 Quellentext zu Japans Energiepolitik vor Fukushima

M2 Atomkraftwerk Fukushima Daiichi am 24.3.2011

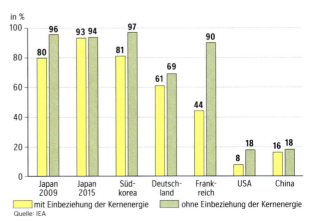

M4 Japans Abhängigkeit von Energieimporten im internationalen Vergleich (Anteil der Importe am Primärenergieverbrauch, 2015)

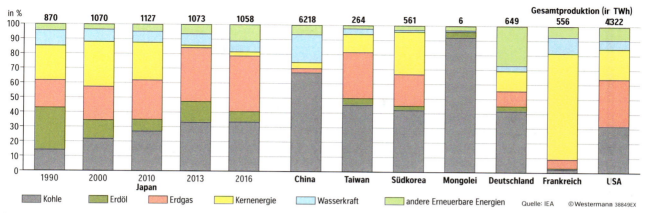

M 5 Anteil der Energieträger an der Elektrizitätsgewinnung in Japan (1990–2016) und anderen ausgewählten Staaten (2016)

Um eine stabile Stromversorgung Japans zu garantieren, ist es von entscheidender Bedeutung, eine optimale Kombination von Energiequellen einzusetzen, die gleichzeitig Energiesicherheit, Wirtschaftlichkeit und Umweltschutz gewährleistet sowie der Sicherheit die oberste Priorität einräumt. Für die Zukunft ist es wichtig, dass der Energiemix von Japan weiterhin ein gewisses Maß an Kernenergie umfasst, [...] während die Nutzung erneuerbarer Energien maximiert wird und ein angemessener Anteil an Wärmekraftwerken die Stabilität der Energieversorgung sicherstellt. Auch der von der Regierung im Juli 2018 überarbeitete „5. Strategic Energy Plan" besagt, dass die Kernenergie eine wichtige Grundlastquelle* ist, die unter strikten Sicherheitsaspekten zur Stabilität der Angebots- und Nachfragestruktur von Energie beitragen kann. Nach dem Erdbeben in Ostjapan wurden fast alle Kernkraftwerke stillgelegt, und die thermische Stromerzeugung macht seitdem den größten Teil des Energiemixes aus. Infolgedessen ist die Energieautarkiequote Japans von 20,2 % vor dem Erdbeben auf 6,4 % im Jahr 2014 gesunken [M 4] und die Brennstoffkosten haben sich von 3,6 Bio. auf 7,2 Bio. Yen im gleichen Zeitraum nahezu verdoppelt. Die Zunahme der thermischen Stromerzeugung hat auch die CO_2-Emissionen erhöht. Im Juli 2015 beschloss die Regierung unter Berücksichtigung dieser Beobachtungen grundlegende Ziele für den Energiemix für das Jahr 2030: Erhöhung der Energieautarkiequote des Landes gegenüber dem Stand vor dem Erdbeben, Senkung der Stromkosten gegenüber dem aktuellen Niveau und Festlegung eines CO_2-Emissionsreduktionsziels, das mit dem der westlichen Nationen vergleichbar ist. Der Energiemix sieht neben einer festen Verpflichtung zur Senkung des Gesamtenergieverbrauchs vor, dass die Kernenergie 20–22 %, die thermische Energie 56 % (27 % LNG [Flüssigerdgas], 26 % Kohle und 3 % Öl) und die erneuerbaren Energien 22–24 % beitragen sollen.

Quelle: The Federation of Electric Power Companys of Japan (FEPC): Electricity Review Japan 2018. Tokyo S. 2–3 (Übersetzung: Thilo Girndt)

M 6 Quellentext zur Zukunft der japanischen Elektrizitätsversorgung

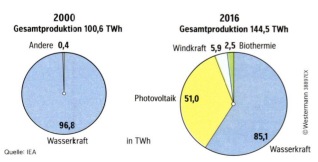

M 7 Elektrizitätsproduktion aus erneuerbaren Energien in Japan (2000, 2016)

Nach dem [Regierungswechsel 2012] wird die Kernenergie wieder als bedeutende „Grundlaststromquelle*" positioniert. Dies mag für jeden, der mit dem immer noch mächtigen Atomdorf in Japan vertraut ist, keine Überraschung gewesen sein. Angesichts steigender Energieimporte und Strompreise, eines sich ausweitenden Handelsdefizits und der Zusage von Premierminister Abe, die Wirtschaft wieder auf Kurs zu bringen, geht Japan das politische Risiko eines Wiederanlaufs der Reaktoren ein und behauptet, dass die Auswirkungen der Fukushima-Katastrophe kontrollierbar seien. [...] Die derzeitige Regierung will, dass Kernreaktoren so schnell wie möglich reaktiviert werden. Skeptiker sagen, dass das nukleare Ziel der japanischen Regierung von 20–22 Prozent für 2030 unrealistisch ist, wenn man den aktuellen Stand der Kernenergieproduktion, die langen Verzögerungen bei der Wiederinbetriebnahme sowie die anspruchsvolle und teure Säuberungsaktion in Fukushima bedenkt. [...] Mit neun Reaktoren im Jahr 2018 wird der Anteil der Kernenergie 6,5 Prozent betragen. Um das Ziel von 20–22 Prozent bis 2030 zu realisieren, wäre es notwendig, rund 30 Kernkraftwerke zu betreiben. [...] [Es müssten] entweder neue Reaktoren gebaut und/oder einige der bestehenden Reaktoren über die gesetzlich vorgeschriebene 40-jährige Laufzeit hinaus genehmigt werden – was nach den Vorschriften in Ausnahmefällen durchaus möglich ist. [...] Schätzungen zufolge werden die Kosten für den Bau eines neuen oder den Ausbau eines bestehenden Kernkraftwerks mehr als 8 Mrd. EUR betragen, um die aktualisierten Sicherheitsstandards zu erfüllen. Es ist fraglich, ob sich die Energieversorger diese Kosten leisten können – auch mit staatlicher Unterstützung.

Darüber hinaus könnte die Beteuerung hochgesteckter Ziele für die Kernkraft immer noch zu einem Rückschlag führen – obwohl die Anti-Atombewegung in Japan im Laufe der Jahre an Dynamik verloren hat. Dennoch gaben laut einer aktuellen Medienumfrage mehr als 80 Prozent der Befragten an, dass sie sich weiterhin Sorgen um das Risiko eines schweren Unfalls machen, und mehr als 60 Prozent forderten den Ausstieg aus der Kernenergie in der Zukunft. [...] Ungeachtet der Rhetorik der japanischen Regierung werden grundlegende wirtschaftliche Veränderungen, sinkende Investitionen in die Kerntechnik aus dem Privatsektor und eine intensive zivilgesellschaftliche Opposition eine vollständige Rückkehr zur Kernenergie erschweren und schließlich den Weg für ein starkes Wachstum der erneuerbaren Energien ebnen. Trotz des Einflusses der japanischen Atomlobby ist der Übergang des Landes von den nuklearen – und schließlich auch fossilen – Energiequellen zu den erneuerbaren Energien auf einem guten Weg. Tatsächlich haben sich die erneuerbaren Energien in Japan in den letzten Jahren schneller entwickelt als in Deutschland.

Quelle: Iris Wieczorek: Energiewende in Japan: Vom Konsens zur Kontroverse. GIGA Focus Asien 1/2019 (Übersetzung: Thilo Girndt)

M 8 Quellentext zur aktuellen japanischen Energiepolitik

2.10 Energie: schwarz und grün

Seit einigen Jahren gilt China als führende Nation in Sachen erneuerbare Energien. Gleichzeitig baut das energiehungrige Land weiter neue Kohlekraftwerke, die zu den Hauptverantwortlichen für klimaschädliche CO_2-Emissionen zählen. Diese parallele Entwicklung wirft ein widersprüchliches Bild auf Chinas Energiepolitik. Dabei ist das Land von entscheidender Bedeutung, wenn die weltweiten Klimaschutzziele erreicht werden sollen.

1. Fassen Sie die Aussagen der Schlagzeilen zusammen (M5).
2. Charakterisieren Sie die globale Bedeutung und die Entwicklung der chinesischen Elektrizitätsproduktion (M1, M3).
3. Analysieren Sie die regionale Verteilung der Produktion und des Verbrauchs von Elektrizität in China (M4).
   b) Erläutern Sie sich daraus ableitende Probleme.
4. Erklären Sie die Unterschiede des Energiemixes bei Elektrizität und Primärenergieverbrauch (M2, M3).
5. Erörtern Sie die CO_2-Emissionen Chinas, der USA und Europa unter dem Gesichtspunkt der Klimagerechtigkeit* (M8, M9).
6. China ist Vorreiter bei erneuerbaren Energien und beim Klimaschutz. Nehmen Sie Stellung zu dieser Aussage (M1–M12).

„Deutschland abgehängt. China hat bei den erneuerbaren Energien die Nase vorn."
„Autos boomen – steigende Nachfrage nach Öl im Reich der Mitte."
„China stellt sich in letzter Zeit gern als Klima-Vorreiter dar. Tatsächlich aber bleibt das Land auch weiterhin der weltgrößte CO_2-Verursacher."
„Die Wende: Der Kohleverbrauch und mit ihm die CO_2-Emissionen sind in China drei Jahre in Folge gesunken. Die eingesparte Menge Kohle entspricht dem britischen Jahresbedarf." (2017)
„Wirtschaft hochgefahren: China setzt wieder auf Kohle. Kohlendioxidemissionen steigen." (2018)
„Die Volksrepublik plant in den nächsten zehn Jahren den Bau von 60 neuen Atomkraftwerken und will auf dem Weltmarkt der führende Anbieter werden."
„Klimaschutz aus Eigennutz: In erster Linie geht es Peking um die Reduzierung der Luftverschmutzung durch die Kohleverstromung. Zudem ist China selbst stark von den Auswirkungen des Klimawandels betroffen."
„Pro Kopf top – absolut Flop – Chinas CO_2-Emissionen sind eine Frage des Blickwinkels".

M5 Zeitungsmeldungen zu Chinas Energie- und Klimapolitik

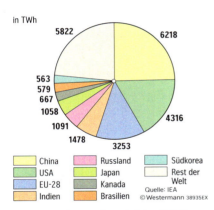

M1 Elektrizität: Weltproduktion (2016)

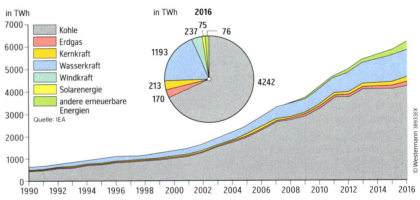

M3 China: Produktion von Elektrizität (1990–2016)

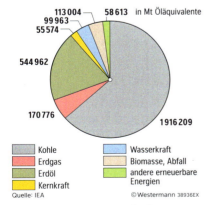

M2 China: Anteil der Energieträger am Primärenergieverbrauch

Primärenergie
Energieträger, die in der Natur vorkommen und noch nicht durch technische Prozesse umgewandelt und veredelt worden sind. Primärenergie kann in Sekundärenergie (Elektrizität, Brennstoffe, Wärme) umgewandelt werden.

M4 China: Produktion und Verbrauch von Elektrizität auf Provinzebene (2015)

Energie: schwarz und grün

M 6 Kohlekraftwerk in Dezhou (Shandong)

M 10 Photovoltaik-Kraftwerk in Fujian

Mit großen Schritten geht [...] China bei den Zukunftstechnologien voran und baut wie kein anderes Land auf der Welt die Wind- und Solarkraft aus. China übernimmt diese Führungsrolle, da es die enormen Marktchancen erkennt und die wirtschaftlichen Vorteile. [...] [2017 hat China 146,8 Mrd. US-$] in erneuerbare Energien investiert, so viel Geld wie nie zuvor. Mehr als die Hälfte davon investierte China in die Solarkraft. Laut Chinas Energieagentur (NEA) wurden so 2017 Photovoltaik*-Kraftwerke mit einer Leistung von 53 Gigawatt in China neu aufgestellt, mehr als die Hälfte der weltweit installierten Kapazität. Deutschland, einst Vorreiter bei der Photovoltaik, hatte 2017 nach Schätzungen knapp zwei Gigawatt neu installiert. China hat mit seiner Wachstumspolitik Deutschland und Europa als Vorreiter bei den Erneuerbaren inzwischen klar abgelöst. [...] Beim Zubau von erneuerbaren Energien hat es China im Vergleich zu Europa einfacher, weil dort der Energieverbrauch stetig steigt. Dort wird in neue Kapazitäten investiert, ohne dass dafür zwangsläufig fossile oder nukleare Kapazitäten vom Netz gehen.

Quelle: Gero Rueter: China übernimmt Europas Vorreiterrolle. DW.de 26.1.2018

M 7 Quellentext zu den erneuerbaren Energien in China

China [spielt] durch sein enormes wirtschaftliches Wachstum in den letzten Jahren auch in der globalen Klimapolitik eine entscheidende Rolle. [...] [Es] hat das Paris-Abkommen am 3. September 2016 als eines der ersten Länder ratifiziert. Sein nationaler Klimaschutzbeitrag (NDC) beinhaltet verschiedene Ziele zur Verringerung der CO_2-Intensität, zum Ausbau der nicht-fossilen Energienutzung (erneuerbare Energien, Atomkraft) sowie des Waldschutzes und -aufbaus. In den letzten Jahren wurden bereits viele klimapolitische Maßnahmen eingeführt, von der Förderung von Elektroautos (deren Klimaschutz allerdings von der Sauberkeit des Stroms abhängt) über die Einführung eines Emissionshandelssystems und den raschen Ausbau der erneuerbaren Energien. Chinas CO_2-Emissionen sind 2017 wieder gestiegen, was darauf hindeutet, dass es noch zu früh ist, um zu sagen, ob seine CO_2-Emissionen ihren Höhepunkt erreicht haben. [...] Die Kohlenutzung ist der größte Einzelfaktor, der über den Trend bei Chinas Treibhausgasemissionen entscheidet.

Quelle: Sven Harmeling: Globaler Klimawandel. Braunschweig: Westermann 2018, S. 108–109

M 11 Quellentext zur chinesischen Klimapolitik

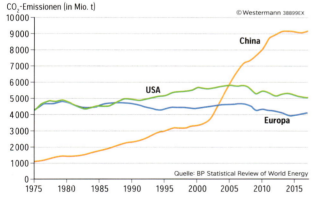

M 8 CO_2-Emissionen von China, der USA und Europa (1975–2017)

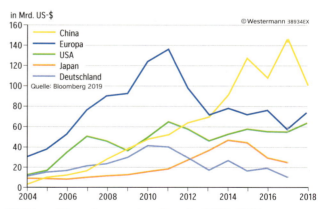

M 12 Investitionen in erneuerbare Energien (2004–2018)

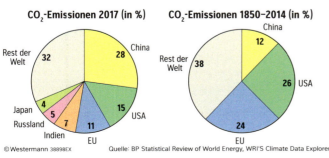

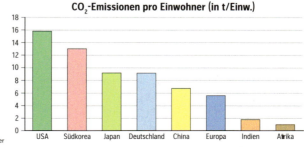

M 9 Jährliche und kumulierte CO_2-Emissionen sowie Pro-Kopf-CO_2-Emissionen im internationalen Vergleich

2.11 Wasserkraft aus Südwestchina

Wasserkraft hat als erneuerbare, weitgehend emissionsarme Energiequelle eine bereits fast 150-jährige Geschichte. Von großen Speicher-* über Laufwasser-* und Umleitungs-* bis hin zu Kleinkraftwerken reicht die Palette zur Elektrizitätserzeugung (16 % der Weltproduktion) heute. Doch während insbesondere Großprojekte in Europa und Nordamerika – auch aufgrund massiver Kritik – kaum noch in Angriff genommen werden, boomt der Bau von Talsperren* und die Wasserkraftbranche in Asien, Südamerika und Afrika.

1. Beschreiben Sie das Dreischluchtenprojekt am Jangtsekiang (Naturraum, Einzugsgebiet, Klima, Atlas, M6, M9).
2. Charakterisieren Sie die nationale und internationale Bedeutung von Chinas Wasserkraftwerken (M1, M3, M4, M7, Kap. 2.8).
3. Erklären Sie den Unterschied zwischen installierter Kapazität (in W) und erzeugtem Strom (in Wh) bei Wasserkraftwerken.
4. a) Gliedern Sie die Chancen und Risiken von Wasserkraft nach ökonomischen, sozialen und ökologischen Kriterien (M8).
   b) Beurteilen Sie die Nutzung von Wasserkraft in China.

M 2 Bau des Baihetan-Wasserkraftwerks am Oberlauf des Jangtsekiang auf der Grenze der Provinzen Sichuan und Yunnan

Für das Projekt wird eine der höchsten Talsperren der Welt gebaut (277 m). Der Stausee wird ein Volumen von 17,9 km^3 Wasser haben (Oberfläche 430 km^2). 100 000 Menschen müssen umgesiedelt werden. Die Gesamtkosten des Projekts belaufen sich auf 6,3 Mrd. US-$.

Im globalen Vergleich des Hydroenergieausbaus spielte China bis zur Jahrtausendwende keine zentrale Rolle. Das Land gehörte zwar zu den großen Wasserkrafterzeugern, benötigte aber für größere Projekte internationale Hilfe (technisch und finanziell). Das änderte sich mit dem Bau des Dreischluchtendamms am mittleren Yangtse. China wurde nicht nur zum weltweit führenden Hydroenergieerzeuger, sondern mit seiner gewonnenen Expertise auch zum globalen Förderer und Finanzier der Wasserkraft (unter anderem in Asien, Afrika und Südamerika). Zwischen 2000 und 2017 stieg Chinas installierte Hydroenergieleistung von 86 auf 341 GW (davon Dreischluchtendamm: 22,5 GW), der pro Jahr erzeugte Strom aus Wasserkraft von 222 auf 1195 TWh (davon Dreischluchtendamm: 95 TWh). Der rasante Anstieg basiert somit auf einer enormen Zahl an Projekten und geht weit über den Dreischluchtendamm hinaus. [...] Seit 2000 wurden in China aber auch mehrere Tausend kleine und mittelgroße Wasserkraftprojekte gebaut. Viele von ihnen haben entscheidend zur Elektrifizierung und zur wirtschaftlichen Entwicklung des riesigen Landes beigetragen, häufig in peripheren Regionen*. Nach offiziellen Angaben gibt es in China fast 50 000 Wasserkraftprojekte, die meisten davon sind klein (< 50 MW Leistung). Mittlerweile befinden sich in China aber auch fünf der zehn größten Wasserkraftwerke der Welt [M7], und das Land trägt zu weit mehr als der Hälfte zur globalen Stromproduktion aus Kleinwasserkraftwerken bei. Allein Chinas Kleinwasserkraftwerke haben eine Gesamtkapazität von 77,8 GW und eine Jahresproduktion von 240 TWh [...].

Aufgrund der geringen negativen ökologischen und sozioökonomischen Implikationen solcher Projekte (zum Beispiel: meist minimales Stauvolumen) wird die Kleinwasserkraft zu den ‚grünen' Energien gezählt, sodass tausende Projekte über den globalen Emissionshandel gefördert werden. Allerdings vernachlässigt diese Beurteilung die kumulativen Auswirkungen der meist kaskadenartig ausgeprägten Umleitungskraftwerke, wie sie in fast allen Flusseinzugsgebieten Chinas und in weiten Teile Asiens gebaut worden sind. Die ökologischen Auswirkungen der Flussumleitungen bzw. der Austrocknungen wurden in ihrer Summe bisher kaum systematisch untersucht.

Der Schwerpunkt des chinesischen Hydroenergieausbaus liegt im Südwesten des Landes. Administrativ betrifft dies in erster Linie die beiden Provinzen Sichuan und Yunnan, die beide für sich allein zu den weltgrößten Erzeugern zählen würden. [...] Großprojekte wurden am oberen Yangtse, am Mekong oder am Perlfluss errichtet. Der Ausbau verlagert sich allmählich nach Westen in Richtung des oberen Yarlung Tsangbo (Brahmaputra). Da viele Flüsse einen transnationalen Charakter haben und China meist als Oberanlieger fungiert, führt der Hydroenergieausbau zu geopolitischen Spannungen mit seinen Nachbarn bzw. den Unteranliegern der Flüsse und Ströme.

Eine weitere entscheidende Herausforderung des aktuellen Hydroenergieausbaus ist die periphere Lage attraktiver Kraftwerksstandorte. [...] Die meisten Großstaudämme Chinas liegen weit entfernt von den Regionen des Stromverbrauchs, den wirtschaftlich starken küstennahen Zentren im Yangtse- oder Perlfluss-Delta. Wasserkraft ist deshalb auch ein entscheidender Motor für den Aufbau moderner Netzstrukturen, von Übertragungskorridoren und sogenannten Stromautobahnen (HGÜ-Leitungen). Allerdings ist die verlustarme Übertragung teuer und zwischen den chinesischen Provinzen stark umstritten. Vor diesem Hintergrund sowie wegen der aktuellen Anforderungen (schnell wachsende, möglichst emissionsarme Stromerzeugung) setzen viele küstennahe Provinzen auf eine stärkere Diversifizierung ihrer Stromerzeugung (v. a. Ausbau von emissionsarmer Kernenergie und von Pumpspeicherkraftwerken*, aber auch andere wie Windenergie und Solarenergie/Photovoltaik).

Der rasante Ausbau der Wasserkraft in Südwestchina führt regional auch zu einer saisonalen Überproduktion. [...] Die beiden zentralen Ursachen sind die Herausforderungen im Verteilernetz (Überwindung großer Distanzen und komplexer Landschaften wie Hochgebirge, Wüsten) sowie die wirtschaftliche Schwäche vieler Westprovinzen. Im Vergleich zu anderen Nationen ähnlicher Größe ist der Strombedarf durchaus hoch, doch angesichts der potenziellen Verfügbarkeit noch zu gering. Deshalb nutzen die Provinzen mit einer regenerativen und emissionsarmen Stromerzeugung die erzeugte elektrische Energie häufig für energieintensive Industrien. Diese haben allerdings gravierende ökologische Folgen und tragen zu einer massiven Umweltdegradation bei.

Quelle: Thomas Hennig: Globaler Energiehunger – Dynamik des rasanten Wasserkraftausbaus in Südwestchina. In Concept Mapping. Braunschweig: Westermann 2019, S. 139–140

M 1 Quellentext zur Nutzung der Wasserkraft in China

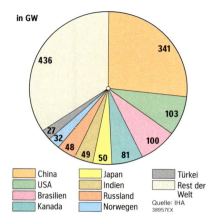

M 3 Weltweit installierte Kapazität von Wasserkraftwerken (in GW)

China 341, USA 103, Brasilien 100, Kanada 81, Japan 50, Indien 49, Russland 48, Norwegen 32, Türkei 27, Rest der Welt 436
Quelle: IHA 38957EX

Name	Fluss	Land	Kapazität (in MW)	Jahresproduktion (in TWh)	Eröffnung
Dreischluchten	Jangtsekiang	China	22 500	87 (99)[1]	2008
Baihetan	Jangtsekiang	China	16 000	64	2022
Itaipu	Paraná	Brasilien, Paraguay	14 000	90 (103)[1]	1984/2003
Xiluodu	Jangtsekiang	China	13 860	55	2014
Belo Monte	Amazonas	Brasilien	11 233	39	2019
Guri	Orinoco	Venezuela	10 235	53	1978/1986
Wudongde	Jangtsekiang	China	10 200	40	2019
Tucurui	Tocantins	Brasilien	8 370	21	1984/2012
Xiangjiaba	Jangtsekiang	China	7 500	31	2013
Grand Coulee	Colombia	USA	6 800	20	1942/1984

[1] Wert ohne Klammern: kalkulierte Jahresproduktion, Wert in der Klammer: bisher erreichte maximale Jahresproduktion.
Quelle: Hennig 2019

M 7 Die zehn größten Wasserkraftwerke der Welt (fertig oder im Bau)

M 4 China, EU: Stromproduktion durch Wasserkraft (1990 – 2017)
Quelle: IEA, IHA

- Stromgewinnung (12 % der großen Talsperren dienen ausschließlich oder vorrangig der Energieerzeugung)
- Ausdehnung der landwirtschaftlichen Bewässerungsflächen
- Trinkwasserversorgung
- Hochwasserschutz
- infrastrukturelle Voraussetzungen für industrielle Entwicklungsprojekte
- Impulssetzung für Regionalentwicklung
- Handel mit Wasser
- Schiffbarmachung

M 5 Ziele von Talsperrenprojekten

Chancen	Probleme
• entscheidendes Instrument zur industriellen und volkswirtschaftlichen Entwicklung • verlässliche Form der Stromerzeugung mit meist langen Laufzeiten und langfristig geringen Erzeugerkosten • je nach Typ unterschiedliche energiewirtschaftliche Funktion möglich (Grund*-, Mittel- und Spitzenlast*) • zentrale Bedeutung von Kleinwasserkraftwerken für die ländliche Elektrifizierung sowie im Aufbau dezentraler Stromnetze • meist geringe Emissionen • wichtiger Motor für den Aufbau moderner Stromnetze und Übertragungskorridore • je nach Typ wichtige Speicherfunktion (v. a. im Kontext für andere erneuerbare Energien) • Flussregulierung (Hochwasserkontrolle und verbesserte Binnenschifffahrt) • verbesserte transnationale Zusammenarbeit • Schaffung einer großen Zahl an (industriellen) Arbeitsplätzen • verbesserte Infrastruktur (v.a. peripherer Räume)	• Umsiedlung/Vertreibung der ansässigen Bevölkerung (v. a. im Fall großer Speicherbecken) • Fragmentierung von Flüssen und Einzugsgebieten • Zerstörung von Ökosystemen • Zerstörung der Lebensgrundlagen der (lokalen und/oder indigenen) Bevölkerung • finanzielle Risiken bei der Finanzierung (Verschuldung), Finanzmangel für andere Vorhaben • Regulierung von Flüssen (inkl. Aufstauung, Flussumleitung) mit negativen Auswirkungen auf Gewässerökologie und Ökologie der ufernahen Vegetation (z. B. Verschlammung, Erosion, Versalzung der Böden, lokaler Klimawandel) • Verringerung des fruchtbaren Schwemmlands • massive negative Auswirkungen auf Landnutzungswandel durch verbesserte Infrastruktur • Verdrängung von Kleinbauern • Verursachung hoher Emissionen durch einzelne Reservoirs (v. a. in tropischen Regionen) • Zerstörung historischer Zeugnisse • Verschärfung von Konflikten zwischen lokaler Nutzung und Stromexport durch Netzstrukturen (sowohl in Nachbarländer als auch in weit entfernte Bedarfsregionen im eigenen Land) • ungerechte Verteilung von Kosten und Nutzer • Verschärfung transnationaler Konflikte (Ober- und Unteranlieger) • Erdbebenanfälligkeit der Talsperren • unzureichende Kompensationsleistungen oder Zwangsenteignungen für die Umgesiedelten (Verarmung)

M 8 Chancen und Risiken von Wasserkraftwerken/Talsperrenprojekten

M 6 Jangtsekiang bei Yichang (1986)

M 9 Dreischluchten-Talsperre (2006)

Zusammenfassung

Wirtschaftliche Entwicklungsstrategien

Ostasien in seiner Gesamtheit erwirtschaftet mittlerweile fast 30 Prozent der globalen Wirtschaftsleistung. Zeitversetzt haben die ostasiatischen Staaten hinter dem Vorreiter Japan einen ähnlichen wirtschaftlichen Entwicklungsweg beschritten, von der Importsubstitution über eine exportorientierte Konsumgüterproduktion hin zu technologieintensiveren Fertigungsprozessen (Gänseflugmodell). China hat dabei innerhalb kurzer Zeit eine Entwicklung von einer Plan- zu einer Marktwirtschaft sowie zur erfolgreichsten Exportnation und bald größten Volkswirtschaft der Welt vollzogen. Chinas rasanter wirtschaftlicher Aufschwung ist begleitet von räumlichen und sozialen Disparitäten, die zunächst bewusst in Kauf genommen wurden. Mittlerweile versucht die Regierung jedoch, die zentralen und westlichen Provinzen in ihrer wirtschaftlichen Entwicklung gezielt zu fördern.

Südkorea hat sich nach seinem atemberaubenden Aufstieg von einem armen Agrarland als Hightech-Produzent etabliert. Eine wichtige Rolle bei der wirtschaftlichen Entwicklung spielte das wettbewerbsorientierte Bildungswesen und kontinuierliche Verbesserungen der Rahmenbedingungen für Innovationen, Forschung und Entwicklung. Auch China ist längst nicht mehr nur die verlängerte Werkbank der Industrienationen, sondern stellt mittlerweile selbst eine ganze Palette technisch hochwertiger Güter her. Wenn Chinas Wirtschaft auch weiter in einem ähnlichen Tempo wachsen soll, muss sie in innovativen Industriebranchen und Dienstleistungsbereichen Produkte entwickeln und herstellen. Dass nach einem langen wirtschaftlichen Boom eine Phase der Stagnation folgen kann, hat in den letzten Jahrzehnten Japan erfahren. Nach der längeren Durststrecke mit nur geringen Wachstumsraten versucht sich das fortschrittlichste der ostasiatischen Länder heute neu auszurichten.

Ostasien in der Weltwirtschaft

China, Taiwan, Japan und Südkorea spielen heute alle in der ersten Liga der großen Exportnationen. Der strukturelle Wandel der Volkswirtschaften Ostasiens ging im Zuge der Globalisierung mit einer vollständigen Integration in die Weltwirtschaft einher. Dies lässt sich daran festmachen, dass China Empfänger aber zunehmend auch Geber ausländischer Direktinvestitionen ist. Der Aufbau eines internationalen Handels- und Infrastruktur-Netzwerks mit über 60 weiteren Ländern Afrikas, Asiens und Europas im Zuge der Seidenstraßen-Initiative ist Ausdruck des neuen chinesischen Selbstverständnisses. Während China die Initiative als gleichberechtigtes Angebot an die teilnehmenden Länder und Städte verstanden wissen will, warnen Kritiker vor wirtschaftlicher Abhängigkeit von der neuen Wirtschaftsgroßmacht. Auch die Mongolei mit ihren beträchtlichen Rohstoffvorkommen setzt bei ihrer wirtschaftlichen Entwicklung stark auf den großen südlichen Nachbarn.

Trotz wachsender wirtschaftlicher Integration der Staaten Ostasiens bestehen eine große regionale Heterogenität, divergierende politische Interessen und geopolitische Konflikte sowie eine ausgeprägte Konkurrenz etwa beim Zugang zu Energierohstoffen innerhalb der Region fort.

Energiewirtschaft

Das wirtschaftliche Wachstum Ostasiens war verbunden mit einem steigenden Energieverbrauch, wobei die fossilen Energieträger Kohle, Erdöl und Erdgas die mit Abstand wichtigsten Energieträger waren. Rohstoffmangel, Energieversorgungssicherheit, Wirtschaftlichkeit und Umweltverträglichkeit sind die großen Herausforderungen der Zukunft. Während China über große eigene Vorkommen an Energierohstoffen verfügt, war und ist Japan stark auf Kohle-, Erdöl- und Erdgasimporte angewiesen. Um die Importabhängigkeit zu reduzieren, forcierte man den Ausbau der Kernenergie, und will daran – trotz der Dreifachkatastrophe von Fukushima, die in Deutschland zur Energiewende* führte – festhalten.

China ist zum größten Energieverbraucher und CO_2-Emittenten der Welt aufgestiegen. Zwar werden zwei Drittel des Primärenergieverbrauchs aus der klimaschädlichen Kohle gewonnen, zugleich weist das Land aber die weltweit höchsten Ausbauraten erneuerbarer Energien auf. Neben der Wind- und Solarkraft setzt China auch auf Wasserkraft und baut aktuell mehrere Megakraftwerke.

Weiterführende Literatur und Internetlinks

Wieland Wagern: Japan – Abstieg in Würde: Wie ein alterndes Land um seine Zukunft ringt. München DVA 2018

Chinas Aufstieg - Mit Kapital, Kontrolle und Konfuzius. Edition Le monde diplomatique 23/2018

Statistikportal der Weltbank
- https://data.worldbank.org

The World Bank: World Development Indicators
- http://datatopics.worldbank.org/world-development-indicators

Statistikportal der World Trade Organisation (WTO)
- ww.wto.org/english/res_e/statis_e/statis_e.htm

Statistikportal der United Nations Conference of Trade and Development
(Daten zu Handel, ADI, Entwicklungshilfe)
- https://unctad.org/en/Pages/statistics.aspx

Statistikportal der Organisation für wirtschaftliche Zusammenarbeit und Entwicklung (OECD)
- https://data.oecd.org

Statistikportal des Internationen Währungsfonds (IWF, IMF)
- www.imf.org/en/Data

Japan External Trade Organisation
- www.jetro.go.jp

Ministry of Commerce China
- http://english.mofcom.gov.cn

National Statistics Office of Mongolia
- https://www.en.nso.mn/

The Bank of Korea (Wirtschaftsdaten)
- https://ecos.bok.or.kr/EIndex_en.jsp

Auslandshandelskammer Greater China
- https://china.ahk.de/de

Mercator Institute for China Studies
- www.merics.org/de

International Energy Agency
- www.iea.org

BP Statical Review of Energy
- ww.bp.com/en/global/corporate/energy-economics/statistical-review-of-world-energy.html

3 BEVÖLKERUNG UND GESELLSCHAFT

Studenten der Shanxi Universität posieren für ein Abschlussfoto in historischen Uniformen der Roten Armee (Volksbefreiungsarmee).

3.1 Menschenleere Regionen und Ballungsräume

Bevölkerung
in einem Gebiet/Territorium zu einem bestimmten Zeitpunkt lebende Menschen.

Bevölkerungsverteilung
gibt die räumliche Verteilung/Lokalisierung dieser Personen in ihrem Bezugsraum zu einem Zeitpunkt an, in der Regel auf Basis ihrer Siedlungsplätze.

Bevölkerungsdichte
bezieht die Zahl der Personen auf die Fläche des Gebiets und ist so ein Maß, mit dem Bevölkerungen bei Ausschaltung des Einflusses der Größe ihres Bezugsgebiets verglichen werden können.

Ein Blick auf die Karte Ostasiens zeigt große, un- oder wenig besiedelte Gebiete, aber auch Regionen, in denen sich ein Großteil der Bevölkerung konzentriert (M5). Die Lebensräume sind vielgestaltig; Hochgebirge und Wüsten, Steppen, Bergländer und Schwemmländer der großen Flüsse besitzen ein unterschiedliches Potenzial für Siedlungsbau und Sicherung des Lebensunterhalts der dort lebenden Menschen (M1, M2, M4). Ein Großteil der Menschen lebt zudem in den niedrig gelegenen, küstennahen Gebieten (M6).

Bevölkerungsstruktur und -entwicklung
China, momentan noch das bevölkerungsreichste Land der Welt, wird in wenigen Jahren diese Position an Indien verlieren. Noch immer beherbergt aber gesamt Ostasien einen beträchtlichen Teil der Weltbevölkerung, wenn auch mit abnehmender Tendenz (M3). Dies deutet darauf hin, dass das Bevölkerungswachstum in den ostasiatischen Ländern zurückgeht (Kap. 3.2). In China wird dafür meist die vormals rigide Bevölkerungspolitik mit drastischen Maßnahmen zur Geburtenbeschränkung verantwortlich gemacht (Kap. 3.3). Aber auch in den anderen Ländern findet sich ein starker Rückgang der Wachstumsraten, in Japan sogar ein Bevölkerungsrückgang. Dies ist nicht zuletzt mit einer Änderung der Altersstruktur der Bevölkerung verbunden. Bei niedriger Fruchtbarkeit droht eine „Überalterung" der Bevölkerung mit weitreichenden Folgen für die Gesellschaft (Kap. 3.4).

Migration und Gesellschaftsstrukturen
Die Einwanderung von Arbeitsmigranten kann als Weg gesehen werden, den durch ein Schrumpfen der Bevölkerung hervorgerufenen Problemen entgegenzuwirken. Allerdings sehen viele Länder in der Zuwanderung nicht immer das Mittel der Wahl, wenn sie negative Konsequenzen für die Gesellschaft befürchten. Migrationsprozesse sind jedoch nicht auf die Gegenwart beschränkt. Oft ist ein Rückblick in die Geschichte nötig, um die Zusammensetzung der Bevölkerung zu verstehen (Kap. 3.5). Dies gilt für Einwanderung wie für Auswanderung. Im Ausland sind bedeutende Diaspora-Gemeinden* entstanden. Die Ausbildung von Chinatowns in zahlreichen Städten verschiedener Kontinente ist nur ein Zeichen der weltweiten Beziehungsnetze (Kap. 3.10). Binnenwanderung, meist vom Land in die Stadt, ist für viele Menschen ein Weg, individuelle Lebensmöglichkeiten zu verbessern. In China wurde eine solche mit Wohnortverlagerung verbundene Migration allerdings lange Zeit von der Politik behindert, sodass derzeit mehr oder weniger saisonale Formen von Arbeitsmigration dominieren (Kap. 3.6). In Folge der wirtschaftlichen Entwicklung in China kam es zugleich zu einer rapiden Reduktion der ländlichen Armut (Kap. 3.7) und einer Zunahme sozialer Disparitäten (Kap. 3.8), die mit einer erheblichen Veränderung der Gesellschaftsstruktur verbunden ist. Neben der Bevölkerungsmehrheit (so Han-Chinesen in China, Japaner in Japan) leben in den Ländern verschiedene ethnische Gruppen als Minderheiten (Kap. 3.9).

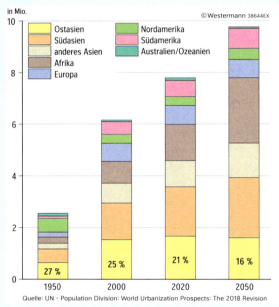

M3 Anteil Ostasiens an der Weltbevölkerung

M1 Jurte in der Inneren Mongolei (China)

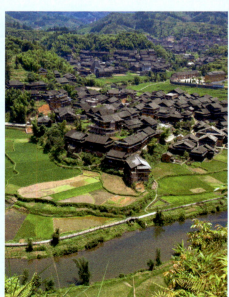

M2 Dorf in Guangxi (China)

M4 Wohnviertel in Shanghai (China)

Menschenleere Regionen und Ballungsräume

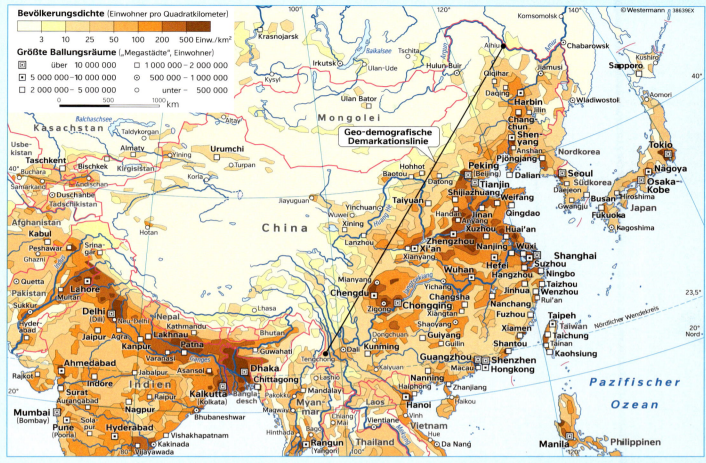

M 5 Bevölkerungsdichte in Ostasien

Der chinesische Bevölkerungsgeograph Hu Huanyong veröffentlichte 1935 einen Aufsatz, in dem er feststellte, dass in China auf 57 Prozent der Landfläche westlich einer gedachten Linie zwischen den Orten Aihui (Heihe) in der Provinz Heilongjiang und Tengchong in Yunnan nur vier Prozent der Bevölkerung leben, östlich der Linie aber 96 Prozent der Bevölkerung auf 43 Prozent der Fläche. Diese Bevölkerungsverteilung hat sich bis heute nur wenig verändert: das Verhältnis beträgt etwa neun zu 91 Prozent (Volkszählung 2000).

M 6 Geo-demografische Demarkationslinie („Hu-Linie")

Land	Gesamtes Land			Low-elevation coastal zone[1]			
	Fläche (in km²)	Bevölkerung (in Mio.)	Bev.-dichte (in Ew./km²)	Fläche (in km²)	Anteil an Landfläche	Anteil an Bevölkerung	Bev.-Dichte (in Ew./km²)
China	9 197 930	1 269,1	138	181 909	2,0 %	11,3 %	792
Japan	372 304	125,7	338	24 154	6,5 %	24,0 %	1 250
Südkorea	99 006	46	464	4 572	4,6 %	6,5 %	654
Ostasien	11 339 300	1 473,3	130	215 700	0,2 %	12,3 %	839

[1] niedriggelegene Küstenzone weniger als 10 m über dem Meeresspiegel Quelle: Neumann 2015

M 8 Bevölkerung in Küstennähe (2000)

Küstengebiete haben seit jeher Menschen angezogen, zum einen wegen ihrer reichen Ressourcen, vor allem für den Lebensunterhalt, zum anderen aus logistischen Gründen, da sie Zugang zu maritimem Handel und Verkehr ermöglichen, Freizeit- oder kulturelle Aktivitäten bieten oder einfach infolge der speziellen Raumwahrnehmung am Schnittpunkt zwischen Land und Meer. Die Entwicklung und Nutzung der Küstenzonen ist in den letzten Jahrzehnten stark gewachsen, und die Küsten erleben gewaltige sozioökonomische und ökologische Veränderungen – ein Trend, der sich in Zukunft voraussichtlich fortsetzen wird. Des Weiteren weisen Küstengebiete spezifische Muster bei Struktur und Entwicklung ihrer Bevölkerungen auf, die zum Teil mit globalen Wachstums- und Verstädterungstrends in Verbindung stehen. Die Bevölkerungsdichte ist in Küstengebieten signifikant höher als in Nicht-Küsten-Bereichen. [...] Das Bevölkerungswachstum und die Urbanisierungsrate an der Küste übertreffen die demografische Entwicklung des Hinterlandes. [...] In China ist das Wachstum der städtischen Gebiete an der Küste mit mehr als dem Dreifachen des Landesdurchschnitts besonders hoch; dies wird auf die laufende wirtschaftliche Entwicklung und besondere politische Maßnahmen zurückgeführt, die die Migration an die Küste vorantreiben. Die meisten der Megacities der Welt liegen an der Küste, viele von ihnen in großen Flussdeltas, wo spezifische wirtschaftliche, geografische und historische Bedingungen bis heute Menschen anziehen [...].

Quelle: Barbara Neumann et. al.: Future Coastal Population Growth and Exposure to Sea-Level Rise and Coastal Flooding – A Global Assessment, PLOS ONE 10 (2015) (6), S. 1 (Übersetzung: Georg Stöber)

M 7 Quellentext zur Anziehungskraft küstennaher Gebiete

---

1. Charakterisieren Sie die Bevölkerungsverteilung in Ostasien (M 5).
2. Vergleichen Sie die Bevölkerungen Chinas, Japans und Südkoreas in Bezug auf die Bedeutung der Küstenlage (M 7, M 8, Atlas).

3.2 Demografische Strukturen und Entwicklungen

Die Zahl der Geburten in China ist unter das Bestandhaltungsniveau* gesunken und trotzdem steigt die Zahl der Chinesen weiter an. Wer die Bevölkerungsentwicklungen in der Vergangenheit und der Zukunft richtig interpretieren will, muss die Aussagekraft von Indikatoren wie Geburten- und Sterberate, Fertilitätsrate und Lebenserwartung durchdrungen haben. Oft erleichtert die grafische Darstellung dieser Kennzahlen, Entwicklungen und Zusammenhänge zu erkennen. So verdeutlichen sogenannte Bevölkerungspyramiden die Altersstruktur einer Gesellschaft.

1. Stellen Sie die Bevölkerungsentwicklung der Länder Ostasiens dar (M1, M2).
2. Charakterisieren Sie die Aussagekraft der Indikatoren totale Fertilitätsrate, Lebenserwartung und Abhängigenquote und veranschaulichen Sie dies mit Beispielen (M3).
3. Vergleichen Sie die Bevölkerungsentwicklung Chinas, Japans und Südkoreas und ihre Ursachen mithilfe verschiedener demografischer Indikatoren (M2, M5).
4. Ordnen Sie die demografische Entwicklung in China, Japan und Südkorea (Geburten-/Sterberate) dem Modell des demografischen Übergangs* zu (M5).
5. Erläutern Sie die Altersstruktur von China, Japan und Südkorea und ihre Entwicklung (M6, M4).
6. Die Mongolei und Japan nehmen in Ostasien demografische Extrempositionen ein. Begründen Sie diese Aussage (M1, M2).

Von Migration* abgesehen, bestimmen Geburten und Sterbefälle die Entwicklung einer Bevölkerung. Als Maße für die Fruchtbarkeit/Fertilität werden u.a. die **rohe Geburtenrate** (-ziffer) und die **totale Fertilitätsrate** (TFR, zusammengefasste Fruchtbarkeitsziffer) verwendet, als Maße der Sterblichkeit/Mortalität die **rohe Sterberate** (-ziffer) und die **Lebenserwartung bei Geburt**. Am einfachsten zu ermitteln sind die rohen Geburten- und Sterberaten (Zahl der Geburten bzw. Sterbefälle einer Periode (Jahr) bezogen auf die Bevölkerungszahl zu einem Stichtag – in der Regel in der Mitte der Periode). Da die Wahrscheinlichkeit zu gebären oder zu sterben aber geschlechts- und altersspezifisch ist, wirken sich auf diese rohen Raten immer die alters- und geschlechtsmäßige Zusammensetzung der Bevölkerung aus. Die totale Fertilitätsrate (Summe der altersspezifischen Geburtenraten, interpretiert als Zahl der Kinder, die eine Frau unter den Fertilitätsverhältnissen eines Jahres während ihres Lebens gebären würde) und die Lebenserwartung bei Geburt (durchschnittlich von Neugeborenen zu erreichendes Alter bei Konstanz der zu einem Zeitpunkt herrschenden altersspezifischen Sterbewahrscheinlichkeiten) eliminieren dagegen diesen Einfluss.

Die **Abhängigenquote**, auch Abhängigkeits- oder „Belastungsquote", ist ein Maß des Altersaufbaus einer Bevölkerung. Sie bezieht die Zahl der Kinder und Jugendlichen (0 bis 14-Jährigen) bzw. Älteren (65-Jährige und älter) auf die Zahl der 15- bis 64-Jährigen. In der Begrifflichkeit spiegelt sich die Auffassung, die Jungen und die Alten seien weitgehend (wirtschaftlich) abhängig von der Bevölkerung im erwerbsfähigen Alter bzw. stellten für diese eine „Belastung" dar. Die tatsächliche Erwerbstätigkeit spielt bei der Berechnung keine Rolle.

M3 Demografische* Indikatoren

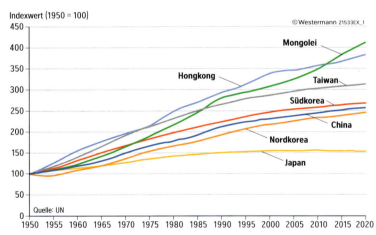

M1 Bevölkerungsentwicklung Ostasiens (1950–2020)

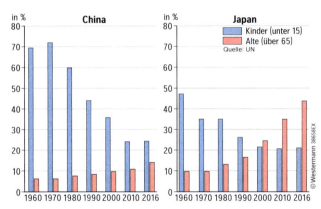

M4 Abhängigenquoten in China und Japan (1960–2016)

Land	Gesamtbevölkerung (in Mio.)			Rohe Geburtenrate[2]	Rohe Sterberate[2]	Mittlere jährliche Wachstumsrate	Totale Fertilitätsrate	Lebenserwartung bei Geburt (in Jahren)		Anteil der Bevölkerung 2015		Säuglingssterblichkeit	Geschlechterverhältnis[3]
	1980	2018	2050	2010-15	2010-15	2010-15	2010-15	1980-85	2010-15	unter 15	65 u.ä.	2010-15	2010-2015
China[1]	979,9	1415,0	1364,5	12,6	7,0	0,54 %	1,60	67,75	75,67	17,7 %	9,7 %	12 ‰	1,16
Japan	117,8	127,2	108,8	8,4	9,9	-0,09 %	1,41	77,01	83,27	13,0 %	26,0 %	2 ‰	1,05
Mongolei	1,7	3,1	4,1	26,0	6,3	1,86 %	2,83	57,30	68,47	28,8 %	3,9 %	23 ‰	1,07
Nordkorea	17,5	25,6	26,8	14,0	8,6	0,52 %	1,95	67,06	70,79	21,1 %	9,7 %	19 ‰	1,06
Südkorea	38,1	51,2	50,5	8,9	5,5	0,42 %	1,23	67,38	81,27	13,9 %	13,0 %	3 ‰	1,03
Taiwan	17,4	23,7	22,8	8,7	6,8	0,33 %	1,11	72,13	79,25	13,8 %	12,3 %	4 ‰	1,09
Ostasien	1191,8	1635,9	1586,5	12,2	7,2	0,49 %	1,59	68,70	76,76	17,2 %	11,1 %	11 ‰	1,15
Welt	4458,4	7632,8	9771,8	19,6	7,7	1,19 %	2,52	62,07	70,79	26,1 %	8,3 %	35 ‰	1,07

[1] ohne Hongkong (7,4 Mio. Ew., 2018) und Macau (0,7 Mio. Ew.) [2] pro 1000 Ew. [3] bei Geburt   Quelle: UN: World Population Prospects 2017

M2 Demografische* Indikatoren der ostasiatischen Staaten

Demografische Strukturen und Entwicklungen

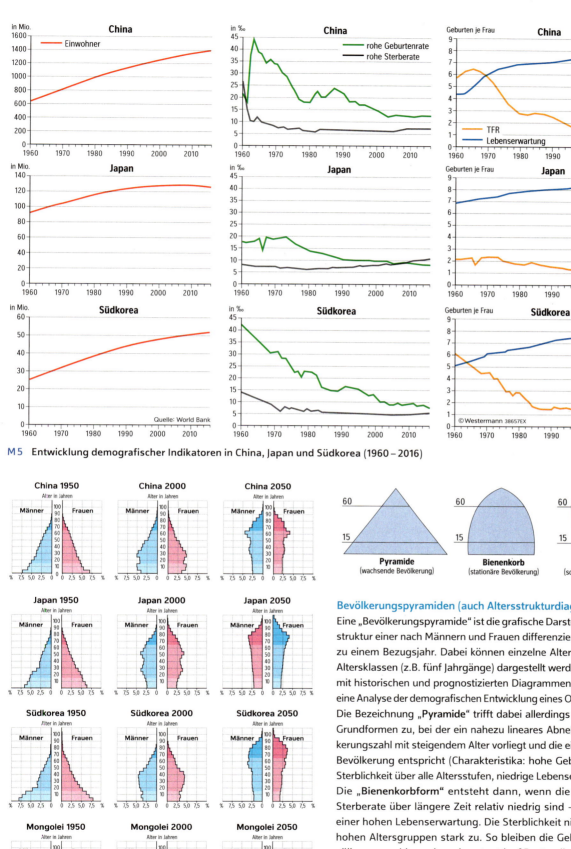

M5 Entwicklung demografischer Indikatoren in China, Japan und Südkorea (1960–2016)

M6 Wandel der Altersstruktur in China, Japan, Südkorea und der Mongolei 1950, 2000, 2050

Bevölkerungspyramiden (auch Altersstrukturdiagramme)

Eine „Bevölkerungspyramide" ist die grafische Darstellung der Altersstruktur einer nach Männern und Frauen differenzierten Bevölkerung zu einem Bezugsjahr. Dabei können einzelne Altersjahrgänge oder Altersklassen (z.B. fünf Jahrgänge) dargestellt werden. Der Vergleich mit historischen und prognostizierten Diagrammen (M6) ermöglicht eine Analyse der demografischen Entwicklung eines Ortes oder Landes. Die Bezeichnung „Pyramide" trifft dabei allerdings nur auf eine der Grundformen zu, bei der ein nahezu lineares Abnehmen der Bevölkerungszahl mit steigendem Alter vorliegt und die einer wachsenden Bevölkerung entspricht (Charakteristika: hohe Geburtenrate, hohe Sterblichkeit über alle Altersstufen, niedrige Lebenserwartung).

Die „Bienenkorbform" entsteht dann, wenn die Geburten- und Sterberate über längere Zeit relativ niedrig sind – verbunden mit einer hohen Lebenserwartung. Die Sterblichkeit nimmt erst in den hohen Altersgruppen stark zu. So bleiben die Geburten- und Bevölkerungszahlen nahezu konstant (auf Bestandhaltungsniveau*). Eine schrumpfende Bevölkerung ist schließlich mit einer „Urnenform" verbunden, die auf einer kontinuierlich abnehmenden Geburtenrate und einer gleichzeitig steigenden Lebenserwartung beruht.

Fertilität und Sterblichkeit unterliegen auch historischen Einflüssen, die sich in den Alterspyramiden niederschlagen. Daher setzt eine Interpretation häufig zusätzliche Kenntnisse voraus, um Anomalien wie zum Beispiel den Einfluss eines Krieges erklären zu können.

3.3 Wandel der Bevölkerungspolitik

Nicht selten versuchen Staaten, die Größe und Struktur ihrer Bevölkerung mit Maßnahmen zu beeinflussen, die die Zahl der Geburten erhöht oder senkt. Gerade China hat in der Vergangenheit hierbei drastische Wege beschritten. Selbst wenn, was im Einzelfall umstritten ist, die Maßnahmen die gewünschte Wirkung erzielen, stellen sich auch unerwünschte „Nebenwirkungen" ein.

1. Beschreiben Sie das Foto (M1). Welche Botschaft vermittelt das Plakat aus Ihrer Sicht?
2. a) Geben Sie die Entwicklung der Bevölkerungspolitik in China wieder (M2, M3).
   b) Ordnen Sie die Folgen dieser Politik ein (M2, M4, M6).
3. Vergleichen Sie das bevölkerungspolitische Vorgehen und die Bevölkerungsentwicklung von China und Südkorea (M3–M6, Materialien in Kap. 3.2).
4. Erläutern Sie die Rolle der Bevölkerungspolitik für die demografische Entwicklung der Mongolei (M7, M4).
5. Die positive Entwicklung der Einkommen ist die beste Bevölkerungspolitik. Nehmen Sie Stellung zu dieser Aussage.

Bevölkerungspolitik

Mit Maßnahmen, die auf Fruchtbarkeit, Sterblichkeit oder Migration* zielen, greifen Regierungen in Größe und Struktur ihrer Bevölkerung ein. Um Wirtschaftskraft und politisches wie militärisches Gewicht zu stärken oder aber Ressourcenmangel und Probleme einer stark wachsenden Bevölkerung in den Griff zu bekommen, versucht die Politik beispielsweise Geburtenzahlen zu fördern oder zu begrenzen. Eine auf eine wachsende Bevölkerung ausgerichtete „pronatalistische" Politik strebt unter anderem durch die finanzielle Förderung kinderreicher Familien oder Erschwerung von Empfängnisverhütung und Abtreibung eine Steigerung der Kinderzahl an; eine auf eine Einschränkung der Fruchtbarkeit und des Bevölkerungswachstums ausgerichtete „antinatalistische" Politik fördert dagegen Geburtenkontrolle bis hin zu Sterilisierung und Abtreibung als Zwangsmaßnahmen.

M1 Plakat in Chengdu 1985

Zeitraum	Politische Leitbilder und Maßnahmen
1949 – 1954	„Überbevölkerung ist in einer kommunistischen Gesellschaft kein Problem." (pronatalistische Politik)
1954 – 1958	Erste Forderungen nach Geburtenkontrolle im Kontext von Gesundheitsvorsorge, Förderung von Spätehen und Empfängnishemmern, Erleichterung von Abtreibungen, Sterilisierung
1958	„Großer Sprung nach vorn" – Abkehr von der Propagierung der Geburtenkontrolle, China gilt als unterbevölkert.
1963/64	Wirtschaftskrise führt zur Forderung nach Absenkung des natürlichen Bevölkerungswachstums. -> Geburtenplanungskommission
1966–1968	Stillstand der Bevölkerungspolitik infolge der „Kulturrevolution*"
1970	Geburtenkontrolle als Aspekt der Ernährungssicherung*, Teil der Wirtschaftsplanung -> Zweikindfamilie
1979	Ein-Kind-Kampagne als Reaktion auf Wirtschaftskrise – Durchsetzung mit behördlichen Sanktionen und Zwangsabtreibungen
2015	Ende der Ein-Kind-Politik, zwei Kinder pro Familie werden gestattet
2018	Aufhebung der Zwei-Kind-Politik

M3 Phasen der chinesischen Bevölkerungspolitik

Der siebenjährige Hetao […] sagt: „Ich bin sehr glücklich, weil ich jetzt einen kleineren Bruder habe, der mit mir spielen kann. Dann brauche ich dafür nicht immer Freunde einzuladen. Ich möchte fünf Brüder und fünf Schwestern haben." Zehn Geschwister, vielleicht ist sogar das in China bald ganz legal. Bislang gibt es in der Volksrepublik eine Geburtenkontrolle. Zunächst galt seit 1980 landesweit die Ein-Kind-Politik. Um Hungersnöte zu verhindern und einen wirtschaftlichen Fortschritt zu ermöglichen, so die Begründung. Sie wurde in den Provinzen unterschiedlich streng umgesetzt, aber auch mit brutalen Zwangsabtreibungen. Dann hat China 2016 die Zwei-Kind-Politik eingeführt. Weil die chinesische Gesellschaft altert und das Land dringend mehr Nachwuchs braucht. Der erwartete Baby-Boom aber blieb aus, die Geburtenrate ist 2017 sogar gesunken.
Das Problem: viele Paare in China wollen gar kein zweites Kind, sagt der Demograph und Soziologe Lu Jiehua von der Peking Universität. „Viele Leute stammen aus Familien der Ein-Kind-Politik. Die denken: Ein Kind ist doch genug! Der zweite Grund sind die hohen Lebenshaltungskosten, besonders in Städten. Viele sagen sich: Wir können gar kein zweites Kind bekommen, das ist schlicht zu teuer. Der dritte Grund ist, dass viele junge Eltern extrem abhängig von ihren eigenen Eltern sind, weil sie deren Unterstützung bei der Kindererziehung brauchen. Und die Großeltern sagen auch: Ein Kind reicht uns. Auch das beeinflusst die Entscheidung." Wer keine Großeltern zum Helfen hat oder genügend Geld für Unterstützung im Haushalt, bekommt Probleme. Untersuchungen zeigen, dass drei von vier Ein-Kind-Familien in China kein zweites Kind wollen. Deshalb sei die Politik dringend gefordert, sagt Demograph Lu Jiehua. „Man kann nicht nur darauf vertrauen, die Geburtenkontrolle zu lockern. Es müssen im Land Voraussetzungen geschaffen werden, dass Familien auch ein zweites Kind bekommen wollen. Mittlerweile steht es ja sogar schon in den Dokumenten der Zentralregierung, dass es künftig eine familienfreundlichere Politik braucht, um Paare bei einem zweiten Kind zu unterstützen."
Weil China der Nachwuchs fehlt, steht das Land vor riesigen Problemen. Die sozialen Systeme sind nicht auf die Alterung der Gesellschaft vorbereitet. Demographen gehen davon aus, dass die Bevölkerungszahl in China ab 2028 nicht mehr wächst, sondern zurückgeht. Vielleicht schon früher. Deshalb werde es auch die Geburtenkontrolle in China schon bald nicht mehr geben, so die Annahme der Experten.
Quelle: Axel Dorloff: Der Baby-Boom bleibt aus. Deutschlandfunk 18.12.2018

M2 Quellentext zur Bevölkerungspolitik in China

Wandel der Bevölkerungspolitik

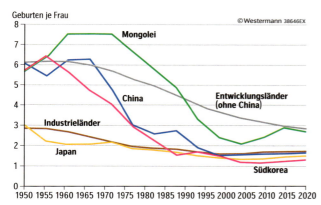

M 4 Totale Fertilitätsrate ausgewählter Staaten (1950–2020)

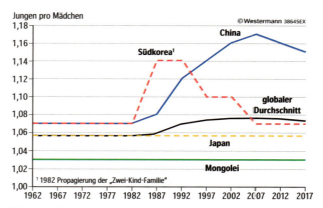

M 6 Geschlechterverhältnis bei Geburt ausgewählter Staaten

Die Bevölkerung Südkoreas war lange vornehmlich ländlich und bäuerlich geprägt. Noch in den Jahren zwischen 1955 und 1960 bekamen Frauen im Mittel mehr als sechs Kinder. Im Jahre 1962 begann Südkorea mit einer nationalen Familienplanungskampagne, um die Zahl ungewollter Schwangerschaften zu senken. Die Kampagne sollte zur Aufklärung, zur Verbesserung der medizinischen Grundversorgung von Müttern und Kindern und zur Bereitstellung von Versorgungsgütern und Diensten für Familien beitragen. Das Programm galt als unerlässlich, um Wirtschaftswachstum und Modernisierung voranzutreiben. Die Bevölkerung reagierte allgemein zustimmend auf das ausgegebene Modell der „kleinen und wohlhabenden Familie". Bis 1974 fiel die durchschnittliche Kinderzahl je Frau auf 3,87 [von 4,53 1970]. Gleichzeitig vollzog sich eine rasche Industrialisierung. [...] Zuversichtlich aufgrund des vorherigen Erfolgs propagierte die Regierung im Jahr 1982 das Ziel einer Zwei-Kind-Familie, das innerhalb der nächsten vier Jahre durch ein Programm finanzieller Anreize erreicht werden sollte. Der Plan wurde sogar übererfüllt: Schon 1984 lag die durchschnittliche Kinderzahl pro Frau bei 1,98, also unterhalb des Niveaus von 2,1, bei dem eine Bevölkerung langfristig stabil bliebe. [...]

Im Jahre 2002 jedoch machte das Nationale Institut für Altersvorsorge („National Pension Institute") darauf aufmerksam, dass der Rentenfonds bald aufgebraucht sei, da die Anzahl von Personen im Erwerbstätigenalter im Vergleich zu der von Rentnern zurückgehe. Die Regierung erkannte, dass die Zahl von Frauen im geburtsfähigen Alter abgenommen hatte und sich diese Entwicklung noch beschleunigen würde. Außerdem fiel die durchschnittliche Kinderzahl pro Frau weiterhin. Im Jahr 2005 erreichte die Fertilitätsrate das Tief von 1,19 – damit lag sie nun schon seit fast 20 Jahren unter dem Reproduktionsniveau. [...] 2005 reagierte die südkoreanische Regierung. [...] Sie setzte einen Beratungsausschuss für den Präsidenten ein und verabschiedete ein Gesetz, um die Grundlage für eine neue, nun Geburten fördernde Politik zu schaffen. Der Saero-Maji-Plan („Neuanfang"), dessen Laufzeit auf die Jahre von 2006 bis 2010 festgelegt wurde, zielte darauf ab, das Land kinderfreundlicher zu gestalten. Er beinhaltete eine lange Liste von Maßnahmen, unter anderem Steuererleichterungen - vornehmlich für den Wohnungskauf - und die Unterstützung der Kinderfürsorge. [...] Bemerkenswert ist der Erfolg von Südkoreas Kampagne gegen geschlechtsspezifische Abtreibungen. Diese hatten in der Vergangenheit dazu geführt, dass wesentlich mehr Jungen als Mädchen geboren wurden. Während im Jahr 2000 je 100 neugeborenen Mädchen noch 113 Jungen geboren wurden, kamen im Jahr 2009 je 100 Mädchen 107 Jungen zur Welt. Zum Vergleich: In Deutschland lag das Geschlechterverhältnis bei der Geburt bei 106 Jungen pro 100 Mädchen.

Quelle: Kaum Kinder in Südkorea. Demos Newsletter 15.5.2010

M 5 Quellentext zur südkoreanischen Bevölkerungspolitik

Die Mongolei betrieb seit den 1960er-Jahren eine pronatalistische Bevölkerungspolitik, um ein wachsendes Arbeitskräftepotenzial für den Ausbau der Landwirtschaft und Industrie sicherzustellen. Familien mit Kindern wurden unterstützt; Mütter mit einer größeren Kinderzahl erhielten Ehrenmedaillen; es gab Zuschüsse für die Kinder, bezahlten Urlaub und ein früheres Renteneintrittsalter für die Mütter. Alleinstehende und kinderlose Paare mussten Sondersteuern zahlen. In den ersten Jahrzehnten waren zudem empfängnisverhütende Mittel kaum zu erhalten. Erst in der zweiten Hälfte der 1970er-Jahre wurde Familienplanung eingeführt, um Mütter- und Kindersterblichkeit zu reduzieren. Strikte Abtreibungsregelungen wurden erst 1985 gelockert.

Mit den politischen Umbrüchen in den 1990er-Jahren setzte eine wirtschaftliche und soziale Krise ein, die sich gravierend auf die Fruchtbarkeit auswirkte. Fast alle staatlichen Anreize Kinder zu bekommen, wurden gestrichen und Abtreibungen freigegeben. Empfängnisverhütungsmittel waren frei verfügbar, und Heiraten wurde auf später verschoben. Heute verfolgt die Regierung wieder das Ziel, die Fruchtbarkeitsrate oberhalb des Erhaltungsniveaus zu halten und ein Bevölkerungswachstum zu gewährleisten. Maßnahmen der Familienplanung sollen aber den Schutz von Mutter und Kind bewirken.

Die Fruchtbarkeitsentwicklung der Mongolei (M 4) mag auf den ersten Blick diesen Stadien der Bevölkerungspolitik entsprechen. Allerdings stieg schon vor Einsetzen solcher politischer Maßnahmen das Fertilitätsniveau von einem hohen auf einen sehr hohen Wert, der dann bis zur Lockerung des Einsatzes von Empfängnisverhütung und Abtreibung auf einem hohem Niveau verblieb, wonach er beträchtlich sank. Die wirtschaftliche Krisenzeit ist von einem extremen Rückgang der Fruchtbarkeit geprägt; diese stieg allerdings nach 2005 wieder an.

Es ist jedoch umstritten, welche Rolle den pronatalistischen Maßnahmen bei der Fruchtbarkeitsentwicklung zukommt. In den 1940er- und 1950er-Jahren war die nomadische Bevölkerung angesiedelt worden. Vor allem der Auf- und Ausbau des Gesundheitswesens hatte den Gesundheitszustand der Bevölkerung verbessert, was unter anderem krankheitsbedingte Unfruchtbarkeit reduzierte und so möglicherweise zum Anstieg der Fruchtbarkeit beitrug. Der Rückgang der Fertilität seit den 1970er-Jahren ging hingegen mit gesellschaftlichen Veränderungen wie einer wachsenden Bildung und Berufstätigkeit der Frauen einher. Die Berufsausübung war meist mit einer beträchtlichen Doppelbelastung verbunden, was den Kinderwunsch reduzierte. Als Gründe für den abrupten Rückgang in den Krisenjahren werden ein unzureichendes Einkommensniveau, das Verschwinden sozialer Dienste, aber auch zunehmender Individualismus genannt. Die wieder steigende Fruchtbarkeit nach 2005 mag auf die Erholung der Wirtschaft, aber auch auf Anreize der Familienpolitik zurückgehen.

M 7 Bevölkerungspolitik in der Mongolei

3.4 Alterung der Gesellschaft als Herausforderung

Demografische Strukturen und Prozesse sowie wirtschaftliche und gesellschaftliche Entwicklungen beeinflussen sich wechselseitig. Das Beispiel Japans mit seiner alternden, abnehmenden Bevölkerung veranschaulicht diese Zusammenhänge. Um Schrumpfung und (Über-)Alterung, Arbeitskräftemangel und Pflegenotstand entgegenzuwirken, werden verschiedene Maßnahmen diskutiert.

1. Charakterisieren Sie die Altersstruktur der japanischen Bevölkerung (M1, S. 52: M4, S. 53: M6).
2. Erklären Sie die prognostizierten Entwicklungen der japanischen Bevölkerung (M2–M5).
3. Entwickeln Sie ein Wirkungsgefüge der Ursachen der japanischen Bevölkerungsentwicklung (M2, M3).
4. Beurteilen Sie die japanische Familienpolitik als bevölkerungspolitische Maßnahme (M11, Materialien Kap. 3.2, 3.3).
5. Erörtern Sie die Funktion von Migration als Mittel gegen Bevölkerungsrückgang und Überalterung (M5, M7, M8).
6. Roboter und Automatisierung werden in Zukunft demografische Probleme lösen. Nehmen Sie Stellung zu der Aussage.

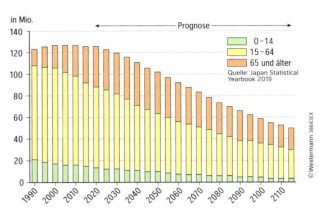

M4 Bevölkerungsprognose nach Altersgruppen (2018–2115)

Bevölkerungsprognose

Vorausberechnung bzw. Schätzung der Bevölkerung eines Raumes für eine bestimmte Zeitdauer auf Grundlage der Fortschreibung beobachtbarer Trends (Fruchtbarkeit und Sterblichkeit, aber auch Wanderungen). Oft wird eine Prognose in verschiedenen Varianten „gerechnet" (M5), die verschiedene demografische Annahmen abbilden.

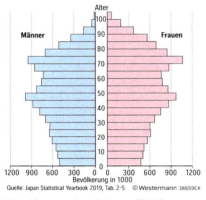

M1 Altersstruktur in Japan (2017)

M3 Durchschnittsalter bei erster Eheschließung in Japan (1960–2017)

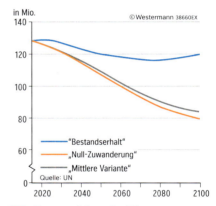

M5 Prognostizierte Bevölkerungsentwicklungen in Japan (2015–2100)

Die Nachricht, dass die Zahl der Japaner rückläufig war und auf lange Zeit bleiben würde, hatte [...] eine gewisse Schockwirkung [...]. Noch um die Mitte des 20. Jahrhunderts galt Übervölkerung als Japans größte Bedrohung, und in dem halben Jahrhundert seit Einsetzen der Hochwachstumsperiode der japanischen Wirtschaft war stetes Wachstum zur Gewohnheit geworden. [...] Um eine plausible Erklärung für die Ursachen des Bevölkerungsrückgangs zu finden, werden diverse Theorien diskutiert, die sich auf wirtschaftliche und soziale Entwicklungen ebenso beziehen wie auf den Wertewandel in der Konsumgesellschaft von kindzentrierten Lebensentwürfen zu stärker auf Erwachsene ausgerichteten Werten. Verschiedene mit der Bevölkerungsentwicklung einhergehende Veränderungen lassen sich beobachten; was Ursache ist und was Wirkung, ist jedoch oft nicht leicht zu bestimmen. [...] Hat der zunehmende Wohlstand zu weniger Geburten geführt oder hat die geringere Zahl der ja zunächst nur kostenträchtigen und unproduktiven Kinder den Wohlstand gemehrt? [...] Gewiss ist, dass die niedrigere Geburtenrate eine Folge davon ist, dass junge Menschen in Japan seltener und später heiraten, was wiederum mit ökonomischen und ideellen Faktoren zusammenhängt. Kinder aufzuziehen, ist teuer, und die normative Erwartung, die materiellen Voraussetzungen dafür zum Zeitpunkt der Eheschließung mit einiger Sicherheit zu erfüllen, ist hoch. Seit Anfang der 1990er-Jahre hat der Anteil nicht regulärer Arbeitsverhältnisse stark zugenommen. Dadurch ist es für viele junge Menschen schwieriger geworden, einen eigenen Hausstand zu gründen [...]. Das hohe Alter bei der ersten Geburt verringert die Chancen, dass ihr weitere folgen werden, wenn sie denn gewollt sind, schon aus biologischen Gründen. [...] [D]ie Menschen bekommen nicht nur weniger Kinder, sie wünschen sich auch weniger. [...] Auch die zunehmende weibliche Erwerbsbeteiligung seit Anfang des 20. Jahrhunderts hat sich negativ auf die Geburtenrate ausgewirkt. [...] Die Neigung, nach dem ersten oder zweiten Kind aus dem Erwerbsleben auszuscheiden und erst nach zehn Jahren oder später wieder einzusteigen, ist zurückgegangen. [...] [E]s gibt immer mehr Paare, deren Partner beide ohne feste Stelle sind. Angesichts der hohen Kosten einer guten Schulbildung schrecken viele vor der Familiengründung zurück.

Quelle: Florian Coulmas: Japan schrumpft: Alterung und Rückgang der japanischen Bevölkerung. In: Wördemann; R. & Yamaguchi, K. (Hrsg.): Länderbericht Japan. Bonn: Bundeszentrale für Politische Bildung 2014, S. 465–467

M2 Quellentext zum Rückgang der japanischen Geburtenrate

M 6 Indonesische Pflegerin in einem japanischen Altenheim

M 9 Humanoider Roboter Pepper in einem Pflegeheim in Tokio

Die Alterung und das Schrumpfen vor allem der Erwerbsbevölkerung haben [...] das Thema Arbeitsmigration als ernst zu nehmende Option auf die politische Tagesordnung gebracht. [...] Im Zentrum dieses Diskurses steht der Pflegesektor. Wie in keinem anderen Sektor werden hier bereits heute die ökonomischen Auswirkungen des demografischen Wandels in Japan spürbar. Dies hängt mit zwei Faktoren zusammen: der wachsenden Zahl derer, die Pflege in Anspruch nehmen und der sinkenden Zahl derer in Pflegeberufen. Je älter eine Bevölkerung wird, desto mehr Pflege wird benötigt. [...] Schon heute leidet Japans Pflegesektor unter Personalmangel. [...] Dass nun Arbeitskräfte aus dem Ausland den Mangel an inländischem Pflegepersonal kompensieren sollen, lässt Rückschlüsse zu auf den direkten Zusammenhang von demografischer Entwicklung und Zuwanderungspolitik.

Pflegemigration wie Arbeitsmigration allgemein wird selbst von Wirtschaftsvertretern zurückhaltend begutachtet. Für [Wirtschaftswissenschaftler Akihiko Matsutani] ist Arbeitsmigration eine „Nonsolution", eine Lösung, die keine ist, weil sie die grundlegenden demografischen Probleme – das Schrumpfen der Erwerbsbevölkerung und die Überalterung der Gesamtbevölkerung – lediglich zeitlich aufschiebt.

Quelle: Gabriele Vogt: Bevölkerungsentwicklung in Japan: Fokus Migration. Online-Handbuch Demografie. Berlin Institut für Bevölkerung und Entwicklung 2008

M 7 Quellentext zu Problemen der Altenpflege in Japan

In den 1990er-Jahren öffnete die japanische Regierung vorsichtig den Arbeitsmarkt für ausländische Kräfte, um dem sich abzeichnenden Mangel an Arbeitskräften zu begegnen. Der Umfang der Arbeitsmigration blieb begrenzt und konzentrierte sich auf spezifische Kategorien, vor allem hochqualifizierte Fachkräfte. Auch wurde ein technisches Trainee-Programm zur Weiterbildung eingeführt, das dem Know-how-Transfer dienen sollte. Ein großer Teil der Trainees wurde aber als billige Arbeitskraft unter oft schlechten Arbeitsbedingungen in der Industrie eingesetzt. Im Dezember 2018 verabschiedete das japanische Parlament ein neues Visasystem. Dieses soll es möglich machen, dass in den kommenden Jahren Hunderttausende ausländischer Arbeitskräfte in Japan eine Beschäftigung aufnehmen. Fach- und erfahrene Arbeitskräfte können langfristige Visa erhalten, auch für Familienangehörige. Zudem sollen mehr als eine Viertelmillion ungelernter Arbeitskräfte mit Fünfjahresvisa ins Land kommen, um in vierzehn Wirtschaftsbereichen, darunter Bauwirtschaft, Landwirtschaft, Schiffbau und Altenpflege arbeiten zu können. Das Gesetz sieht auch die Möglichkeit einer Verlängerung solcher Trainee-Visa nach einem Sprachtest vor. Die Opposition stimmte gegen das Gesetz, da sie die Lebens- und Arbeitsbedingungen der Migranten nicht genügend geschützt sah. Aber auch Ängste vor „Überfremdung" und negative Einflüsse auf die japanische Gesellschaft sind zu hören.

M 8 Japanische Einwanderungspolitik

In Japan werden schon heute in Alten- und Pflegeheimen verschiedene Typen von Robotern eingesetzt: Geh- und Aufsteh-Assistenten, künstliche Robben zum Kuscheln für Demenzkranke und futuristische Gehhilfen, die Senioren und Behinderten zu mehr Bewegung verhelfen. Andere Roboter können ein Haustier imitieren, dank künstlicher Intelligenz mit Menschen sprechen, wobei sie verschiedene Stimmlagen, Gesichtsausdrücke und Gesten erkennen oder mit Senioren spielen bzw. ein Gymnastikprogramm durchführen (M 9). Acht Prozent der japanischen Heime besaßen 2018 einen Lift- und Hebe-Roboter. Derzeit noch hohe Kosten und Akzeptanzprobleme behindern auch in Japan einen höheren Anteil von Robotern in der Pflege.

M 10 Einsatz von Robotern in der Pflege

Politische Maßnahmen und Programme, die es Paaren ermöglichen, Arbeit und Rolle im Haushalt in Einklang zu bringen, [sind] die erfolgversprechendste Möglichkeit, die rückgängigen Trends von Eheschließung und Schwangerschaft umzukehren. Seit den frühen 1990er-Jahren hat die japanische Regierung ihre Familienpolitik und -programme auf drei Feldern erweitert: (1.) Kinderbetreuung, (2.) Erziehungsurlaub, (3.) finanzielle Unterstützung in Form von Kindergeld. Seit 1994 hat die Regierung eine Reihe von Programmen umgesetzt, um mehr Kinderbetreuung anzubieten und Arbeitsplätze familienfreundlicher zu gestalten. Die Zahl der Kindertagesstätten und die Zahl der dort aufgenommenen Kinder haben seit 2000 zugenommen, aber auch die Zahl der Kinder auf Wartelisten ist gestiegen. [...] Seit 1992 bietet die Regierung einen zwölfmonatigen Erziehungsurlaub an. [...] 1995 wurde ein Einkommensausgleich eingeführt, der jetzt bei 50 % des monatlichen Einkommens vor der Freistellung liegt. [...] Ein beträchtlicher Teil der Arbeitgeber hat jedoch keine speziellen Regelungen hinsichtlich des Erziehungsurlaubs formuliert, besonders in kleinen Betrieben. Im Jahr 1972 wurde ein Kindergeld eingeführt, ursprünglich ab dem dritten Kind in Haushalten mit Einkommen unter einem Schwellenwert. Das Programm ist auf das erste und zweite Kind ausgedehnt worden. Auch der Betrag wurde erhöht, wenn er auch im Vergleich zu dem Niveau in Westeuropa relativ gering ist. Trotz dieser Anstrengungen scheint die japanische Familienpolitik bislang weitgehend wirkungslos. [...] Die Organisation für wirtschaftliche Zusammenarbeit und Entwicklung (OECD*) verglich 18 Mitgliedsländer und stufte Japan in Bezug auf Umfang und Stärke der Maßnahmen zur Vereinbarkeit von Familie und Beruf und familienfreundliche Arbeitsverhältnisse an vorletzter Stelle ein. Sie wies darauf hin, dass der Umfang von Japans Kinderbetreuung und Erziehungsurlaub, der von Arbeitgebern angeboten wird, besonders schwach ausgeprägt ist.

Quelle: Government response to low fertility in Japan. Policy Brief No.11. United Nations Expert Group Meeting on Policy Responses to Low Fertility, New York, 2.-3.11.2015 (Übersetzung: Georg Stöber)

M 11 Quellentext zu familienpolitischen Maßnahmen in Japan

3.5 Einwanderer aus Korea und Südamerika

Auch wenn sich Japan nicht als Einwanderungsland versteht, leben dort Menschen mit ausländischer Staatsangehörigkeit und nicht-japanischer Herkunft. Die Anwesenheit zweier großer Gruppen, Koreaner und Brasilianer, wird nur aus der Geschichte heraus verständlich. Ihre Situation sagt viel über die japanische Gesellschaft von heute aus.

1. Stellen Sie die Zusammensetzung und Entwicklung der ausländischen Bevölkerung in Japan dar (M1, M3, M4).
2. Erklären Sie die Herkunft der koreanischen Einwanderer in Japan (M2, M4).
3. Erläutern Sie die Einwanderung aus Südamerika nach Japan (M3, M5).
4. Analysieren Sie die Zusammensetzung der ausländischen Wohnbevölkerung in Japan (M6).
5. Erörtern Sie die Stellung der Koreaner und japanischen Brasilianer in der japanischen Gesellschaft (M4, M5).

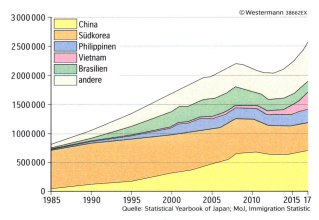

M3 Ausländische Bevölkerung in Japan (1985–2017)

Land	Migranten (ausländische Bürger)		
	(in Mio.)	Anteil an der Gesamtbevölkerung (in %)	Anteil Frauen (in %)
Japan	2,32	1,83	55,0
China	0,99	0,07	38,6
Südkorea	1,15	2,24	43,9
Nordkorea	0,05[1]	0,19[1]	50,2
Mongolei	0,02	0,59	27,0

[1] Schätzung   Quelle: UN International Migration Population Division

M1 Anteil der Migranten in den Ländern Ostasiens (2017)

[Korea war von 1910 bis 1945 japanische Kolonie.] *Japan entwickelte sich in den 1920er-Jahren zum Hauptziel koreanischer Migranten. Die Ausbeutung der koreanischen Landwirtschaft durch Japan [während der Kolonialzeit] schuf einen kontinuierlichen Migrantenstrom aus den Dörfern des ländlichen Raumes. Da die Arbeitsmöglichkeiten in koreanischen Städten aufgrund der Unterentwicklung begrenzt waren, mussten die meisten Migranten das Land verlassen, meist in die Mandschurei oder nach Japan. […] Die Auswanderung nach Japan […] war darauf zurückzuführen, dass die japanische Industrie die koreanischen Arbeiter wegen ihrer niedrigen Lohnkosten bevorzugte. In den 1930er-Jahren wuchs das Wanderungsvolumen beträchtlich. […] Aufgrund des Krieges Japans gegen China […] wurde 1939 eine große Zahl von Zwangsarbeitern nach Japan gebracht, um den Arbeitskräftemangel infolge der militärischen Einberufung japanischer junger Männer auszugleichen. […]*
Die Zahl der koreanischen Bevölkerung in Japan wuchs 1928 auf 238 000 und soll 1938 800 000 und 1943 1 882 500 Menschen betragen haben. […] Die Migranten stammten meist aus den südlichen Agrarregionen [Koreas] und wurden als unterste Arbeiterschicht in Japan bei der Anlage von Feldern, Fabriken und Minen eingesetzt. Sie stellten eine ethnische Minorität dar, wurden oft wie Unberührbare behandelt und lebten in Slums am Stadtrand. […] Nach der Unabhängigkeit Koreas 1945 […] kehrten schätzungsweise 1,4 Millionen Koreaner (70 %) aus Japan nach Korea zurück; 1,35 Mio. von ihnen gingen nach Südkorea.

Quelle: Tai-Hwan Kwon: International Migration of Koreans and the Korean Community in China. Korea Journal of Population and Development 1/1997, S. 4–6 (Übersetzung: Georg Stöber)

M2 Quellentext zur kolonialzeitlichen Migration aus Korea nach Japan

Ende Juni 2017 lebten offiziell 2 471 458 legal registrierte Personen ausländischer Nationalität in Japan. Davon waren 490 190 Koreaner, von denen 452 953 die Staatsangehörigkeit Südkoreas besaßen und 31 674 als „Koreaner" klassifiziert wurden. […]
Einwanderungsstatistiken erzählen nicht die ganze Geschichte. Erstens ist festzuhalten, dass 365 530 ethnische Koreaner zwischen 1952 und 2016 die japanische Staatsbürgerschaft erwarben […]. Und noch viel mehr Menschen gemischter Ethnizität wurden von japanisch-koreanischen Eltern geboren, meist mit japanischer Staatsbürgerschaft. Die geschätzte Größe der koreanischen Minderheit beläuft sich so auf etwa eine Million. Koreaner stellen weiterhin Japans größte ethnische Minorität dar […].
Zweitens ist die nicht eingebürgerte koreanische Minderheit in Japan in sich geteilt in eine „südkoreanischer" […] und „koreanischer" […] Zugehörigkeit. Die ersteren besitzen die Staatsbürgerschaft Südkoreas; die letzteren sind staatenlos, weil Japan Nordkorea [diplomatisch] nicht anerkennt. […] Drittens zeigt ein Blick auf den Visastatus der ausländischen Bevölkerung für Juni 2017 in Japan 736 661 „permanent residents" und 334 298 „special permanent residents". Letztere Kategorie, die 1991 geschaffen wurde, besteht fast ausschließlich aus Koreanern: 299 488 Südkoreanern und 31 049 staatenlosen Koreanern. Zusammen bilden sie eine Bevölkerungsgruppe […], die vor und während des Zweiten Weltkriegs nach Japan gekommen war, sowie ihre Nachkommen – im Gegensatz zu Nachkriegs-Migranten, die informell als „Neuankömmlinge" […] bezeichnet werden. In runden Zahlen bestehen die 500 000 koreanischen Staatsbürger in Japan aus etwa 350 000 [kolonialzeitlichen Migranten] und 150 000 Neuankömmlingen. Viele [der eingewanderten] Koreaner haben einen koreanisch klingenden Namen und einen japanisch klingenden Alias-Namen, den sie im Alltag meist verwenden, üblicherweise um Diskriminierung zu vermeiden. […] [Von nationalistischen Gruppen] werden Koreaner oft beschuldigt, es werde ihnen ermöglicht, Steuern zu vermeiden. Daher wurden viele von ihnen, so wird behauptet, sehr reich. […] Koreaner werden auch beschuldigt, Sozialhilfebetrug zu betreiben. […] Das Missfallen über [angebliche] „besondere Privilegien" [der Koreaner] fließt mit weiteren nationalistischen Anliegen in Bezug auf Japans Kriegsgeschichte zusammen. [Opfergruppen wie die] „Trostfrauen" der Kriegszeit [Zwangsprostituierte der japanischen Armee] werden von einigen [nationalistischen] Gruppen als einfache Prostituierte verstanden, die versuchen den japanischen Staat wie Steuerhinterzieher und Wohlfahrtskriminellen abzukassieren.

Quelle: Tom Gill: The Nativist Backlash: Exploring the Roots of the Action Conservative Movement. Social Science Japan Journal 2/2018, S. 177–179 (Übers.: G.S.)

M4 Quellentext zu Koreanern in Japan

Im späten 19. und frühen 20. Jahrhundert schickte Japan über eine Million seiner Bürger von seinen Inseln fort, um vermeintliche Probleme wie Ressourcenknappheit und Übervölkerung sowie soziale Unruhen zu entschärfen. Die Mehrheit der Emigranten, die in andere asiatische Gebiete des japanischen Reiches übergesiedelt waren, wurden nach 1945 zurückgeholt. Etwa eine halbe Million blieb mehr oder weniger dauerhaft in Nord- und Südamerika und ließ so die bedeutendste japanische Diaspora* entstehen. In der westlichen Hemisphäre nahm Brasilien die größte Zahl an Japanern auf: In den frühen 1940er-Jahren hatten sich dort nahezu zweihunderttausend Emigranten niedergelassen. [...] In den frühen 1950er-Jahren wurde die Auswanderung aus Japan wieder aufgenommen, und während der nächsten zwei Jahrzehnte kamen in Brasilien mehr als fünfzigtausend japanische Staatsangehörige hinzu. [...] Um die Mitte der 1970er-Jahre hatte die wirtschaftliche Expansion Japans die Gründe für die Auswanderung beseitigt [...]. Eine Dekade später war Japan mit einem Arbeitskräftemangel konfrontiert [...], vor allem im verarbeitenden Gewerbe und dem Niedriglohn-Dienstleistungssektor. [...] Im Jahre 1990 änderte die Regierung [die Einwanderungsgesetze] und bot Kindern und Enkeln japanischer Auswanderer mit ausländischer Staatsangehörigkeit längerfristige, erneuerbare Visa an. Bürokraten betonten, dass diese Gesetzesänderungen darauf abzielten, die kulturellen und emotionalen Bindungen zwischen der Diaspora und dem japanischen Nationalstaat zu festigen und nicht etwa die seit langem bestehenden Tabus gegen den Import ausländischer Arbeitskräfte aufzuheben. Die meisten Visumantragsteller wurden jedoch durch die Möglichkeit nach Japan gelockt, höhere Löhne als in ihrem Heimatland zu verdienen. [...] Arbeitsmigration zog [vor allem] die Kinder und Enkel japanischer Emigranten in Südamerika an. Brasilien, Heimat der größten japanischen Diaspora und gerade mitten in einer Rezession steckend, stellte die große Mehrheit dieser dekasegi [wörtliche Übersetzung: weggehen und Geld verdienen]. Sogar gut ausgebildete japanische Brasilianer waren von den Jobchancen als Fabrikarbeiter angezogen worden. Etwa ein Drittel der dekasegi besaßen College-Abschlüsse und gab qualifizierte Tätigkeiten in Südamerika für besser bezahlte Arbeit in japanischen Fabriken auf. [...] Japanische Arbeitgeber legten keinen Wert auf brasilianische Qualifikationen, sondern wollten Arbeiter für Handarbeit, die als „schmutzig, gefährlich oder schwierig" galt. [...] Japanische Brasilianer erfahren in der [japanischen] Gesellschaft oft erhebliche Diskriminierungen. [Als die japanische Wirtschaft 2008 in eine Rezession geriet, waren die dekasegi unter den ersten, die ihre

M7 Asakusa Samba Carnival in Tokio

*Jobs verloren. Als der Arbeitsmarkt zusammenbrach, versuchte der Staat sogar aktiv, diese Migranten abzuschieben.] [...]
Als die ethnische Rückwanderung nach Japan in den 1990er-Jahren begann, konnte weniger als die Hälfte aller japanischen Brasilianer Japanisch lesen, und fast drei von zehn konnten die gesprochene Sprache nicht einmal rudimentär verstehen. [...] Das kontinuierliche Wachstum der japanisch-brasilianischen Gemeinschaft erlaubte es ihren Mitgliedern, ein portugiesisch-sprachiges Leben um Shopping Malls, Supermärkte, Bars, Clubs, Gemeinschaftszentren, Kirchen, Schulen [...] und Wohnblöcke „Klein-Brasiliens" herum zu führen. In diesen Räumen konsumierten dekasegi vor allem portugiesisch-sprachige Zeitungen und Zeitschriften, Fernseh- und Radio-Programme, Filme und Musik. [...]
Die ethnische Rückwanderung begründet sich auf Annahmen, dass die Nachfahren von Emigranten dasselbe kulturelle Erbe besäßen [...]. Es wird daher von dekasegi erwartet, dass sie sich in die japanische, angeblich homogene Gesellschaft einfacher integrieren als Ausländer nicht-japanischer Herkunft. [...] Aufgrund ihrer brasilianischen Enkulturation [Hineinwachsen des Einzelnen in die Kultur der ihn umgebenden Gesellschaft] erfüllen dekasegi selten diese Hoffnung. [...] [Manche] reagieren auf die soziale Exklusion in Japan, indem sie Brasilien als ihre Heimat „entdecken". [...] Eheschließungen zwischen ethnischen Rückwanderern und japanischen Staatsbürgern waren und sind relativ selten [...]. Die meisten dekasegi finden Ehepartner unter Landsleuten aus Brasilien oder anderen lateinamerikanischen Ländern in Japan.*

Quelle: Miriam Kingsberg Kadia: Repatriation But Not "Return": A Japanese Brazilian Dekasegi Goes Back to Brazil. The Asia-Pacific Journal 3/2015, S. 1–6 (Übers.: G. S.)

M5 Quellentext zu japanstämmigen Migranten aus Südamerika

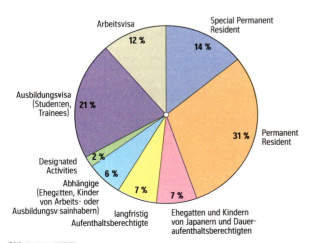

Daten nach: Immigration Bureau, Ministry of Justice, Japan: Immigration Control 2017

Special Permanent Residents: Aufenthaltstitel von nach Japan deportierten/in Japan lebenden Bevölkerungen aus ehemaligen japanischen Kolonien, vor allem Korea, Taiwan, die nach dem 2. Weltkrieg die japanische Staatsbürgerschaft verloren, aber nicht in ihr Herkunftsland zurückkehrten, sowie ihren Nachkommen.
Permanent Residents: Dauervisa mit unbegrenzter Aufenthaltserlaubnis
langfristig Aufenthaltsberechtigte: z. B. anerkannte Flüchtlinge, Nachkommen japanischer Emigranten, Enkel von Japanern, minderjährige Kinder und Adoptivkinder unter sechs Jahren von Japanern
Designated Activities: Aufenthaltstitel für spezielle Kategorien - Hausangestellte von Diplomaten und hochrangigen Wirtschaftsführern, Studenten aus dem Ausland zur Durchführung eines bezahlten Praktikums, Angestellte japanischer Firmen zur Teilnahme an Amateur-Sport-Programmen in Japan, ausländische Anwälte zu Verhandlungen in Japan, Pflegekräfte zur Vorbereitung auf die japanische Pflegeprüfung u.a.
Trainees: gedacht vor allem zum Know-how-Transfer an Angehörige von Entwicklungsländern; seit 2010 neues, staatlich gefördertes Programm für technische Praktikanten unterschiedlicher Art
Visa für **Studenten** an japanischen Bildungseinrichtungen (Colleges/Universitäten sowie der Schul-Oberstufe und speziellen anderen Bildungseinrichtungen)
Arbeitsvisa für **Fachkräfte** (Wissenschaftler, Investoren, Manager, Ausbilder, Ingenieure, Transfers innerhalb von Unternehmen), **„Entertainer"** (Künstler, Sportler, Bardamen), **Facharbeiter**

Abgesehen von Personen mit Arbeitsvisum besitzen auch Inhaber anderer Aufenthaltstitel eine, zum Teil beschränkte, Arbeitserlaubnis: Ehegatten und Kinder japanische Ehepartner, Personen mit langfristiger Aufenthaltsberechtigung, Studenten und Praktikanten.

M6 Ausländische Wohnbevölkerung in Japan nach Art der Aufenthaltsberechtigung (2016)

3.6 Binnenmigration in die Städte

Im Zuge der wirtschaftlichen Öffnung in China ist die Zahl der Arbeitsmigranten, größtenteils aus den ländlichen Gebieten, trotz einschränkender Rahmenbedingungen beträchtlich gestiegen. Viele von ihnen wollen ihren Status als Migranten für ein dauerhaftes Leben in der Stadt gar nicht aufgeben.

1. Stellen Sie die zahlenmäßige Entwicklung der Arbeitsmigration in China dar (M1).
2. Charakterisieren Sie die Bedeutung des Hukou-Systems für die Arbeitsmigration (M4).
3. Analysieren Sie die regionale Verteilung der Arbeitsmigration (M2, Atlas).
4. Erläutern Sie die Optionen der Bauernarbeiter (M6).
5. Charakterisieren Sie die Bauernarbeiter nach
    a) demografischen Aspekten (M5),
    b) nach Branchen, in denen sie beschäftigt sind (M8),
    c) nach ihrem Lohnniveau (M9).
6. Beurteilen Sie die Arbeits- und Lebensbedingungen der Bauernarbeiter (M10).

M3 Wanderarbeiter am Bahnhof von Qingdao auf der Heimfahrt anlässlich des chinesischen Frühlingsfestes

M1 Zahl und Anteil von Binnenmigranten in China (1982–2010)

M2 Binnenwanderungsströme in China (2010–2015)

Das chinesische Hukou-System wurde in den Städten 1951 eingeführt und 1955 auf ländliche Gebiete ausgeweitet. [...] In den 1960er-Jahren verkündete [dann] die [...] Regierung, dass mit dem Haushaltsregistrierungssystem die Bewegung der Menschen zwischen Stadt und Land kontrolliert werde. Das System der Haushaltsregistrierung verlangte von jeder Person, sich an einem und nur einem Wohnort registrieren zu lassen. Ein Verzeichnis der Haushaltsregistrierung bestimmt eine Person offiziell als Bewohner eines Gebiets. Das chinesische Hukou-System teilt die Bevölkerung in einen „landwirtschaftlich (ländlichen)" und „nicht-landwirtschaftlich (städtischen)" Bereich. Vor den späten 1980er-Jahren wurde das Hukou-System streng durchgesetzt. Menschen, die das Gebiet ihrer Registrierung verließen, hatten keinen Zugang zu staatlich kontrollierten Nahrungsmittelrationen, von Arbeitgebern bereitgestellten Wohnungen, Gesundheitsversorgung, Rentenleistungen oder Schulen. Menschen mit einem ländlichen Hukou war es so fast unmöglich, in städtischen Gebieten zu leben. [...]

Mit den Wirtschaftsreformen von 1978 [...] wurden Millionen von Landarbeitern von der landwirtschaftlichen Produktion freigesetzt. In den Städten führte die schnelle Entwicklung von Sonderwirtschaftszonen und eine Expansion des privaten und informellen Sektors zu einem großen Bedarf an ländlicher Arbeitskraft. Sowohl Angebot wie Nachfrage drängten die Regierung, die Restriktionen der Land-Stadt-Wanderung zu lockern. [...] [Trotz dieser Lockerung] bleiben Sozialleistungen mit dem Hukou-System verbunden. Besonders erlaubt ein städtischer Hukou den Zugang zu einer Reihe von Wohlfahrtsleistungen und anderen Diensten einschließlich sozialer Sicherheit, Gesundheitsversorgung und subventionierter Bildung. Den ländlichen Hukou-Inhabern wird der Zugang zu den Vorteilen und Möglichkeiten verweigert, die städtische Hukou-Inhaber genießen können. Als Ergebnis verhindert das Hukou-System weitgehend, dass Kinder von Migranten in den Städten, in denen ihre Eltern arbeiten, eine öffentliche [Schul-]Bildung oder Gesundheitsversorgung erhalten können. Daher lassen die meisten Migranten ihre Kinder bei den Großeltern oder anderen Verwandten. Aufgrund des Hukou-Systems und anderen institutionellen Barrieren ist die dominante Form der Arbeitsmigration eine zirkuläre Wanderung. Das bedeutet, dass die Migranten jedes Jahr zwischen ihren ländlichen Wohnsitzen und städtischen Arbeitsorten reisen. Ein durchschnittlicher Migrant kehrt zwei oder dreimal (für insgesamt etwa fünf Monate) nach Hause zurück – während der Erntezeit und zum Frühjahrsfest.

Quelle: Liqiu Zhao, Shouying Liu, Wei Zhang: New Trends in Internal Migration in China: Profiles of the New-generation Migrants. China & World Economy 26, (2018), (1): 18–41 (Übersetzung: Georg Stöber)

M4 Quellentext zum Hukou-System

	Anzahl (in Mio.)	Männer	Frauen	Anteil der Verheirateten	Durchschnittsalter (in Jahren)	Altersstruktur			Bildungsniveau				
						16–40 Jahre	41–50 Jahre	50+ J. Jahre	Kein Schulbesuch	Grundschule	Mittelschule	Gymnasium	Hochschule
Bauernarbeiter gesamt	286,5	65,6 %	34,4 %	77,8 %	39,7	52,4 %	26,3 %	21,3 %	1,0 %	13,0 %	58,6 %	17,1 %	10,3 %
mobile Bauernarbeiter	171,8	68,7 %	31,3 %	64,5 %	34,3	72,3 %	18,5 %	9,2 %	0,7 %	9,7 %	58,8 %	17,3 %	13,5 %
lokale Bauernarbeiter	114,7	62,6 %	37,4 %	90,2 %	44,8	33,6 %	33,7 %	32,7 %	1,3 %	16,0 %	58,5 %	16,8 %	7,4 %

Quelle: National Bureau of Statistics: Migrant Workers Monitoring Reports 2017

M 5 Demografische Merkmale der Bauernarbeiter in China (2017)

Traditionelle Migrationstheorien konzentrieren sich auf Land-Stadt-Bewegungen in eine Richtung und betrachten zirkuläre Migration als Schritt hin zu einer dauerhaften Migration. Im Fall von China zirkulieren die Migranten jedoch zwischen ihrer Arbeit in der Stadt und den Dörfern auf dem Lande. Diese Lebensweise hat nicht nur an Umfang zugenommen […], sondern wurde sogar zur dominanten Lebensweise unter ländlichen Migranten. […] Die Hukou-Reformen seit den 1980er-Jahren haben die Umwandlung von ländlichen in städtische Hukou einfacher gemacht. Während ein Hukou in einer Großstadt noch immer nicht erlaubt ist, gibt es nun für ländliche Migranten zahlreiche Möglichkeiten ihren Hukou-Typ vom landwirtschaftlichen in einen nicht-landwirtschaftlichen zu konvertieren (Hukou-Umwandlung) und ihren Hukou-Ort vom Land in kleine bis mittelgroße Städte zu verlagern (Hukou-Verlagerung). […] Die Reaktionen auf solche Möglichkeiten waren alles andere als enthusiastisch, obwohl die ländlichen Migranten in städtischen Gebieten gern für längere Zeiträume bleiben würden. So lange, wie der ländliche Hukou mit Landrechten sowohl für die Landwirtschaft wie für den Hausbau verbunden ist, wird es keine leichte Entscheidung sein, ihn im Austausch für den städtischen Hukou aufzugeben. […] Zudem ist der Wert eines städtischen Hukou zurückgegangen. […] Obwohl die Unterstützungsleistungen des Staates in den Städten noch immer über denen auf dem Lande liegen, hat sich der Unterschied verringert. […] Vor der Wahl zwischen einem städtischen Hukou, hohen Lebenshaltungskosten und einer relativ unsicheren Zukunft in der Stadt einerseits und der Beibehaltung des ländlichen Hukou mit seinen Landrechten und einem System ländlichen Schutzes und Sicherheiten andererseits, scheinen Chinesen vom Lande sich für Wanderungen zwischen Land und Stadt entschieden zu haben, statt ihren ländlichen Status aufzugeben. So können sie ihre Ansprüche auf dem Lande behalten und haben gleichzeitig Zugang zu den wirtschaftlichen Möglichkeiten und der Grundversorgung in den Städten.

Quelle: Chuanbo Chen, Cindy Fan: China's Hukou Puzzle: Why Don't Rural Migrants Want Urban Hukou. The China Review 16 (2016) (3), S. 29 (Übers. G.S.)

M 6 Quellentext zur Entwicklung der Land-Stadt-Migration

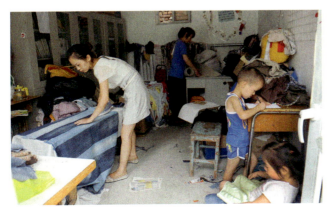

M 7 Unterkunft einer Wanderarbeiterfamilie in Peking

Bauernarbeiter

Personen, die im Hukou-System als Bauern registriert sind, aber nicht mehr in der Landwirtschaft arbeiten, werden als „Bauern-Arbeiter" bezeichnet. „Lokale Bauernarbeiter" wohnen weiterhin in ihrer Gemeinde, „mobile Bauernarbeiter" leben als Wanderarbeiter an einem anderen Ort, in derselben Provinz (55,3 %, 2017) oder in einer anderen Provinz (44,7 %).

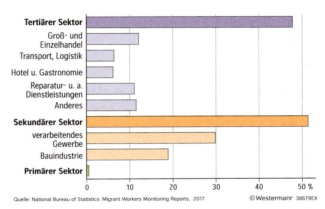

Quelle: National Bureau of Statistics: Migrant Workers Monitoring Reports, 2017

M 8 Verteilung der Bauernarbeiter nach Wirtschaftssektoren (2017)

Branche	Bauernarbeiter	Beschäftigte städtischer Betriebe	
		nicht-privater Sektor	privater Sektor
Gesamt	3485[1]	6193	3813
Prod. Gewerbe	3444	5371	3749
Bauindustrie	3918	4631	3912
Groß-/Einzelhandel	3048	5933	3530
Logistik	4048	6685	3821
Hotel-/Gastgewerbe	3019	3813	3074
Haushaltsdienste/Repar.	3022	4213	3201

[1] lokale Bauernarbeiter: 3173 Yuan; mobile Bauernarbeiter: 3802 Yuan, regionale Unterschiede zwischen 3677 Yuan in der Ost- und 3254 Yuan in der Nordostregion Quelle: National Bureau of Statistics

M9 Mittleres monatliches Lohnniveau der Bauernarbeiter und der Beschäftigten insgesamt im städtischen nicht-privaten und privaten Sektor nach Branchen (in Yuan, 2017)

- Wanderarbeiter sind im Mittel zehn Monate im Jahr nicht zu Hause.
- Sie arbeiten durchschnittlich 8,7 Stunden am Tag (84,4 % mit einer Wochenarbeitszeit über 44 Std.).
- Nur 35 % der Wanderarbeiter besitzen einen Arbeitsvertrag.
- 22 % der Wanderarbeiter verfügen über eine Grundrente oder Krankenversicherung, 27 % über eine Arbeitsunfallversicherung und nur 17 % über eine Arbeitslosenversicherung.
- 10 % sind in einer Gewerkschaft.
- Durchschnittliche Wohnfläche eines Wanderarbeiters: 20,2 m² (15,9 m² in Millionenstädten). Viele Wanderarbeiter können sich nur kleine Wohnungen in schlecht gebauten/verfallenen Gebäuden in abgelegenen Stadtteilen leisten.
- 61,3 % lebt in Mietunterkünften, 19 % besitzen eigenes Haus, 12,9 % leben in Unterkünften ihrer Arbeitgeber, wie z.B. Wohnheimen.

M 10 Arbeits- und Lebensbedingungen der Bauernarbeiter (2016, 2017)

3.7 Kampf gegen die Armut auf dem Lande

Seit den 1980er-Jahren hat sich die chinesische Gesellschaft stark verändert. Dies betrifft den städtischen wie den ländlichen Raum. Auf dem Lande ging vor allem der Anteil der Armen stark zurück. Die chinesische Regierung hat als Ziel ausgegeben, die absolute Armut auf dem Land bis zum Jahre 2020 ganz abzuschaffen. Ist die Reduktion eine Folge des Wirtschaftswachstums im Allgemeinen oder das Ergebnis einer auf Armutsreduktion und -beseitigung ausgerichteten Politik? Und sind die Maßnahmen einer solchen „Entwicklung von oben" für die Betroffenen rundherum positiv?

1. a) Beschreiben Sie die Entwicklung der Armut im ländlichen China nach 1980 nach nationalen Kriterien (M2, M1).
   b) Analysieren Sie die Armutsentwicklung in China und weltweit nach den Weltbankkriterien (M3, M1).
   c) Beurteilen Sie die Bedeutung Chinas bei der durch die UN propagierten Halbierung der Armut von 1990 bis 2015 (M7).
2. Analysieren Sie die räumliche Verteilung der Armut (M4).
3. Fassen Sie die Maßnahmen der chinesischen Regierung zur Armutsbekämpfung zusammen (M6).
4. Erläutern Sie die Probleme bei Umsiedlungsmaßnahmen im Kontext der Armutsreduktionspolitik (M9, M6).
5. Erörtern Sie die Rolle von Maßnahmen zur Armutsbekämpfung beim Rückgang der Armut (M5 – M8).

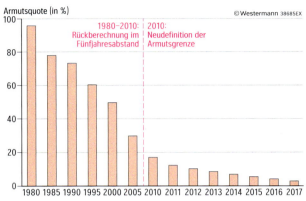

M2 Armut in ländlichen Gebieten Chinas (1980 – 2017)

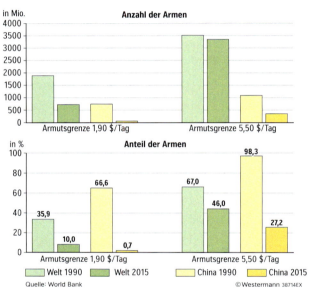

M3 Zahl und Anteil der Armen in China und der Welt nach Armutsgrenzen der Weltbank (1990 und 2015)

Wenn eine Person ihre grundlegenden Lebensbedürfnisse nicht befriedigen kann, spricht man von **absoluter Armut**. Das heißt, das Einkommen oder der damit mögliche Verbrauch (z.B. gemessen als Kalorienaufnahme) liegt unterhalb eines Schwellenwerts, über dem die Versorgung mit den lebensnotwendigen Waren und Dienstleistungen gewährleistet ist. Die **Armutsquote** (in %) bezieht die Zahl der Armen auf die Größe der jeweiligen Bezugsbevölkerung. Armutsgrenzen werden international, national, aber auch regionsspezifisch definiert. So hat die Weltbank seit 2015 als internationale Armutsgrenze einen Betrag von 1,90 $ (Kaufkraftparität*) festgelegt, der einer Person am Tag zur Verfügung stehen muss, um nicht als arm zu gelten. Zudem werden seit 2017 Berechnungen mit höheren Schwellenwerten durchgeführt, um Entwicklungen in Ländern höherer Einkommensklassen zu erfassen (3,20 $/Tag, 5,50 $/Tag und 21,70 $/Tag). Armutsgrenzen werden regelmäßig neu definiert, um sie den Veränderungen der Kaufkraft* anzupassen (vor 2015: 1,25 $/Tag). Chinesische Armutsgrenzen unterscheiden zwischen Stadt und Land, nur eine ländliche wird gesamtstaatlich definiert. Seit 2010 beträgt sie 2030 Yuan (RMB) pro Jahr (1978: 100 Yuan, 2007: 1067 Yuan). Zur längerfristigen Vergleichbarkeit erfolgte eine Rückberechnung (M2). Die städtischen Grenzwerte werden regional definiert und berücksichtigen weitere Kostengruppen, und liegen damit höher.

Bestimmt man den Armutsbegriff in Bezug auf die Einkommenshöhe einer Gesellschaft, spricht man von **relativer Armut**. Diese wird zum Beispiel definiert durch einen Schwellenwert, der sich an der Einkommensverteilung orientiert. So gilt in Deutschland als „armutsgefährdet", wer weniger als 60 Prozent des Medianeinkommens bezieht (2017: 16,1 % der Bevölkerung, 13,1 Mio. Menschen). Die „Armutsgefährdungsgrenze" lag hier 2017 bei weniger als 1096 Euro Monat für Alleinlebende.

Andere Ansätze, so der **multidimensionale Armutsindex** des Entwicklungsprogramms der Vereinten Nationen, sind komplexer und beziehen sich auf „Lebensqualität", neben einer gesicherten Versorgung mit Lebensmitteln und Wasser auch auf Wohnverhältnisse, Zugang zu Bildung und Gesundheit, kulturelle Teilhabe usw.

M1 Armutsdefinitionen

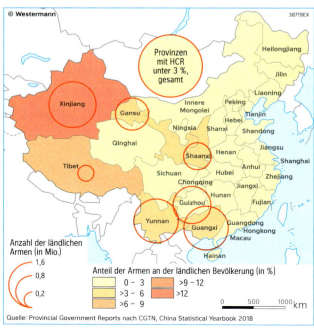

M4 Arme im ländlichen Raum Chinas (2018)

Was Chinas [ländliche] Armut reduziert hat, ist das von der Industrialisierung getriebene Wirtschaftswachstum. [...] Ohne Gelegenheit, im sekundären und tertiären Sektor zu arbeiten und höhere Einkommen als in der Landwirtschaft zu verdienen, hätte die [landwirtschaftliche] Revolution nicht stattgefunden, [...] die die ländliche Armut durch Steigerung der landwirtschaftlichen Produktivität vermindern kann. [...] In den frühen 1950er-Jahren führte China eine stalinistische Entwicklungsstrategie ein [...] und wandelte Agrarüberschüsse in Investitionen in die staatliche Schwerindustrie um. [Eine hohe ländliche Armutsrate war die Folge.] [...] Von 1979 bis 1985 sank die Einkommensarmut rasant um die Hälfte, als der anhaltende Anstieg der staatlichen Einkaufspreise für Agrarerzeugnisse das ländliche Pro-Kopf-Einkommen verdreifachte. In der zweiten Hälfte der 1980er-Jahre stieg das Einkommen weiter und reduzierte die Armut, da die landwirtschaftlichen Profite nicht verbraucht, sondern investiert wurden – nicht in der Landwirtschaft, sondern in der ländlichen Industrie. So vermehrten und diversifizierten sich schnell die Beschäftigungsmöglichkeiten und ländlichen Einkommensquellen. Zudem führten die höheren Investitionsraten der 1990er-Jahre zu einem starken städtischen Wirtschaftswachstum im sekundären und tertiären Sektor. Dies absorbierte Millionen überschüssiger ländlicher Arbeitskräfte und verursachte einen Trend zur Arbeitsmigration, weiteren nichtlandwirtschaftlichen Arbeitsplätzen und Quellen ländlicher Einkommen. Die Löhne der Arbeitsmigranten wurden nun zur Investitionsquelle, die eine verborgene landwirtschaftliche Revolution in Gang setzte und die Armutsreduktion beschleunigte. Diese Änderungen folgten eine nach der anderen und schufen einen tragfähigen Kreislauf von Wachstum und Armutsverminderung.
Quelle: Xiaolin Pei: China's pattern of growth and poverty reduction. Arts and Humanities Open Access Journal 2 (2018), (2), S. 91, 95, 102-103 (Übers.: G.S.)

M 5 Quellentext zur Armutsreduktion im ländlichen China

M 6 Regierungsprogramme zur Armutsreduktion in China

*Gemäß Chinas Leitlinie zur Armutsbekämpfung hat die Regierung festgelegt, den Zugang zu Nahrungsmitteln und Kleidung für die arme Bevölkerung und die neunjährige Pflichtschulzeit für Kinder aus einkommensschwachen Familien zu gewährleisten. Ebenso sollen eine medizinische Grundversorgung und gute Lebensbedingungen für die indigene Bevölkerung garantiert werden. Um das Ziel zu erreichen, die Armut bis 2020 zu eliminieren, muss China noch etwa 8,3 Mio. der Landbevölkerung pro Jahr [...] aus der Armut heben. [...]
Seit 2012 wurden jedes Jahr durchschnittlich 13,7 Mio. Menschen aus der Armut geholt. [...] Experten stellten jedoch fest, dass es [...] umso schwieriger wird, das Ziel „Null-Armut" zu erreichen, je näher ihm China kommt. Die verbliebenen Armen sind über entlegene, schwer zugängliche Randgebiete verteilt, mit begrenzten natürlichen oder physischen Ressourcen und begrenzten Entwicklungsmöglichkeiten. Zudem zählen die verbliebenen Armen zu den verwundbarsten Teilen der Bevölkerung, wie die Alten, chronisch Kranken oder Behinderten [...]. Das Ziel des Jahres 2020 bezieht sich nur auf die Abschaffung absoluter Armut.*
Quelle: CGTN: Latest data reveal how far away China is from the 2020 poverty elimination goal. 1.3.2019 (Übers.: Georg Stöber) CGTN ist ein chinesischer, staatlich kontrollierter Nachrichtensender.

M 7 Quellentext zum Stand der Armutsbekämpfung in China (2019)

	2012	2017
Ländliche Haushalte, die in stabilen Häusern aus Stein und Zement wohnen	39,2	58,1
Ländliche Haushalte mit eigener Toilette	91,0	94,5
Telefonnetzabdeckung	93,3[1]	98,5
Dörfer mit Breitband-Internet	41,5[1]	71,0
Dörfer mit asphaltierten Hauptstraßen	38,8[1]	51,2
Dörfer mit Busverbindungen	38,8[1]	51,2
Ländliche Haushalte mit Zugang zu Kindergärten	-	34,7
Ländliche Haushalte mit Zugang zu Grundschulen	-	38,0
Dörfer mit Gesundheitszentren	84,4[1]	92,2

[1] 2013   Quelle: Beijing Rundschau

M 8 Indikatoren der Armutsentwicklung im ländlichen Raum (in %)

Die [...] Einwohner [...] eines Dorfes in einem malerischen Tal, drei Fahrtstunden von Peking entfernt, lebten zuvor in baufälligen Häusern an steilen Hängen. Die schweren Sommerregen führten zu Überschwemmungen und Schlammlawinen, machten die Straßen unpassierbar und hielten die Dorfbewohner für Wochen fest. [Aus diesem Grunde begann die Regierung,] die Einwohner in einen neuen Appartementkomplex von mehr als 200 Wohneinheiten mit Gesundheitsstation und Tagespflegeeinrichtung umzusiedeln. [...] [Ein Einwohner] beklagt sich jedoch, dass er kein regelmäßiges Einkommen habe. [...] „Ich war Bauer, aber mein Land und mein altes Haus wurden mir weggenommen, was soll ich jetzt essen?"
Quelle: The Trouble With China's Anti-Poverty Efforts. Bloomberg News 8.8.2018

Mit begrenzter Erfahrung außerhalb der Landwirtschaft haben Umgesiedelte Schwierigkeiten, Arbeitsstellen zu finden und zu behalten. [...] Geködert von Versprechen der Regierung auf eine Kompensation nach einer Umsiedlung, ein neues Appartement und gute Jobs, haben sich viele Landbewohner in die Reihen der Stadtbevölkerung eingereiht. Dafür werden sie in Bezug auf ihr niedriges Einkommen und Unterstützungsleistungen fast völlig von der Regierung abhängig. [...] Wenn Dorfbewohner Kompensation erhalten, bekommen sie 5 bis 10 Prozent des Landwerts, wohingegen die lokalen Behörden das Land an Bauunternehmer für Millionen verkaufen.
Quelle: Eugene K. Chow. China's War on Poverty Could Hurt the Poor Most. Foreign Policy, 8.1.2018; (Übers.: Georg Stöber)

M 9 Quellentexte zu Umsiedlungen im Zuge der Armutsbekämpfung

3.8 Gesellschaftliche Veränderungen und soziale Disparitäten

Seit den 1980er-Jahren ist nicht nur der Anteil der ländlichen Armen zurückgegangen. Die Wirtschaftsreformen (Kap. 2.5) haben die Gesellschaft insgesamt verändert. Es sind neue soziale Schichten entstanden, für die in maoistischer Zeit kein Platz vorgesehen war. Gleichzeitig ist die wirtschaftliche Ungleichheit in der Bevölkerung gestiegen, in einer Weise, die durchaus als problematisch empfunden wird und die sich immer mehr vom sozialistischen Anspruch einer egalitären* Gesellschaft entfernt.

1. Analysieren Sie die Bilder in Bezug auf Aspekte der sozialen Veränderungen Chinas zwischen 1970 und heute (M2, M4).
2. Erklären Sie Veränderungen der chinesischen Gesellschaftsstrukturen (M1, M3).
3. Erläutern Sie die räumlichen Einkommensdisparitäten (M5).
4. Charakterisieren Sie anhand des Gini-Koeffizienten die Entwicklung der Einkommens- und Vermögensverteilung in China im Vergleich zu anderen Ländern (M6, M9).
5. Begründen Sie, inwiefern Reisefreudigkeit ein Indikator für eine zunehmende Mittelschicht ist (M7, M8).
6. Erörtern Sie die Zunahme sozialer Disparitäten in einem sozialistischen Staat (M5, M6, M9, M10).

Soziologen unterscheiden [...] zwischen „altem" und „neuem Proletariat" bzw. „alten" und „neuen Arbeitern". Die Sozialposition des alten Proletariats hat sich seit Beginn der Wirtschaftsreformen entscheidend gewandelt. Unter Mao Zedong galten die Arbeiter der städtischen Industrie noch als politische und soziale Vorreiter und genossen eine wirtschaftlich gesicherte Stellung. Unter Deng Xiaoping [führender Politiker zwischen 1979 bis 1997] jedoch sank ihr Sozialprestige. [...] Statt als Vorbilder für die restliche Gesellschaft gepriesen zu werden, wurden sie nun mit der mangelnden Effizienz des Staatssektors in Verbindung gebracht. Ende der 1990er-Jahre begannen durchgreifende Reformen, [...] die ca. 60 Mio. Arbeiter „freisetzten". [...] Gerade in den staatsindustriellen Ballungsgebieten boten sich für diese Entlassenen wenig alternative Beschäftigungsmöglichkeiten. [...]

[Das Individualgewerbe] erhielt [...] durch die Entlassungswelle im öffentlichen Sektor millionenfachen Zulauf, da viele ehemalige Arbeiter versuchten, sich eine neue wirtschaftliche Existenz aufzubauen. Da diese Individualgewerbetreibenden über sehr wenig Eigenkapital verfügten und mit Ausnahme der eigenen Familienangehörigen meist keine Angestellten beschäftigten, bezeichnen manche Soziologen sie auch als „selbständiges Proletariat".

Als ein Produkt der frühen Reformphase, in der private Unternehmen offiziell noch nicht zugelassen waren, bot [der Individualsektor] in den 1980er-Jahren noch echte Aufstiegschancen. Viele der frühen Selbständigen, die oft über wenig formale Bildung verfügten, konnten ihre Geschäfte später zu größeren Privatunternehmen ausbauen. Letztere wurden 1988 auch offiziell zugelassen. Ab den 1990er-Jahren veränderte sich aber zunehmend die soziale Herkunft und Zusammensetzung dieses Privatsektors. Immer mehr Unternehmer entstammten den gebildeteren Sozialgruppen, insbesondere verließen viele Bedienstete des öffentlichen Sektors ihre Positionen, um „ins Meer (der Wirtschaft) einzutauchen". [...] Sie nahmen ihre politischen Verbindungen und Kontakte zu alten Kollegen mit und profitierten teilweise zudem von der Privatisierung öffentlicher Unternehmen, die zu günstigen Konditionen in ihr Eigentum übergingen. [...] Auf diese Weise veränderte sich die Zusammensetzung der privaten Unternehmerschaft und die Aufstiegsmöglichkeiten aus dem Individualgewerbe sanken. [...] Da es Unternehmenseigner in allen Vermögensgruppen gibt, ist es unmöglich, sie insgesamt einer Schicht zuzuordnen. Gemeinhin wird aber ihre Mehrzahl der – sehr heterogenen – Mittelschicht zugerechnet.

Quelle: Björn Alpermann: Sozialer Wandel und gesellschaftliche Herausforderungen in China. In: Fischer, D. & C. Müller-Hofstede (Hrsg.): Länderbericht China. Bonn: Bundeszentrale für politische Bildung, 2014 / 2018, S. 397 – 434

[1] hohe Kader von Staat und Partei; leitende Manager der staatlichen/staatsnahen Wirtschaft
[2] wohlhabende Manager und Selbständige im Finanzsektor, Handel, verarbeitendem Gewerbe, höhere Kader, wohlhabende Privatunternehmer

M1 Soziale Schichtung der Nachreformära in China

M3 Quellentext zum Wandel in der chinesischen Gesellschaft

M2 Mao Zedong mit Werftarbeitern (Propagandabild, 1971)

M4 Junge Chinesen in Peking (2008)

Gesellschaftliche Veränderungen und soziale Disparitäten

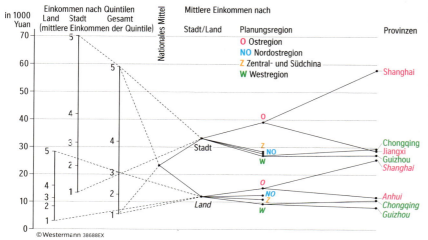

Einkommen nach Quintilen
Ordnet man die Bevölkerung nach Höhe ihres Einkommens und unterteilt diese in fünf jeweils 20% der Bevölkerung umfassende Gruppen, so erhält man eine Einkommensverteilung nach Quintilen. Man kann die Mittelwerte der Einkommen der einzelnen Quintile berechnen. In der Grafik bezeichnet „1" das mittlere Einkommen des untersten Einkommensquintils, „2" das Mittel des 2. Quintils usw.; „5" bezeichnet den Mittelwert des Einkommens der einkommensstärksten 20% der Bevölkerung. Diese Mittelwerte bilden das Spektrum der Einkommensverteilung innerhalb der Quintile nur begrenzt ab. Die niedrigsten Einkommen liegen noch unter „1", die höchsten übersteigen „5" um ein Vielfaches. Weitere statistische Maße könnten, wenn Angaben verfügbar wären, die Spannweite verdeutlichen. Andere Unterteilungen als in Quintile sind auch möglich, so in Quartile von jeweils 25% oder Dezile von jeweils 10%. Allgemein wird bei der Untergliederung von geordneten Fällen in gleichgroße Klassen von Quantilen gesprochen.

M 5 Regionale Einkommensdifferenzierung in China (Verfügbares Pro-Kopf-Jahreseinkommen, 2016)

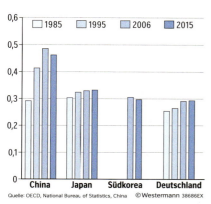

M 6 Gini-Koeffizienten der Einkommensverteilung in China, Japan, Südkorea und Deutschland (1985 – 2017)

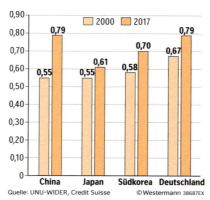

M 9 Gini-Koeffizienten der Vermögensverteilung in China, Japan, Südkorea und Deutschland (2000, 2017)

Gini-Koeffizient
Maßzahl zur Beschreibung der (Un-)Gleichverteilung beispielsweise des Einkommens in einer Bevölkerung. Der Koeffizient liegt zwischen 0 (absolute Gleichverteilung – jeder erhält genau denselben Betrag) und 1 (größtmögliche Ungleichverteilung – das gesamte Einkommen oder Vermögen liegt in nur einer Hand). Er ermittelt sich aus der Abweichung der Summenkurve der Einkommen der nach Einkommenshöhe gruppierten Bevölkerung von einer entsprechenden Geraden, die bei absoluter Gleichverteilung entsteht.

Nach Einschätzung der UN ist ein Gini-Koeffizient der Einkommensverteilung, der über 0,4 liegt, gesellschaftlich problematisch.

Die Mittelschicht in China wächst: Aktuell zählen 109 Millionen Menschen zur Mittelschicht, das entspricht 10,7 Prozent der chinesischen Gesamtbevölkerung. [...] 54 Prozent der neuen Mittelschicht gehören den 80er-Geburtsjahrgängen an, gefolgt von den 70er- und 90er- Jahren. [...] Indikatoren für die neue Mittelschicht sind zum einen die Einkommen, zum anderen der Lebensstil, Reisen, Werte, Gesundheitsinvestitionen, Versicherungen usw. Das Netto-Jahreseinkommen liegt zwischen 100000 und 500000 RMB [Yuan], das Anlagevermögen zwischen 200000 RMB und 5 Millionen RMB [100000 RMB = 13 200 Euro]. Für die neue Mittelschicht ist das berufsbezogene Einkommen immer noch die Hauptquelle der Einnahmen, 82,5 Prozent haben jedoch bereits zusätzliche weitere Einkommen. [...] 72,4 Prozent der neuen Mittelschicht besitzen mindestens ein Auto. [...] 93,3 Prozent der Befragten haben für 2018 Reisepläne – drei von fünf wollen ins Ausland reisen. [...] Wissen hat bei der neuen Mittelschicht einen sehr hohen Stellenwert, zu lernen und sich selbst zu verbessern spielt eine bedeutende Rolle.
Anja Barlen-Herbig: Chinas neue Mittelschicht wächst – Trends und Interessen im Fokus. 16.1.2018

M 7 Quellentext über eine Studie zur Mittelschicht in China

M 8 Chinesische Reisegruppe in Florenz (2017)

2018 gab es in China 1893 Personen mit einem Vermögen von mehr als 2 Mrd. Yuan [~290 Mio. US-$]. 20 Jahre zuvor waren es nur acht. Die aktuellen chinesischen Superreichen verfügen über ein Gesamtvermögen von etwa 2550 Mrd. US-$. 60 Prozent der US-$-Multimillionäre erwarben ihr Vermögen mit Betrieben der verarbeitenden Industrie (26,1%), des Immobiliengewerbes (14,3%), der Investment- (10,9%) und IT-Branche (11,8%). Die meisten Superreichen leben in Peking (15,5%), Shenzhen (10,2%), Shanghai (8,3%), Hangzhou (6,3%) und Hongkong (2,9%). 18 Personen wurden nicht in China geboren, leben aber dort (5 aus dem westlichen Ausland). Weltweit gibt es 795 US-$-Milliardäre chinesischer Abstammung – 36 Prozent aller Milliardäre der Welt; 618 stammen aus der Volksrepublik, 74 aus Hongkong, 42 aus Taiwan.

M 10 Die chinesischen Superreichen (Daten: Huran-Institut)

3.9 Ethnische Minderheiten im Einheitsstaat

Die Bevölkerung Chinas differenziert sich nicht nur nach demografischen oder wirtschaftlichen Aspekten, sondern es gibt neben der Mehrheitsbevölkerung, den Han-Chinesen, verschiedene ethnische oder „nationale" Minderheiten. Deren Situation weicht zum Teil beträchtlich von der der Mehrheitsbevölkerung ab, und sie genießen gewisse Sonderrechte zu ihrem Schutz. Wer die chinesische Dominanz allerdings infrage stellt oder auch nur gegen Missstände demonstriert, muss mit staatlicher Härte rechnen.

1. Beschreiben Sie die räumliche Verteilung der Sprach- und Bevölkerungsgruppen in China (M1).
2. Analysieren Sie die Bedeutung der nationalen Minderheiten und Autonomen Regionen in China (M3, M5).
3. Charakterisieren Sie die Minoritätenpolitik Chinas aus der Sicht des chinesischen Ökonomen Hongyi Lai (M2).
4. Erläutern Sie den Umgang der chinesischen Zentralregierung mit den Uiguren (M4, M5).
5. Minoritätenpolitik oder Terrorbekämpfung? Nehmen Sie Stellung zur chinesischen Politik in Xinjiang (M1, M2, M4, M6).

Ethnie

(von gr. „ethnos", „Volk") eine Gruppe mit Wir-Gefühl und eigenem Namen, die mittels gemeinsamer Sprache kommuniziert (die nicht auf die Ethnie beschränkt sein muss) und über spezifische kulturelle Aspekte von ihren Nachbarn abgrenzt beziehungsweise von diesen ausgegrenzt wird. Oft versteht sie sich als Abstammungsgruppe mit eigener Überlieferung. Eine Ethnie kann aber Personen anderer Herkunft integrieren, wenn diese die kulturellen Gepflogenheiten übernehmen. Zum Teil wird „Ethnie" als Gruppe geringerer Größenordnung vom „Volk" als Großgruppe unterschieden.

Der Grundpfeiler der ethnischen Politik Chinas ist die regionale Autonomie der ethnischen Minderheiten. Ethnische Gebiete genießen eine begrenzte Verwaltungsautonomie und haben ein schnelleres Wirtschaftswachstum als das Land insgesamt erlebt. China hält jedoch immer noch an einem „multiethnischen Einheitsstaat" fest. [...]
Es gibt 55 offiziell anerkannte ethnische Minoritäten in China [...], [die] sich in den zwölf westlichen Provinzen, besonders in den fünf autonomen Provinzen konzentrieren. [...] Die ethnische Frage hat große Auswirkungen auf Chinas nationale Einheit und Sicherheit. [...] Um den ethnischen Erwartungen gerecht zu werden und gleichzeitig die nationale Einheit sicherzustellen, praktiziert die Kommunistische Partei Chinas in Gebieten, in denen ethnische Minoritäten 20 Prozent oder mehr ausmachen, regionale Autonomie [...]. Die Politik wurde in den 1950er-Jahren eingeführt, um ein Gleichgewicht zwischen Integration und Koexistenz ethnischer Minderheiten mit der Han-Mehrheit herzustellen. In den 1980er-Jahren legte der Staat mehr Wert auf das Zusammenleben der ethnischen Gruppen, verlagerte sich aber ab Mitte der 1990er-Jahre zunehmend auf die wirtschaftliche und kulturelle Integration. [...]
Abgesehen von der beschränkten regionalen Autonomie [...] unterliegen ethnische Minderheiten gelockerten Einschränkungen bei der Geburtenkontrolle und erleichterten Bedingungen bei der Zulassung zu Schulen, Hochschulen, Universitäten, Beschäftigungen in staatlichen oder öffentlichen Einrichtungen. [Sie] genießen sogar die Vorzugsbehandlung des Staates in Gerichts- und Zivilstreitigkeiten mit den Han [...] [,] erhalten relativ großzügige Steuerzuschüsse von der Zentralregierung und Wirtschaftshilfen von den entwickelten Küstenprovinzen.

Quelle: Hongyi Lai: China's Ethnic Policies and Challenges. East Asian Policy 1 (2009) (3), S. 5–8 (Übersetzung: Georg Stöber)

M2 Quellentext zur chinesischen Minderheitenpolitik

M1 Sprach- und Bevölkerungsgruppen in China

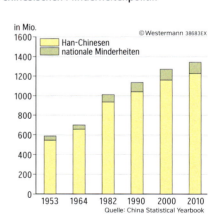

M3 Nationale Minderheiten in China (1953–2017)

Han-Chinesen

größte Volksgruppe der Welt, deren Namen sich vom Han-Kaiserreich (206 v. – 220 n. Chr.) herleitet, deren Genese aber noch viel weiter in die Geschichte zurückreicht. Sie benutzen dieselbe Schrift, sind aber sprachlich (diverse Dialekte neben dem Mandarin) und kulturell heterogen, sodass verschiedene Untergruppen unterschieden werden. Han-Chinesen eint aber das Bewusstsein einer gemeinsamen Geschichte und Tradition.

Die Uiguren sind ein muslimisches Turkvolk mit eigener Sprache und eigener Schrift. Sie leben überwiegend im Westen der Volksrepublik China und machen mit rund zehn Millionen Menschen knapp die Hälfte der Einwohner in der Uigurischen Autonomen Provinz Xinjiang aus, wie das Gebiet seit 1955 offiziell heißt. Im Zuge der bewussten Ansiedlung von Han-Chinesen [...] verringert sich ihr Anteil seit einigen Jahren zusehends. Mehr noch: Unter den 55 von Peking anerkannten nationalen Minderheiten bilden sie die einzige schon immer gefährdete, doch seit einigen Jahren massiv unterdrückte Gruppe. Die ähnlich große Ethnie der muslimischen Hui wird nicht annähernd so schikaniert, weil sie erstens größtenteils aus bekehrten Han-Chinesen besteht und zweitens zum größten Teil Chinesisch spricht.

Für die Zwangssinisierung der Uiguren gibt es Gründe, die bis in die Vorgeschichte der Volksrepublik zurückreichen. So entstand in den Jahren 1933/34 die kurzlebige Islamische Republik Ostturkestan, in der einige wenige terrorbereite Muslime noch immer das Modell einer Loslösung von China erkennen. Vor allem jedoch verfolgt die Zentralregierung mit ihrem „One Belt, One Road"-Projekt, der Neuen Seidenstraße, handfeste ökonomische Interessen, denen die Uiguren aus ihrer Sicht nicht zuletzt durch ihre oft noch bäuerliche Lebensweise nur im Wege stehen. Xinjiang dient darüber hinaus auch als Erprobungsterrain für die technologische Überwachung des öffentlichen Raums, die mittelfristig in alle Provinzen exportiert werden soll.

Quelle: Ilham Lufti: Wie China versucht, die Kultur der Uiguren auszulöschen. Der Tagesspiegel 19.11.2018

Ilham Lufti ist chinesischer Uigure und lebt im Ausland (Name geändert).

Unter dem neuen Parteichef, Chen Quanguo, der 2016 eingesetzt wurde, hat die Provinzregierung die Mittel und die Anstrengungen, die sie einsetzt, um Aktivitäten der uigurischen Bevölkerung zu kontrollieren und ihre Glaubensvorstellungen auszuspähen, enorm erhöht. [...] Die Regierung errichtete Hunderte oder Tausende [...] Umerziehungslager, in die Uiguren aus irgendeinem Grund oder grundlos geschickt werden können. [...] Die Regierung hat nicht offiziell bestätigt, dass die Lager existieren. Sie werden nicht durch irgendein Rechtsverfahren geregelt; Inhaftierungen erfolgen auf Befehl der Polizei oder von Parteifunktionären, nicht auf Basis eines Gerichtsurteils. [...] [Professor] Timothy Grose [...] beziffert die Gesamtzahl [der Internierten] zwischen 500 000 und einer Million, was bedeuten würde, dass zwischen einem Sechstel und einem Drittel der jungen Männer und der Uiguren mittleren Alters inhaftiert sind oder während des vergangenen Jahres waren. Die chinesische Regierung argumentiert, dass harte Maßnahmen notwendig seien, um Gewalt im Zuge des uigurischen Separatismus zu verhindern. [...] Es gäbe Besorgnis erregende Verbindungen zwischen dem uigurischen Separatismus und dem globalen Dschihad, vor allem in der uigurischen Diaspora in der Türkei, worauf die chinesischen Behörden eifrig hinweisen. [...] Aber das Repressionssystem in der Provinz geht weit über alles hinaus, was durch solche Tendenzen und Verbindungen gerechtfertigt wäre. In Hotan gibt es etwa alle 300 m eine neue Polizeistation. [...] Jeden Kilometer kann es vier oder fünf Checkpoints geben. Alle Geschäfte und Restaurants in Hotan müssen über einen diensttuenden Nebenerwerbspolizisten verfügen. [...] Teams [von Polizisten und lokalen Beamten, immer mit einem Uigur-Sprecher] [...] berichten über „extremistisches" Verhalten wie Verzicht auf Alkohol, Fasten während des Ramadans und Tragen langer Bärte. Sie berichten über die Anwesenheit „unerwünschter" Gegenstände, wie Korane, oder Einstellungen – wie eine „ideologische Situation", die keiner völligen Unterstützung der Parteilinie entspricht. [...] In Hotan wurden die Moscheen geschlossen, sodass nur eine Handvoll großer Gotteshäuser übriggeblieben sind. [...] Etwa 29 muslimische Namen dürfen Kindern nicht mehr gegeben werden. In der Schule verschwindet die uigurische Spracherziehung. [...] Tänze nach dem Gebet und spezifische uigurische Hochzeitszeremonien und Begräbnisriten sind verboten.

Quelle: China has turned Xinjiang into a police state like no other. Economist 31.5.2018 (Übersetzung: Georg Stöber)

M 4 Quellentexte zur Politik gegenüber den Uiguren

Zeitraum	Historische Entwicklung	Anteil der Uiguren	Anteil Han-Chinesen
1949	Eingliederung Xinjiangs in die Volksrepublik China	<80%	<7%
1950er- bis 1960er-Jahre	Regierung organisiert Einwanderung von Han-Chinesen		
1978		45%	>42%
1980er-Jahre	Rückkehr von Opfern der Kulturrevolution* in Heimat, leichter Rückgang des Anteils der Han-Chinesen		
1990er-Jahre	Regierungsstrategie zur Entwicklung im Westen (Erdölförderung, Baumwolle, Bergbau) fördert Han-Einwanderung nach Xinjiang		
2000		45,2 %	40,6 %
2009	schwere, gewaltsame uigurische Unruhen in Urumqi mit vielen Toten (großteils Han-Chinesen)	45,8% (2010)	40,5% (2010)
seit 2010	Terroranschläge, zunehmende Repression		

M 6 Xinjiang: historische Übersicht

Autonome Region (AR)	Gründungsjahr	Fläche (in km²)	Ackerfläche (in km²)	Einwohner (in Mio.)	Anteil der ethnischen Minoritäten	Bruttoregionalprodukt (in 100 Mio. Yuan)	Pro-Kopf BRP (in Yuan)	Geburtenrate (pro 1000 Ew.)	Krankenhausbetten (pro 1000 Ew.)
Innere Mongolei	1947	1183	92,7	25,3	22,0 %	16 096	63 764	9,47	5,94
Xinjiang	1955	1665	52,7	24,4	67,7 %	10 882	44 941	15,88	6,86
Guangxi	1958	238	43,9	48,9	44,6 %	18 523	38 102	15,14	4,94
Ningxia	1958	66	12,9	6,8	37,2 %	3 444	50 765	13,44	5,84
Tibet	1965	1228	4,4	3,4	91,8%	1 311	39 267	16,00	4,78
AR gesamt (Anteil)		4380 (45,5 %)	206,3 (15,3 %)	108,8 (7,8 %)	-	50 256 (6,1 %)	-	-	-
Autonome Minderheitengebiete[1]			284,4	189,4	51,8 %	73 936	40 680	k.A.	4,95
China, gesamt		9634,1	1348,8	1390,1	k.A.	827 122	59 660	12,43	5,71

[1] Gebiete in China, bewohnt von einer oder mehreren ethnischen Minderheiten, in denen diese einen nennenswerten Bevölkerungsanteil stellen   Quelle: China Statistical Yearbook 2018

M 5 Autonome Regionen in China (2017)

3.10 Chinesen in der Diaspora

Zahlreiche Bürger der Volksrepublik China, Hongkongs, Macaus, Taiwans oder Menschen chinesischer Abstammung mit anderer Staatsangehörigkeit leben heute außerhalb Chinas und bilden in zahlreichen Ländern größere chinesische Diasporagemeinden. Die Geschichte der Auswanderung ist lang und vielgestaltig. Heute versucht die chinesische Politik die Verbindungen der Auslandschinesen* (auch Überseechinesen) in ihr Herkunftsland zu stärken und für ihre Zwecke einzusetzen.

1. Analysieren Sie die räumliche Verteilung und die zahlenmäßige Entwicklung der Chinesen im Ausland (M3–M6).
2. (Z) Recherchieren Sie über Auslandschinesen in einem Land oder ihrer Heimatgemeinde und erstellen Sie einen Kurzvortrag.
3. Erläutern Sie die Auswanderung nach Südostasien (M7, M8).
4. In China wird (auch begrifflich) zwischen verschiedenen Typen von Chinesen im Ausland differenziert.
   a) Charakterisieren Sie die einzelnen Gruppen (M2, M8).
   b) Vergleichen Sie die soziale Stellung dieser Gruppen in ihrem Gastland und innerhalb der Gesamtheit der Auslandschinesen.
5. Erörtern Sie die unterschiedlichen Rollen der alten und neuen Chinatowns (M9–M11).

Land	Auslandschinesen in Mio.	in %[1]		Auslandschinesen in Mio.	in %[1]
Thailand	8,0	3,2	Kanada	1,5	4,4
Indonesien	7,5	11,7	Philippinen	1,2	1,3
Malaysia	6,5	22,7	Myanmar	1,1	1,7
USA	4,2	1,3	Vietnam	1,0	1,1
Singapur	2,8	53,4	Peru	1,0	3,3

[1] der Bevölkerung im Zielland, Quelle: Overseas Community Affairs Commission (Taiwan)

M3 Wichtigste Aufenthaltsländer der Auslandschinesen (2011)

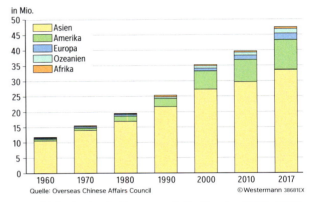

M4 Zahl der Auslandschinesen nach Kontinenten (1960–2017)

Ursprünglich auf die jüdische Geschichte bezogen, bezeichnet der Begriff Diaspora heute allgemeiner ethnische und/oder religiöse Minderheiten mit einer Wanderungsgeschichte, die – oft über Generationen hinweg – Beziehungen und Loyalitäten zum Herkunftsland aufrechterhalten haben und sich an diesem orientieren. Typisierungen unterscheiden beispielsweise Opferdiaspora- (jüdische, afroamerikanische Diaspora), Arbeiterdiaspora- (indische, türkische Vertragsarbeiter), Händlerdiaspora- (chinesische, libanesische Händler), imperiale Diaspora- (Nachfahren kolonialer Siedler) und deterritorialisierte Diaspora-Gemeinden (karibische Bevölkerung ohne klarem Bezug zu einem Herkunftsland). Moderne Ansätze fassen deren Existenz nicht mehr als durch die Wanderungsprozesse gegeben auf, sondern sehen sie als Ergebnis sozialer Gruppenbildung, bei der die Zugehörigkeit auf dem Bewusstsein gemeinsamer Herkunft und (Migrations-)Erfahrungen beruht. Daraus erwachsen soziale Praktiken/Verhaltensweisen untereinander, in Bezug auf das „Gast"-Land und auf ihr oft als „Heimat" angesehenes Herkunftsland/-gebiet, in das beispielsweise Rücküberweisungen (Rimessen) fließen. Bei alldem darf aber nicht die interne Differenzierung der Gemeinschaften außer Acht gelassen werden. Zahlreiche Herkunftsstaaten versuchen heute, ihre Diasporagemeinschaften enger an sich zu binden und ihre Loyalitäten für ihre (Entwicklungs-)Politiken nutzbar zu machen.

M1 Diaspora

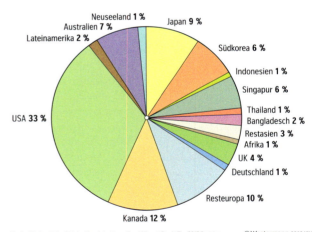

M5 Chinesen aus der VR China, Hongkong und Macau im Ausland (Personen mit chinesischem Geburtsort bzw. Pass, 2017)

Zeitraum	Zielgebiete/ Schwerpunkte	Art und Tätigkeit
1840–1920er-/1930er-Jahre	Nordamerika, Kuba, Peru, Australien	meist Kontraktarbeiter ländlicher Herkunft im Goldbergbau, auch Köche, Wäscher etc., Eisenbahnbau (USA), Guanoabbau (Peru), Zuckerrohrbau (Kuba), Migration oft temporär
seit 1950er-Jahren	Westeuropa	Remigration von Personen chinesischer Abstammung in Drittländer, z.B. infolge chinesenfeindlicher Politik südostasiatischer Staaten
seit wenigen Jahrzehnten	weltweit	temporäre Geschäfts- und Arbeitsmigration aus der Volksrepublik China

M2 Chinesische Migration außerhalb Südostasiens

M6 Auslandschinesen außerhalb Südostasiens (2010–2016)

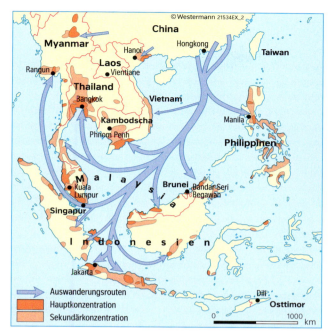

M 7 Chinesische Außenwanderungen nach Südostasien

M 9 Chinatown in London

Die Chinesen besitzen eine lange Migrationsgeschichte nach Südostasien, und ihre Migrationserfahrungen folgten ganz unterschiedlichen Mustern. Allgemein gesprochen sind da zuerst die chinesischen Händler (**huashang**), die zu Geschäften ins „Südliche Meer" kamen, sich dort niederließen und Familien gründeten. Dann gab es die chinesischen Kuli-Arbeiter (**huagong**), die während der Kolonialzeit durch Europäer angeworben wurden, um in einigen Teilen Sumatras und der Malaysischen Halbinsel in Minen und Plantagen zu arbeiten. Während der letzten Tage der Qing-Dynastie im späten 19. Jahrhundert verlangte der Manchu-Hof offiziell den Schutz der chinesischen Bürger im Ausland, was diese zu sich im Ausland aufhaltende Chinesen (**huaqiao**) umdefinierte, die China und nicht den europäischen Kolonien loyal sein sollten. [...]
In der Zeit nach dem Zweiten Weltkrieg begannen die südostasiatischen Staaten ihre eigenen Dekolonisations- und Nationsbildungsprozesse. Viele der chinesischen „Gäste" nahmen die lokale Staatsbürgerschaft an, zum Teil ermutigt durch die neugegründete Volksrepublik China, die ihre diplomatischen Beziehungen mit dem jeweiligen südostasiatischen Staat zu verbessern gedachte. Später wurden sie zu Menschen chinesischer Abstammung, die dauerhaft im Ausland leben (**huayi**), die also nicht mehr die chinesische Staatsbürgerschaft besitzen. Schließlich gibt es in den letzten Jahrzehnten Migration aus der Volksrepublik China nach Südostasien und in die ganze Welt, die **xinyimin** genannt werden, einen Pass der Volksrepublik China besitzen und für Geschäfts- und Arbeitszwecke migrierten. [...]
Die Gesamtzahl der Chinesen in der Diaspora in Südostasien wird auf 30 bis 40 Millionen geschätzt. Obwohl dies eine grobe Schätzung ist, wird davon ausgegangen, dass ethnische Chinesen in vielen südostasiatischen Ländern eine beträchtliche Präsenz haben. [...] Inzwischen hat wohl die Mehrheit der Auslandschinesen in Südostasien die lokale Staatsbürgerschaft erworben. Oft haben sie keinen Zugang zu politischer Macht, ihr Status als Zwischenhändler in den lokalen Ökonomien hat sie daher verwundbar gemacht für Diskriminierung und politische Repression. Aufgrund von interethnischen religiösen und kulturellen Unterschieden haben einige sich besser als andere vermischt und assimiliert, so auf den Philippinen und in Thailand im Gegensatz zu Malaysia und Indonesien.
Quelle: Enze Han: Bifurcated homeland and diaspora politics in China and Taiwan towards the Overseas Chinese in Southeast Asia. Journal of Ethnic and Migration Studies (2017), S. 5-6 (Übersetzung: Georg Stöber)

M 8 Quellentext zur chinesischen Migration in Südostasien

[Die alten] *Chinatowns bestehen aus Wohnhäusern zusammen mit einer großen Vielfalt an Läden, Büros, Werkstätten und anderen Einrichtungen. Unter diesen ziehen die vielen chinesischen Restaurants die meiste Aufmerksamkeit auf sich. [...] Daneben gibt es auch [...] Metzgereien, Fischhändler, chinesische Lebensmittelmärkte, Friseurläden und Salons, Kaufhäuser und Supermärkte. [...] Diese „ethnischen Unternehmen" stellen den Chinesen nicht nur zahlreiche Dienstleistungen bereit, sondern bieten ihnen auch Beschäftigungsmöglichkeiten. [...] Vereinigungen auf regionaler, beruflicher oder familiärer Basis, Schulen für Überseechinesen und chinesische Tempel sind ebenfalls wichtige Elemente. [...]*
Die alten Chinatowns befinden sich aufgrund der zunehmender Zahl von Emigranten [aus China und anderen Ländern] *in einem tiefgreifenden Wandel. [...] Einige alte Chinatowns, wie die drei größten in Japan und diejenigen in San Francisco und London, haben sich zu Touristengebieten gewandelt, und Tore wurden als beherrschendes Symbol von Chinatowns errichtet. [...]. In einigen Fällen wurden verfallende Chinatowns sogar im Zuge behördlicher Fremdenverkehrsentwicklung „rekonstruiert". [...] Viele alte Chinatowns wurden infolge eines Zustroms anderer ethnischer Gruppen [...] multiethnisch.*
Zusätzlich [...] haben sich in den USA, Kanada, Australien und anderen Ländern in den Vorstädten neue Chinatowns entwickelt unter dem Zustrom reicher neuer Immigranten aus Festlandchina und wohlhabend gewordener ethnischer Chinesen, die die alten Chinatowns zugunsten der Vorstädte verließen. Außerdem wurden mit chinesischem Kapital und für den Verkauf chinesischer Produkte in osteuropäischen Ländern wie Ungarn, Rumänien und Polen sowie im Nahen Osten große Geschäftszentren errichtet, um die sich herum Chinatowns bildeten.
Quelle: Kiyomi Yamashita: A Comparative Study of Chinatowns around the World. Japanese Journal of Human Geography 65 (2013) (6), S. 68, 82 (Übers.: G.S.)

M 10 Quellentext zu Chinatowns

M 11 China Mall in Ajman (Vereinigte Arabische Emirate)

Zusammenfassung

Bevölkerungsverteilung

Ostasien beherbergt etwa 21 Prozent der Weltbevölkerung (2020) – mit abnehmender Tendenz. Während die Mongolei und der aride Westen und Norden Chinas nur eine geringe Bevölkerungsdichte aufweisen, konzentriert sich die Bevölkerung in den Schwemmländern Nordost- und Ostchinas sowie in den Deltas und Küstensäumen. In Japan ballt sich die Bevölkerung in den drei Metropolregionen Tokio-Yokohama, Nagoya und Osaka-Kobe, in Nord- und Südkorea sowie der Mongolei in den jeweiligen Hauptstadtregionen. In niedrig gelegenen Küstenzonen lebt insgesamt mehr als ein Zehntel der Bevölkerung Ostasiens.

Bevölkerungsentwicklung und -politik

In den meisten Ländern Ostasiens hat sich das Bevölkerungswachstum stark abgeschwächt oder ist im Falle Japans bereits negativ. Bei steigender Lebenserwartung ist in den meisten Ländern die Fertilitätsrate auf ein Niveau gesunken, das langfristig die Reproduktion der Bevölkerung nicht mehr sicherstellen kann. Verbunden damit ist eine Verschiebung der Altersstruktur mit einer Abnahme des Anteils der Altersklasse der Jungen und einer Zunahme der Alten. Aufgrund dieser Entwicklung hat China, das seit den 1980er-Jahren mit drastischen Maßnahmen seine „Ein-Kind-Politik" durchgesetzt hatte, diese in den letzten Jahren wegen ihrer demografischen und gesellschaftlichen Folgen aufgeweicht und inzwischen aufgegeben. Heute betreibt kein ostasiatisches Land eine auf eine Begrenzung der Geburtenrate gerichtete (antinatalistische) Politik. Vielmehr wird versucht, mit bevölkerungspolitischen Maßnahmen wie familienpolitischen Angeboten Bevölkerungsrückgang und Überalterung entgegenzuwirken. Einzig die – dünn besiedelte – Mongolei versuchte langfristig, die Bevölkerungszahlen zu steigern. Auch hier sank jedoch die Fertilitätsrate, wenn auch weniger stark als in den anderen Ländern.

Migration

Auch wenn Japan einer Zuwanderung aus dem Ausland reserviert gegenübersteht, führte die demografische Entwicklung (Bevölkerungsrückgang, Alterung) zu einer Erleichterung von Zuwanderung, vor allem qualifizierter Arbeitskräfte, um dem Arbeitskräftemangel und dem Pflegenotstand zu begegnen. Die wichtigsten Gruppen von Ausländern in Japan gehen allerdings auf die japanische Kolonialzeit (Koreaner) beziehungsweise die Einwanderung der Nachfahren japanischer Auswanderer aus Südamerika zurück.

Menschen chinesischer Abstammung sind selbst als Minderheiten in zahlreichen Ländern der Erde vertreten, speziell in Südostasien aber auch in vielen westlichen Staaten wie den USA und Kanada. Solche Diasporagemeinden, deren Mitglieder sich auch bei Annahme einer anderen Staatsbürgerschaft ihrem Herkunftsland verbunden fühlen, bilden untereinander eigene enge Netzwerke aus. Die Chinatowns zahlreicher Großstädte weltweit belegen diese Auslandsmigration und bilden Zentren des Alltags- und Wirtschaftslebens chinesischer Diaspora-Gemeinden.

Im Rahmen der chinesischen Binnenmigration hat sich infolge einer Registrierungspraxis mit Wohnortsbindung (Hukou-System), die die permanente Land-Stadt-Wanderung erschwert, eine zirkuläre Arbeitsmigration mit langmonatiger Abwesenheit vom familiären Wohnsitz entwickelt. Die Migranten tragen in oft unsicheren, relativ schlecht bezahlten Arbeitsverhältnissen zur städtischen Wertschöpfung bei, aber auch zu einem Transfer von Einkommen in den ländlichen Raum.

Gesellschaftswandel und Minderheiten in China

In China setzte mit der Abkehr vom kommunistischen Wirtschaftsmodell ein beträchtlicher sozialer Wandel ein. Bei hohem Wirtschaftswachstum konnten Anzahl und Anteil der ländlichen Armen stark reduziert werden. Gleichzeitig nahm mit der Herausbildung neuer Mittel- und Oberschichten die gesellschaftliche Ungleichheit zu – bei einem Statusrückgang der ehemals ideologisch bedeutsamen Arbeiterschaft. Die Ungleichheit besitzt auch eine räumliche Komponente mit Ungleichheiten zwischen Stadt und Land und den verschiedenen Regionen des Landes.

Die Existenz ethnisch-linguistischer Minderheiten geht auf die territoriale Ausdehnung des (Han-)Chinesischen Reiches zurück. Auf der einen Seite betreibt China eine Minderheitenpolitik mit Autonomieregelungen für anerkannte Minoritäten. Andererseits verfolgt die Staatsgewalt oppositionelle und manchmal separatistische Tendenzen mit Härte wie in Xinjiang und Tibet, was China dem Vorwurf gravierender Menschenrechtsverstöße aussetzt.

Weiterführende Literatur und Internetlinks

Paul Gans, Ansgar Schmitz-Veltin, Christina West: Diercke Spezial – Bevölkerungsgeographie. Braunschweig: Westermann 2019

Interaktive Karte zur Bevölkerungsdichte
- http://luminocity3d.org/WorldPopDen

United Nations, Department of Economic and Social Affairs, Population Division (2018). World Urbanization Prospects: The 2018 Revision, Online Edition
- https://population.un.org/wup/

Berlin-Institut für Bevölkerung und Entwicklung
- www.berlin-institut.org

Online Handbuch Demografie
- www.berlin-institut.org/online-handbuchdemografie.html

Deutsche Stiftung Weltbevölkerung
- www.dsw.org

OECD: International Migration Database
- https://stats.oecd.org/Index.aspx?DataSetCode=MIG

UN: Migration Profiles
- https://esa.un.org/MigGMGProfiles/indicators/indicators.HTM

UN: International Migration Report 2017
- www.un.org/en/development/desa/population/migration/publications/migrationreport/docs/MigrationReport2017.pdf

Statistikportal der United Nations Conference of Trade and Development
(Daten zu Rücküberweisungen)
- https://unctad.org/en/Pages/statistics.aspx

Overseas Community Affairs Office (Taiwan)
(Informationen und Statistiken zu Auslandschinesen)
- www.ocac.gov.tw/OCAC/Eng/

4 STADT UND URBANISIERUNG

Shanghai (China)

4.1 Verstädterung und Metropolisierung

Verstädterungsgrad
Anteil der Stadtbevölkerung an der Gesamtbevölkerung.

Verstädterungsrate
Veränderung des Anteils der Stadtbevölkerung an der Gesamtbevölkerung pro Jahr, also prozentuale Veränderung des Verstädterungsgrads.

Städtische Wachstumsrate
Veränderung der städtischen Bevölkerung eines Landes.

Metropolisierungsgrad
Anteil der Bevölkerung in Städten mit mehr als 1 Mio. Einwohner an der Gesamtbevölkerung

Immerhin ein Viertel der städtischen Weltbevölkerung lebt in Ostasien (M1). Allerdings ist der Großraum in punkto Verstädterung sehr heterogen. Die Spanne reicht mit Japan von einem der am höchsten verstädterten Flächenstaaten der Welt bis hin zu dem immer noch unterdurchschnittlich verstädterten China, das allerdings rasante städtische Wachstumsraten aufweist (M5). Auch in der wenig besiedelten Mongolei sind mittlerweile mehr als zwei Drittel der Bevölkerung Städter.

Noch ein anderer Aspekt ist auffällig. Momentan leben etwa 21 Prozent der Weltbevölkerung in den ostasiatischen Staaten, doch immerhin 28 Prozent der Millionenstädte und sogar 31 Prozent der Megastädte mit mehr als fünf Mio. Einwohnern liegen in dem Großraum. Vergroßstädterung oder Metropolisierung (überproportionale Zunahme der Einwohnerzahlen in wenigen großen Agglomerationen) ist ein weltweiter Trend. Im Gegensatz zu anderen Regionen der Welt ist in Ostasien damit aber nicht eine Verstärkung der Primatstruktur* des Städtesystems verbunden. In China (Shanghai, Peking, Chongqing, Tianjin, Guangzhou, Shenzhen), Japan (Tokio, Osaka, Nagoya), Taiwan (Taipeh, Taichung, Kaoshiung, Taoyuan) und mit Einschränkungen Südkorea (Seoul/Incheon, Busan, Daegu) gibt es jeweils einige ähnlich große und funktional ähnlich wichtige Millionenstädte. In der Mongolei und in Nordkorea haben die Hauptstädte hingegen eine Primatstellung.

In ihrer Entwicklung haben die traditionellen ostasiatischen Städte durch die Kolonialisierung (außer in Japan), den sozialistischen Städtebau (in China, der Mongolei und Nordkorea) und die Globalisierung* in der zweiten Hälfte des 20. Jahrhunderts einen zum Teil tiefgreifenden Wandel erfahren (Kap. 4.2 und 4.3). Besonders in den Küstenräumen, in denen schon zu Kolonialzeiten Vertragshäfen eine große Rolle spielten, sind große Agglomerationen* entstanden (Kap. 4.4). Um Wirtschafts-, Hafen- und Wohnflächen auszudehnen, sind dort vielerorts Neulandgewinnungsmaßnahmen durchgeführt worden (Kap. 4.5). Tokio hat die Austragung der Olympischen Spiele 2020 dafür genutzt, eine Reihe von stadtplanerischen Großprojekten umzusetzen (Kap. 4.6).

Global Cities wie Tokio, Peking, Hongkong, Shanghai und Seoul haben ihren Platz im transnationalen Städtesystem gefunden und gehören zu den Hauptakteuren der globalisierten Wirtschaft (Kap. 4.7). Zwar sind in den Megastädten Japans, Südkoreas und Chinas viele Probleme vergleichbarer Städte anderer Weltregionen nicht so präsent, aber auch in Ostasien kommt es vermehrt zu Phänomenen wie Polarisierung* und Fragmentierung* oder unkontrolliertem Flächenwachstum und Zersiedlung. Außerdem haben viele Städte mit gravierenden Umweltproblemen (Luft-, Wasserverschmutzung, Müllentsorgung etc.) zu kämpfen (Kap. 4.8). Um diese in Zukunft besser in den Griff zu bekommen, wird in China versucht, mit Hilfe von modellhaften Ökostädten die zunehmende Urbanisierung in nachhaltige Bahnen zu lenken (Kap. 4.9). Schließlich sind insbesondere die Küstenstädte hochgradig gefährdet, durch verschiedene Naturereignisse wie Erdbeben, Tsunamis und Wirbelstürme erhebliche menschliche und wirtschaftliche Verluste zu erleiden (Kap. 4.10).

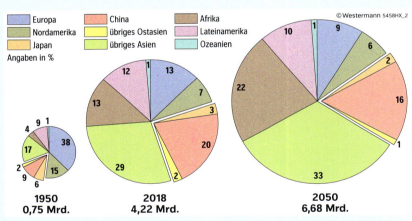

M1 Städtische Bevölkerung weltweit und Anteil der Großräume an der Stadtbevölkerung (1950, 2018, 2050)

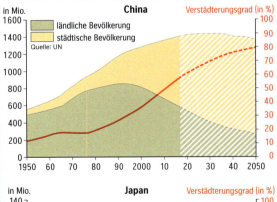

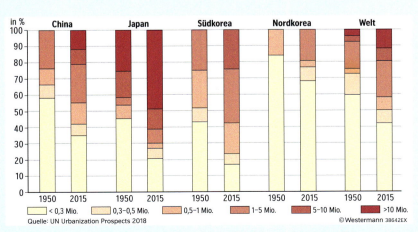

M2 Bevölkerungsanteil verschiedener Städtegrößenklassen in ausgewählten ostasiatischen Ländern (1950 und 2015)

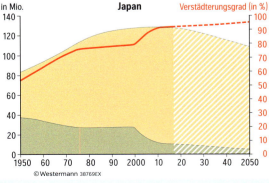

M3 Entwicklung der städtischen und ländlichen Bevölkerung und Verstädterungsgrad in China und Japan (1950–2050)

Verstädterung und Metropolisierung

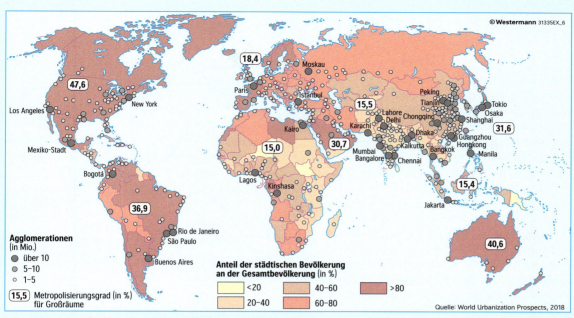

M 4 Millionenstädte (2018) und Verstädterungsgrad (2015–2020)

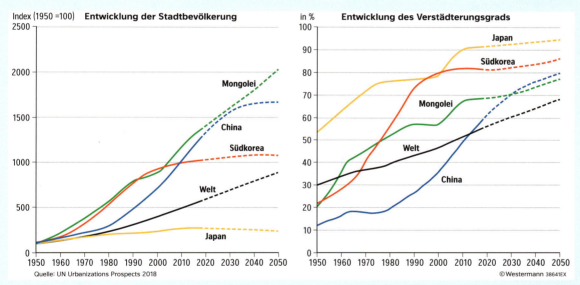

M 5 Entwicklung der Stadtbevölkerung und des Verstädterungsgrads in ausgewählten ostasiatischen Ländern 1950–2050

Land	Verstädterungsgrad 1950	Verstädterungsgrad 2019	Verstädterungs-rate (2015–2020)	Städtische Wachstumsrate (2015–2020)	Größte Stadt	Einwohner (in Mio.)	Jährliche Wachtumsrate (2015–2020)	Millionen-städte	Metropolisie-rungsgrad
China[1]	11,8 %	60,3 %	2,03 %	2,42 %	Shanghai	26,3	2,84 %	130	28,5 %
Japan	53,4 %	91,7 %	0,09 %	-0,14 %	Tokio	37,4	0,07 %	8	64,4 %
Mongolei	20,0 %	68,5 %	0,12 %	1,63 %	Ulan Bator	1,6	2,99 %	1	49,1 %
Nordkorea	31,0 %	62,1 %	0,36 %	0,82 %	Pjöngjang	3,1	0,75 %	1	11,9 %
Südkorea	21,4 %	81,4 %	-0,05 %	0,30 %	Seoul	10,0	0,13 %	10	50,6 %
Taiwan	26,8 %	78,6 %	0,52 %	0,80 %	Taipeh	4,4	0,84 %	5	51,1 %
Ostasien	17,9 %	63,9 %	1,63 %	1,98 %	Tokio	37,4	-	155	31,6 %
Welt	29,6 %	55,7 %	0,82 %	1,90 %	Tokio	37,4	-	563	23,7 %

[1] ohne Hongkong und Macao   Quelle: UN

M 6 Daten zur Verstädterung der ostasiatischen Staaten (2019)

1. Vergleichen Sie die Verstädterung von China und Japan (M 3, M 5).
2. Vergleichen Sie die Größenstruktur der Städte in den ostasiatischen Ländern (M 2).
3. Erklären Sie den Unterschied der Verstädterungsrate und der städtischen Wachstumsrate am Beispiel Japan und Südkorea (M 6).
4. Ostasien zählt zu den am stärksten metropolisierten Regionen der Welt. Beurteilen Sie diese Aussage (M 4, M 6).

STADT UND URBANISIERUNG • »China

4.2 Kaiserpalast und Große Halle des Volkes

Bereits um 1500 v. Chr. entstanden erste Städte in China. Einige waren schon im Altertum Millionenstädte (Changan 430 v. Chr.). Die heutige chinesische Stadt vereint Elemente aus vier Entwicklungsphasen: Strukturmerkmale aus der langen Kaiserzeit, Einflüsse aus der Zeit der europäischen Kolonialherrschaft seit Mitte des 19. Jahrhunderts, massive Umformungen durch den sozialistischen Städtebau ab 1949 und Folgen der wirtschaftlichen Öffnung und Globalisierung* seit den 1980er-Jahren (Kap. 4.3).

1. Beschreiben Sie den Aufbau der traditionellen chinesischen Stadt am Beispiel Peking (Atlas, M 4, M 1, M 2).
2. Erklären Sie die Kosmos-Analogie in der Struktur der traditionellen chinesischen Stadt (M 1, M 2, M 3, M 5).
3. Vergleichen Sie den Aufbau der Hofhäuser mit dem der traditionellen chinesischen Stadt (M 6, M 7, M 1).
4. Charakterisieren Sie die Bedeutung der Vertragshäfen für die wirtschaftliche Entwicklung Ostasiens (M 8 – M 10).
5. Charakterisieren Sie Elemente, die Veränderung und Kontinuität zwischen der traditionellen und der sozialistischen Stadt in China ausdrücken (M 2, M 11, M 13).
6. Vergleichen Sie Merkmale der sozialistischen Stadt in Europa und in China (siehe Band „Deutschland in Europa").

M 4 Kaiserpalast in Peking

„Die Stadt ist ein Abbild des Kosmos, des kreisförmigen Himmels und der quadratischen Erde. [...] Im Mikrokosmos wiederholt sich [...] der Makrokosmos: Im Großen wie im Kleinen wird ein klares hierarchisches Gefüge der Über- und Unterordnung sichtbar. Die Stadt war damit Ort der Kontrolle."

Wolfgang Taubmann, deutscher Geograph (1993)

M 5 Zitat zur traditionellen chinesischen Stadt

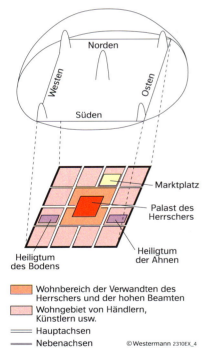

M 1 Idealgrundriss der traditionellen chinesischen Stadt

Jede Stadtgründung begann mit dem Bau einer Mauer, die eine quadratische, zumindest aber rechteckige Stadtfläche festlegte, welche die Erde repräsentierte. Die war streng nach den Himmelsrichtungen orientiert, die für die vier Jahreszeiten standen und eine ganz unterschiedliche Bewertung erfuhren. Der Osten war die Richtung des Frühlings, der Süden die des Sommers, der Westen die des Herbstes und der Norden die Richtung des Winters. Die Jahreszeiten waren in das duale Kräftepaar „Yang-Yin" eingebettet. Während Süden und Osten mit „Yang" assoziiert wurden, der männlich-aktiven, positiven und hellen Kraft, verkörperten Westen und Norden „Yin", die weiblich-passive, negative und dunkle Kraft. Die N-S-Achse wurde dadurch zur dominierenden Leitlinie der Stadt. An ihr ordneten sich die wichtigsten Gebäude an, die sich allesamt zum Licht hin, öffneten.

Jürgen Bähr, Ulrich Jürgens: Stadtgeographie II. Braunschweig: Westermann 2009, S. 79

M 3 Quellentext zum kosmischen Prinzip der Stadtgestaltung

Der Beijinger Hofhaustyp ist rechteckig und besteht aus vier Bauten oder Baugruppen, deren Fenster und Türen auf den geschlossenen Innenhof gerichtet sind. [...] Das größte nach Süden weisende Haus war das Haus der Eltern, die Söhne und Töchter wohnten getrennt in den Häusern an der westlichen und östlichen Seite, der Eingang im Süden war flankiert von kleineren Häusern. [...] Der Hofhaustyp entsprach dem Familienideal und der klaren Ordnung zwischen Jüngeren und Älteren. Je nach Einkommen und Ansehen gab es auch größere Hofhaus-Kombinationen durch die Zusammenschaltung mehrerer Wohnhöfe. [...] Der Kaiserpalast ist mit ca. 720 000 m² das größte und prächtigste Hofhaus im Zentrum der Stadt. [...] Mit der Zunahme der Bevölkerung [...] kam es zu einer Verdichtung in den Höfen, die vielfach von mehreren Familien bewohnt wurden.

Ingrid Lübke: Von Hofhäusern und Hutongs zu Hochhäusern und Stadtautobahnen. Kassel 2004, S. 5 – 7

M 6 Quellentext zum chinesischen Hofhaus

- Axialität, Symmetrie und Orientierung des Stadtgrundrisses nach den Haupthimmelsrichtungen als zentrale Gestaltungselemente,
- Palast des Fürsten oder Kaisers im Zentrum,
- Ummauerung der Stadt aber auch der Wohnviertel (Nachbarschaften),
- innere Gliederung der Stadt, die den hierarchischen Aufbau der Gesellschaft widerspiegelt (zentral-peripheres Sozialgefälle),
- maximal zweigeschossige Wohnbebauung (nicht höher als der Fürstenpalast),
- verschiedene an das Straßenraster angepasste Typen von Hofhäusern (vor allem in Nordchina, M 7).

M 2 Strukturmerkmale der traditionellen chinesischen Stadt

M 7 Modell eines Hofhauses

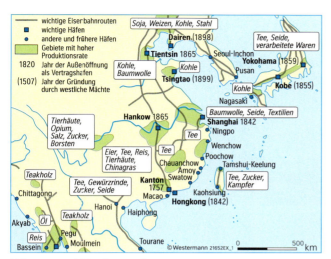

M 8 Vertragshäfen in Ostasien

M 9 Hafen von Kanton (heute Guangzhou) 1810 mit den ausländischen Handelsposten außerhalb der Stadtmauern

Außeneinflüsse erfolgten am frühesten, wenn auch nicht sehr weitreichend, durch Portugiesen und Holländer [seit Anfang des 16 Jh.]. [...] Ein einschneidender Wandel der Stadtstruktur begann nach dem Vertrag von Nanking (1842), dem ersten in der Reihe der sogenannten ungleichen Verträge. China musste damals die Insel Hongkong an Großbritannien abtreten und in fünf weiteren Hafenstädten Stützpunkte und Handelsniederlassungen erlauben. Verträge mit anderen europäischen Mächten (u.a. Frankreich, Deutschland) und den USA folgten, sodass 1911 entlang der chinesischen Küste ca. 90 Vertragshäfen bestanden, in denen etwa 300 000 Ausländer lebten. Zur größten ausländischen Niederlassung entwickelte sich Shanghai, das in den 1930er-Jahren ca. 60000 Ausländer zählte. Ursprünglich waren die Vertragshäfen und Konzessionsgebiete räumlich von den chinesischen Siedlungen getrennt. Später drangen jedoch moderne Industriebetriebe, Banken, Kaufhäuser, Hotels und Wohngebäude in europäischem Stil auch in die chinesischen Altstädte vor. Rechtlich nahmen die Ausländer eine Sonderstellung ein; sie waren nicht den chinesischen Behörden, sondern den jeweiligen Konsulaten unterstellt, was den halbkolonialen Status der Niederlassungen unterstreicht. Die wirtschaftlichen Impulse, die von den Vertragshäfen ausgingen, zogen Investitionen wohlhabender Chinesen nach sich. Das wiederum bewirkte einen starken Zustrom verarmter ländlicher Bevölkerungsschichten. Die Städte nahmen daher schnell an Einwohnern zu, allen voran Shanghai, das kurz vor dem Zweiten Weltkrieg etwa die Hälfte des chinesischen Außenhandels abwickelte und auf vier Millionen Einwohner angewachsen war.

Jürgen Bähr, Ulrich Jürgens: Stadtgeographie II. Braunschweig: Westermann 2009, S. 252 – 253

M 10 Quellentext zu Vertragshäfen

Die sozialistische Transformation* der chinesische Stadt von 1949 bis in die 1980er-Jahre erfolgte [...] unter dem „Diktat der städtisch staatlichen Industrialisierung": d.h. einseitige Betonung der Schwerindustrie* [...] mit Konzentration aller staatlichen Mittel auf die sog. produktiven Sektoren mit erheblichen Folgen in Bezug auf jahrzehntelange Vernachlässigung des Wohnungsbaus (monotoner Plattenbau, sehr geringe Wohnfläche pro städtischem Einwohner [...], Defizite in den Verkehrs- und Dienstleistungseinrichtungen und hinsichtlich der Umweltbelastungen. [...]
Zu den städtebaulichen Prinzipien der sozialistischen Stadtplanung zählten die Symmetrie und schachbrettartige oder radiale Straßenführungen ebenso wie die monumentale Heraushebung und Betonung wichtiger Gebäude (Ausstellungshallen im sowjetischen „Zuckerbäckerstil", z. B. in Beijing oder Shanghai, „Große Halle des Volkes" in Beijing u. a.) oder zentraler Platzanlagen. [...].
Die zellulare Grundstruktur der „Stadt in der Stadt" in Gestalt soc. Danweis (städtische Arbeitseinheiten, z. B. Fabrik, Schule, Krankenanstalten, als grundlegende gesellschaftliche Einheiten in den Städten) hebt sich durch deren Ummauerungen hervor. Die Danwei als Lebensgemeinschaft hat einen Doppelcharakter: sie stellt das gesamte soziale Netz für ihre Mitglieder, übt zugleich strenge soziale Kontrolle, Bevormundung oder Konformitätsdruck aus. [...] Die Städte wurden nicht nur nach innen fraktioniert, sondern sie mussten auch nach außen abgeschlossen werden. D. h., es wurde ein Migrationsdruck (Land-Stadt-Wanderung) auf die Städte durch eine Vielzahl von staatlichen Verordnungen (bis zu Beginn der 1980er-Jahre) wirksam eingeschränkt. Dies erfolgte durch ein mehr und mehr ausgebautes System der Haushaltsregistrierung (striktes polizeiliches Meldesystem), das zum institutionellen Schlüsselinstrument wurde, um ländliche und städtische Räume zu trennen bzw. jede unerwünschte Wanderung zu verhindern; außerdem wurde der städtische Arbeitsmarkt durch eine vom Staat gelenkte Arbeitsplatzzuweisung reguliert [Kap. 3.6].

Quelle: Heinz Heineberg: Stadtgeographie. Paderborn: Schöningh 2017, S. 344 – 345

M 11 Quellentext zu sozialistischen Überformung

M 12 Große Halle des Volkes in Peking

- Bau neuer Industrieanlagen und Arbeitersiedlungen am Rande der Stadt (später Großwohnanlagen, Industriezonen),
- Wohnungsbau in standardisierter Plattenbauweise,
- Flächensanierung der innerstädtischen Altbauviertel,
- Bau von Monumental- und Repräsentationsbauten sowie breiten Straßenachsen und Plätzen im Stadtzentrum,
- Regierungsgebäude, Hochschulen, Kaufhäuser, Bahnhöfe, etc. als vertikale Akzente in der Masse eingeschossiger Bauten,
- Abbruch von Stadtmauern zugunsten der Anlage von Ringstraßensystemen,
- Errichtung von Satellitenstädten* zur Entlastung der Kernstädte.

M 13 Weitere Merkmale der sozialistischen Überformung

4.3 Mehr Urbanisierung für mehr wirtschaftliches Wachstum?

Mit der wirtschaftlichen Öffnung in den 1980er-Jahren begann auch eine tiefgreifende Transformation der Städte in China, insbesondere in den Küstenagglomerationen und Peking. Trotz zahlreicher Probleme in den Großstädten sieht die Regierung in der weiteren Urbanisierung die Antriebskraft, um das wirtschaftliche Wachstum auch in Zukunft fortzuschreiben.

1. Beschreiben Sie die beiden Bilder von Shanghai (M2).
2. Charakterisieren Sie die Phasen der Stadterweiterung von Peking und Shanghai (Atlas).
3. Analysieren Sie das Modell der chinesischen Großstadt (M1) hinsichtlich seiner Überprägungen durch
   a) die sozialistische Stadtplanung (M10, S. 75: M12),
   b) den Einfluss der Öffnungspolitik und Globalisierung (M3).
4. Das Stadtmodell (M1) beruht vor allem auf einer Analyse von Peking. Erörtern Sie diese Aussage (Atlas, Internet).
5. Erläutern Sie die Metropolisierung und das Stadtsystem in China (M6, M7, Kap. 4.1).
6. Fassen Sie die Maßnahmen des 13. Urbanisierungsplans zusammen (M4).
7. Erklären Sie die Rolle des Houkou-Systems* für die Urbanisierungspolitik Chinas (M4, M5, Kap. 3.6)
8. Nehmen Sie Stellung zu der These, dass die Urbanisierung der Motor für weiteres Wirtschaftswachstum ist (M4).

M2 Shanghai 1988 und 2017: Blick vom Stadtzentrum über den Huangpu nach Pudong. In Pudong wurde 1990 eine Sonderwirtschaftszone errichtet und es entstanden verschiedene städtebauliche Prestigeprojekte wie der Fernsehturm „Oriental Pearl Tower" (468 m, 1995), das Shanghai World Financial Center (492 m, 2008) und der Shanghai Tower (632 m, 2015)

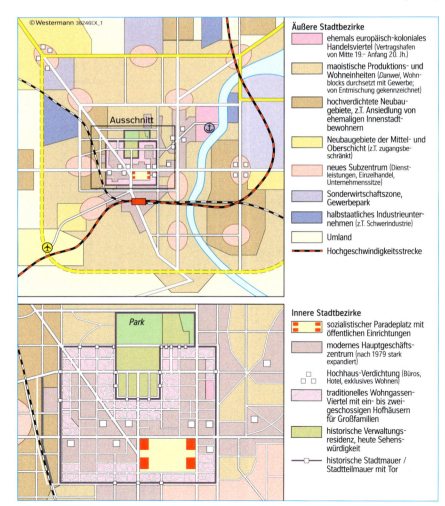

M1 Modell der heutigen chinesischen Großstadt

- Starkes Außen- und Innenwachstum der Städte,
- eher ringförmige Stadterweiterung (vor allem der Städte im Landesinneren), eher axial entlang von Verkehrsachsen in den Küstenstädten,
- intensive bauliche Verdichtung und „Manhattisierung" der Metropolen (Übernahme westlicher Stilelemente),
- neue Multifunktionalität der Städte durch die wachsende Bedeutung von Konsum und Dienstleistungen und die damit einhergehende Ausprägung innerstädtischer Central Business Districts (CBD), Bau von Einkaufsstraßen,
- flächenhafte Sanierung (= Abriss und Neubebauung) von Altstadtvierteln und Bau von Wohnhochhäusern in Plattenbauweise,
- Prozesse der nachholenden Suburbanisierung in Verbindung mit gigantischen Stadtplanungsvorhaben für den Bau neuer Städte,
- zunehmende sozialräumliche Differenzierung und Viertelsbildung,
- Entstehung sozialräumlicher und funktionaler Inseln einschließlich sogenannter Migrantendörfer (*urban villages*, Kap. 4.4) am Rande der Städte für aus ländlichen Räumen stammende Wanderarbeiter und „Gated Communities*" für die neue Oberschicht,
- Modernisierung der Verkehrsinfrastruktur (z. B. U-Bahn-, Ringstraßenbau),
- Errichtung neuer Industriezonen.

M3 Stadtentwicklung nach Beginn der Öffnungspolitik in China

Mehr Urbanisierung für mehr wirtschaftliches Wachstum?

Die chinesische Regierung hat [...] einen Urbanisierungsplan für den Zeitraum 2014–2020 veröffentlicht, mit dem das Wachstum der Städte im Landesinneren umwelt- und menschenfreundlich gestaltet werden soll. Laut dem vom Zentralkomitee der KP Chinas und dem Staatsrat veröffentlichten Plan sei die Urbanisierung der Weg, den China bei seiner Modernisierung einschlagen müsse. Der Plan lege die Basis für ein nachhaltiges und gesundes Wirtschaftswachstum. „Die Binnennachfrage ist die fundamentale Antriebskraft für die Entwicklung Chinas, und das größte Wachstumspotenzial für die Binnennachfrage liegt in der Urbanisierung". [...] Eine höhere Urbanisierungsrate werde dabei helfen, das Einkommen der Bevölkerung und somit auch die Nachfrage zu erhöhen [...]. Zudem würde die Nachfrage nach Investitionen in die Infrastruktur, Einrichtungen des öffentlichen Dienstes sowie Immobilien steigen – die Urbanisierung könnte so der wirtschaftlichen Entwicklung des ganzen Landes kontinuierlich neuen Schwung verleihen.

Bis zum Ende des letzten Jahres hatte die Zahl der Wanderarbeiter um 2,4 Prozent auf insgesamt 268,9 Millionen zugenommen. Somit sind [...] gut 20 Prozent der chinesischen Bevölkerung Wanderarbeiter, die derzeit nicht im gleichen Maße wie die Stadtbevölkerung Zugang zu öffentlichen Dienstleistungen haben [...]. Der Schlüssel zur Urbanisierung bis 2020 sei, diese Dienstleistungen möglichst vielen Menschen zugutekommen zu lassen [...]. Man sollte einen vernünftigen Zufluss der Landbevölkerung in die Städte erlauben und auch den dauerhaft in den Städten wohnenden Menschen Zugang zu öffentlichen Dienstleistungen und Einrichtungen verschaffen.
Quelle: China gibt ersten Urbanisierungsplan bekannt. german.china.org.cn 19.3.2014

In einer plakativen Kurzformel umschrieb [der chinesische Premierminister Li Keqiang] die erste Phase seines Aktionsprogramms Urbanisierung bis zum Jahr 2020 als „dreifaches 100-Millionen-Projekt." Li will als erstes 100 Millionen, die Hälfte der heute in Chinas Städten ansässigen Wanderarbeiter, im Melderegister eintragen und sie zu regulären Stadtbewohnern machen. Sein zweiter Vorstoß zielt auf hundert Millionen Bauern, die in Slum-ähnlichen Behausungen am Rande mittelgroßer Städte leben. Sie sollen in Sozialwohnungen umgesiedelt werden. Weitere 100 Millionen Bauern sollen ermuntert werden, aus ihren Dörfern in die Mittelstädte der unterentwickelten Regionen Westchinas abzuwandern.
Quelle: Johnny Erling: China startet sein riskantes Urbanisierungs-Projekt. Die Welt 25.3.2014

„Die drei ostchinesischen Stadtcluster Peking-Tianjin-Hebei, das Jangtsekiang-Flussdelta und das Perlflussdelta machen nur 2,8 Prozent der Gesamtfläche des Landes aus, sind aber die Heimat von 18 Prozent der Gesamtbevölkerung und tragen 36 Prozent zum Gesamt-BIP bei. [...] Daher verlangt der Plan die Förderung und den Ausbau neuer Stadtcluster wie die Region Chengdu-Chongqing, die Zentralchinesische Ebene und den Mittellauf des Jangtsekiang in Zentral- und Westchina, wo es mehr Ressourcen und bessere Umweltbedingungen gibt, um die ausgewogene Entwicklung unseres geografischen Raums zu fördern und neue regionale Wachstumspole zu schaffen. [...] Einige der Megacities stehen vor Konflikten zwischen ihrer wachsenden Bevölkerung und der abnehmenden städtischen Tragfähigkeit. [...] Der Plan sieht daher vor, die Integration der Verkehrs- und Kommunikationsnetze zu intensivieren, die Verteilung von Schlüsselindustrien und öffentlichen Ressourcen zu fördern und einige der wirtschaftlichen und sonstigen Funktionen der Megacities zu verlagern, um kleinen und mittleren Städten bei der Entwicklung von Industrien zu helfen, sowie Bewohner für die neuen Stadtcluster zu gewinnen. Während wir das volle Potenzial der Großstädte ausschöpfen, [...], müssen wir die Entwicklung der kleinen und mittleren Städte forcieren."
Statement von Xu Xianping, Direktor der Nationalen Entwicklungs- und Planungskommission, 19.3.2014 www.china.org.cn (Übers.: Thilo Girndt)

M 4 Quellentexte zum 13. Urbanisierungsplan 2014–2020

In den letzten drei Jahrzehnten hat die Urbanisierung Chinas ein hohes Wachstum und eine schnelle Transformation der Wirtschaft gefördert. [...] Chinas Städte haben mit vielen Arbeitsplätzen, billigem Land, guter Infrastruktur und dem Wettbewerb zwischen den lokalen Regierungen um Industrie und Investitionen ein Umfeld geschaffen, das dem Wachstum sehr förderlich war. [...] Chinas Megastädte haben jetzt ein Einkommensniveau, das mit dem einiger OECD-Mitgliedsländer vergleichbar ist. China hat einige der üblichen Probleme der Urbanisierung vermieden, insbesondere städtische Armut, Arbeitslosigkeit und Elend. [...]
Die Urbanisierung stützte sich [aber] zu sehr allein auf Flächenumwandlung und Finanzierung von Bauland, was zu einer ineffizienten Zersiedelung der Städte und gelegentlich zu Geisterstädten und einer verschwenderischen Immobilienentwicklung geführt hat. [...] Der ungleiche Zugang zu öffentlichen Dienstleistungen zwischen Bürgern mit Registrierung als städtischer Haushalt (Hukou*) und solchen ohne, [...] bleibt bestehen und ist ein Hindernis für die Mobilität. Gleichzeitig übt der große Zustrom von Migranten Druck auf die städtischen Einrichtungen aus, und die städtischen Bürger empfinden eine Verschlechterung der Dienstleistungsqualität. [...] Trotz der Fortschritte bei den Umweltstandards und -politiken steigen die Kosten der Umweltverschmutzung [...]. Und die flächenintensive Urbanisierung hat die Verfügbarkeit von Ackerland reduziert, konkurriert um knappe Wasserressourcen und trägt zur Verschmutzung bei, was sich auf die Qualität der landwirtschaftlichen Erzeugnisse und die Nahrungsmittelproduktion auswirkt.
Quelle: Urban China. World Bank 2014, S. XXIII (Übersetzung: Thilo Girndt)

M 5 Quellentext zur Urbansierung in China

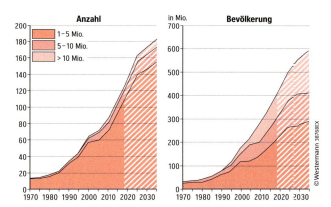

M 6 Entwicklung der Millionenstädte in China (1970–2035)

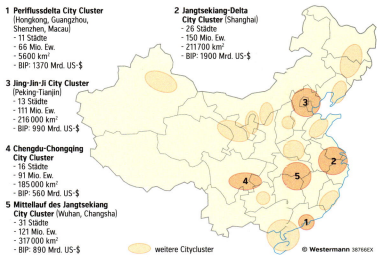

M 7 Stadtsytem in China: City Cluster

4.4 Perlflussdelta – die größte „Stadt" der Welt?

Betrachtet man die Perlflussdelta-Region aus dem Weltraum (M6), ist es schwierig zu entscheiden, wo eine Stadt anfängt, wo sie aufhört. Städte sind zusammengewachsen, der Übergang von Stadt und Land ist fließend. Überall auf der Welt haben sich Städte aufgrund ihres rapiden Wachstums über ihre ursprünglichen Verwaltungsgrenzen zu immer größeren Agglomerationen* ausgedehnt und bilden mit anderen Städten Metropolregionen. Darüber hinaus kam es zu einer Verstädterung und Urbanisierung des ländlichen Raums im Umfeld der großen Städte.

1. Erläutern Sie die Problematik der Bestimmung der größten Stadt der Welt (M1).
2. Die Perlflussdelta-Region ist die größte Stadt der Welt. Beurteilen Sie diese Aussage (M1–M4).
3. Analysieren Sie Bevölkerungs- und Flächenentwicklung der wichtigsten Städte im Perlflussdelta (M4, M6).
4. Beschreiben Sie das Foto von Guangzhou (M5). Bestimmen Sie verschiedene städtebauliche Elemente.
5. Charakterisieren Sie *urban villages* (M7).
6. Im Perlflussdelta wächst die besiedelte Fläche schneller als die Zahl der Einwohner. Erörtern Sie die Konsequenzen.

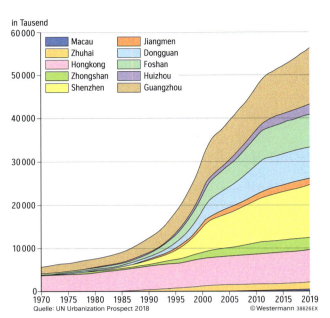

M 4 Entwicklung der Bevölkerung der wichtigsten Städte des Perlflussdelta (1970–2019)

Was ist die größte Stadt der Welt? Dass diese Frage nicht ganz einfach zu beantworten ist, hat auch mit der Stadtdefinition und der Abgrenzungsproblematik zu tun. Der Fläche nach ist das chinesische Chongqing (82 403 km², entspricht der Größe von Österreich; ca. 370 Ew./km²) weltweiter Spitzenreiter. Große Areale dieses gewaltigen Stadtraums sind jedoch ländlich strukturiert. Auch zum Stadtgebiet vieler anderer großer Städte der Welt gehören landwirtschaftlich genutzte Flächen. Andersherum besteht vielerorts das Phänomen, dass die städtische Fläche weit über die ursprüngliche Verwaltungseinheit einer Stadt hinausgewachsen ist. Dies gilt auch für die lange Zeit größte „Stadt" nach Einwohnern Tokio. Während in der heutigen Metropolregion Tokio 2018 etwa 37,4 Mio. Menschen lebten (2662 Ew./km²), besitzt die alte Stadt Tokio, die keine Verwaltungseinheit mehr ist, lediglich 13,7 Mio. (ca. 6220 Ew./km²). Abgelöst wurde Tokio vor ein paar Jahren von einem städtischen Raum in Südchina, der gar keinen Stadtnamen trägt. Unter dem Namen Metropolregion Perlflussdelta firmieren die Städte Guangzhou, Hongkong, Shenzhen, Foshan, Macau und Dongguan an der Mündung des Perlflusses, die durch die mit dem rasanten wirtschaftlichen Aufschwung verbundene massive Zuwanderung immer weiter zusammengewachsen sind. Eine genaue Angabe der Einwohnerzahl ist schwierig, unterschiedliche Quellen sprechen von 65 bis 120 Mio. Einwohnern. Eine Bevölkerungsdichte von 1625 bis 3000 Ew./km² spricht dafür, den etwa 40 000 km² großen Raum insgesamt als eine Agglomeration* zu bezeichnen (z. Vgl., Ruhrgebiet:1150 Ew./km²). Die größte „echte" Stadt ohne Umlandmitberechnung liegt auch in China: Shanghai mit etwa 25,6 Mio. Einwohnern.
Quelle: Klaus Claaßen, Thilo Girndt: Stadt und Stadtentwicklung. Braunschweig: Westermann 2009, S. 14

M 1 Quellentext: Was ist die größte Stadt der Welt?

In der Region, in der Chinas drittlängster Fluss Xi Jiang und weitere Flüsse in das Südchinesische Meer münden, dem sogenannten Perlflussdelta, ist innerhalb weniger Jahrzehnte ein außergewöhnlicher städtischer und wirtschaftlicher Raum entstanden. Ausgangspunkte waren die ehemals britische Kronkolonie Hongkong (bis 1997) und die portugiesische Kolonie Macau. Zwischen diesen heutigen Sonderverwaltungszonen an der Küste und der Millionenstadt Guangzhou entwickelte sich in der zuvor ländlich geprägten Provinz Guangdong eine fast durchgängige Siedlungsfläche, innerhalb derer mehrere Kleinstädte zu Millionenstädten wuchsen. Das Gebiet ist heute verkehrstechnisch per Straße und Schiene hervorragend erschlossen und vernetzt, sodass viele Experten von einer Metropolregion sprechen, auch wenn es keine gemeinsamen Verwaltungsorgane gibt. Initialzündung des wirtschaftlichen Aufschwungs, infolgedessen Millionen von Wanderarbeitern in die Region strömten (Kap. 3.6), war die Gründung der ersten chinesischen Sonderwirtschaftszone* in Shenzhen 1980. Während Hongkong schon zuvor ein weltweit bedeutender Finanz- und Dienstleistungsstandort war, entwickelten sich Shenzhen und die anderen Städte erst zur Werkbank der Welt und später zu Hightech-Standorten.

M 2 Metropolregion Perlflussdelta (Greater Bay Area)

Agglomeration	Land	Ew. (in Mio.)	Agglomeration	Land	Ew. (in Mio.)
Tokio	Japan	37,4	Kinshasa	D.R. Kongo	13,7
Delhi	Indien	29,4	Manila	Philippinen	13,7
Shanghai	China	26,3	Tianjin	China	13,4
São Paulo	Brasilien	21,8	Rio de Janeiro	Brasilien	13,4
Mexiko Stadt	Mexiko	21,7	Guangzhou	China	13,0
Kairo	Ägypten	20,5	Moskau	Russland	12,5
Dhaka	Bangladesch	20,3	Los Angeles	USA	12,5
Mumbai	Indien	20,2	Lahore	Pakistan	12,2
Peking	China	20,0	Shenzhen	China	12,1
Osaka	Japan	19,2	Bangalore	Indien	11,9
New York	USA	18,8	Paris	Frankreich	11,0
Karachi	Pakistan	15,7	Bogotá	Kolumbien	10,8
Chongqing	China	15,4	Chennai	Indien	10,7
Buenos Aires	Argentinien	15,1	Jakarta	Indonesien	10,6
Istanbul	Turkei	15,0	Lima	Peru	10,6
Kolkata	Indien	14,8	Bangkok	Thailand	10,4
Lagos	Nigeria	13,9	Seoul	Südkorea	10,0

Quelle: UN Urbanization Prospects 2018

M 3 Agglomerationen mit mehr als zehn Mio. Einwohnern (Megastädte, 2019)

Perlflussdelta – die größte „Stadt" der Welt

M 5 Guangzhou

Das Aufkommen von Dörfern in der Stadt (urban villages) [in chinesischen Groß- und Mittelstädten] ist die Folge schneller Urbanisierung. Nach der Expansion der städtischen Gebiete wurden viele Dörfer, die sich im Besitz ländlicher Dorfkollektive befanden, von städtischen Gebieten umschlossen. Alle Mitglieder einer ländlichen Dorfgemeinschaft haben das Recht, als De-facto-Landbesitzer zu gleichen Teilen an dem kollektiven Land teilzuhaben. Jedem Mitglied der Gemeinschaft wurde daher ein Grundstück mit gemeinschaftlich genutztem Land zugewiesen, auf dem er sein eigenes Haus bauen darf. Um ihr Einkommen zu vergrößern, bauten die Gemeindemitglieder in den urban villages ihre Häuser zu mehrstöckigen Mehrfamilienhäusern um. Obwohl die Qualität der Gebäudestruktur gering ist, sind die meisten dieser Mietwohnungen in den urban villages im Perlflussdelta (PRD) in Südchina mit grundlegenden Einrichtungen wie Leitungswasser, Strom, Küchen, Toiletten und Kanalisationsanschluss ausgestattet, die bessere Lebensbedingungen bieten als viele un- und unterentwickelte ländliche Gebiete, aus denen die Migranten stammen. Außerdem sind die Mieten für diese Wohnungen viel niedriger als für Wohnungen außerhalb dieser Siedlungen. Dies macht sie zu einem attraktiven Ziel für Migranten mit niedrigem Einkommen, die keinen Zugang zu preiswerten staatlichen Wohnungen haben. In vielen Fällen befinden sich Arbeitsplätze und Einkaufszonen in der Nähe von urban villages und sind damit für die Migranten leicht zugänglich. Darüber hinaus bieten die Dörfer in der Stadt Einkommensmöglichkeiten, da sie eine Vielzahl von kleinen Geschäften, Straßenmärkten und Restaurants beherbergen, die von Migranten geführt werden. Mit diesen spezifischen wirtschaftlichen und sozialen Bedingungen sind die urban villages eine vorteilhafte Wohnlage für Migranten.

Die Migrantenpopulation der Megacity Guangzhou, der Hauptstadt der südlichen Küstenprovinz Guangdong, hat rund 5 Millionen überschritten. Vermutlich lebt die Hälfte von ihnen in urban villages [...]. Die Anzahl der urban villages in Guangzhou schwankt zwischen 139 und 277.

Quelle: Tabea Bork, Frauke Kraas, Yuan Yuan: Migrants' helath, health facilities and services in village-in-the-city in Guangzhou. Berliner China Hefte 38 (2010), S. 72 – 73 (Übersetzung: Thilo Girndt)

Seit vielen Jahren gibt es billige Wohnungen für Wanderarbeiter in urban villages. Als Teil der Urbanisierungskampagne, die vor einem Jahrzehnt von der Regierung verkündet wurde, werden diese überfüllten Stadtteile in ganz China abgerissen. Maßnahmen, die staatlich gebaute Wohnungen bereitstellen, während diese „Dörfer in den Städten" abgerissen wurden, führten zu einem Netto-Verlust an Wohneinheiten; dies beeinflusste den privaten Mietwohnungsmarkt, der jahrzehntelang Chinas massive Stadtwanderung ermöglichte. Zudem scheint die Beseitigung der urban villages zu einem Mietpreisanstieg von mindestens drei Prozent geführt zu haben.

Quelle: Grace Melo, Glen C.W. Ames: Driving Factors of Rural-Urban Migration in China. Paper Agricultural & Applied Economics Association Annual Meeting, Boston, Mas. 2016 (Übers: Thilo Girndt)

M 7 Quellentexte zu urban villages

M 6 Perlflussdelta (Ausschnitt, nördlicher Teil) 1988 und 2014 (siehe auch Atlas 187.2)

M 8 Urban village in Guangzhou

4.5 Mehr Land – Meerland

Aufgrund der hohen Dichte von Bevölkerung und Wirtschaft und der damit verbundenen Landknappheit haben Neulandgewinnungsmaßnahmen insbesondere an der Ostküste der japanischen Hauptinsel Honshu eine lange Tradition. Seit den 1960er-Jahren wurde die künstliche Landgewinnung zu einem wichtigen Instrument der Stadt-, Infrastruktur- und Hafenentwicklung. Dabei kommen verschiedene Formen der Neulandgewinnung zum Einsatz.

1. Erläutern Sie die Ursachen für die Raumknappheit in den Städten an der pazifischen Ostküste Japans (Atlas).
2. Beschreiben Sie die Entwicklung der Neulandgewinnung in Japan und Tokio (M4, M5, M8).
3. Erklären Sie die verschiedenen Formen der Neulandgewinnung (M1).
4. Erläutern Sie das Raumnutzungsschema in der Küstenregion Japans (M3).
5. Stellen Sie die Phasen der Neulandgewinnung in Kobe tabellarisch dar (M7, Atlas).
6. Erstellen Sie eine Kartenskizze von Kobe, in dem Aufschüttungs- und Bergabtragungsflächen verzeichnet sind (Atlas).
7. Erörtern Sie die Verfahren Ausbaggerung und Bergabtragung zur Gewinnung von Aufschüttungsmaterial (M7).

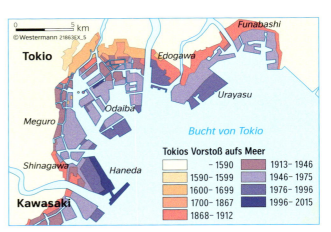

M4 Tokios Vorstoß ins Meer

	Neuland (in km^2)		Neuland (in km^2)
1950–1955	100,18	1986–1995	120,64
1956–1965	114,99	1996–2005	85,78
1966–1975	412,45	2006–2015	48,43
1976–1985	266,15	1950–2015	1148,62

Quelle: National Mapping Department Geospatial Information Authority of Japan

M5 Neulandgewinnung in Japan (1950–2015)

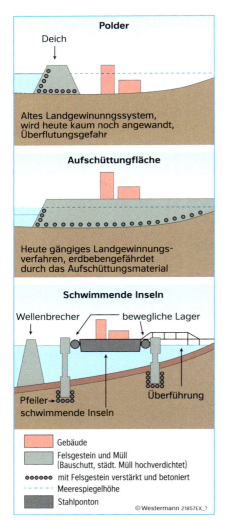

M1 Formen der Neulandgewinnung in Japan

M2 Beginn der Landgewinnungsmaßnahmen in Henoko (Okinawa) für eine US-Militärbasis (6,4 ha, etwa vier Prozent der geplanten Fläche)

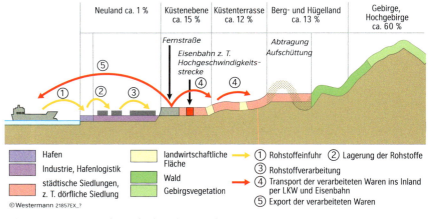

M3 Raumnutzungsschema in der Küstenregion

M 6 Kobe: Port Island, Rokko Island und Flughafen

Die extreme Landknappheit in japanischen Ballungsräumen, die auch in Kobe überall spürbar ist, und der ständig steigende Flächen- und Tiefwasserbedarf der expandierenden Hafenindustrien haben seit der Mitte der 1950er-Jahre verstärkt dazu geführt, dass seeseitig durch Aufschüttung Neuland gewonnen wurde. Die Japaner nennen dieses Aufschüttungsland „Umetate-chi" (umetate = zuschütten und errichten, chi = Land, Erde). Diese Form der Landaufschüttung, die sich technisch von der Polderlandgewinnung der Niederländer an der Nordseeküste unterscheidet, ist großflächig erst dank modernster Technik möglich. Charakteristisch für Japan ist die enge Verflechtung von Aufschüttungsflächen und leistungsfähigen Hafenanlagen. [...]

An der Wende zum 20. Jahrhundert begann man in Kobe, den Hafenraum durch Eindeichung und Auffüllung der feuchten Küstensäume zu vergrößern, die Pieranlagen wuchsen dem tieferen Wasser entgegen. Hafenbecken und Kaizungen wurden gabelförmig ins Meer vorgetrieben. Dieses Bauprinzip wurde auch nach dem Zweiten Weltkrieg mit der Errichtung der Maya-Kais ab 1959 verfolgt, die Kais dort wurden auf ideale Weise mit modernen Transport- und Umschlageinrichtungen versehen. [...] Während diese Hafenflächen unmittelbar an der Küste errichtet wurden, liegen heute mit Port Island, Rokko Island, der Flughafeninsel und einer neuen Insel südlich von Rokko Island vier Neulandflächen in vergleichsweise großer Entfernung vor der Küste; sie sind mit dem Festland durch Brücken verbunden. Das nach Fertigstellung des ersten Bauabschnitts 443 Hektar große Port Island wurde 1981 eröffnet. [...] Der südliche, etwa 390 Hektar große Teil der künstlichen Insel wurde bis 1999 fertig gestellt.

Den Planern von Port Island ging es nicht nur um die Schaffung von neuem Hafengelände [...], sondern auch um Wohnraum. Heute leben etwa 20 000 Menschen auf der künstlichen Insel. [...] Es gibt dort Schulen und ein Krankenhaus, Einkaufsmöglichkeiten, einen Universitätscampus und Freizeiteinrichtungen. Rokko Island ist 595 Hektar groß und wurde 1992 fertig gestellt. Dort leben heute rund 30 000 Menschen, die funktionale Gliederung der Insel ist Port Island vergleichbar (Funktionsmischung). Die jüngste der künstlichen Inseln in der Bucht von Osaka ist die etwa 270 Hektar große Flughafeninsel südlich von Port Island, die zwischen 1999 und 2005 erbaut und Anfang 2006 in Betrieb genommen wurde.

Kobe war mangels Alternativen gezwungen, seinen Wirtschaftsraum seewärts auszuweiten, weist aber einige Eigenheiten auf. Während man in der Bucht von Tokio das Aufschüttungsmaterial durch Ausbaggerung und durch Verwendung von Schutt gewinnt, besteht in Kobe das Füllgut seit Beginn der 1950er-Jahre aus abgetragenem Material der Hinterlandberge. Millionen Kubikmeter davon werden aus dem Rokkogebirge mit modernster Technik zur Bucht transportiert: mit Kipplastern bis zu einem teilweise unterirdisch verlaufenden Förderband, schließlich mit Schiffen an den Bestimmungsort. Nur so lassen sich die nötigen Massen bewältigen und die Anwohner vor Staub und Lärm schützen. Nach der Abtragung der Berge werden die eingeebneten Gebiete vielerorts als wertvolles Bauland für die Errichtung neuer Wohnviertel, aber auch für Industrieparks und als Universitätscampus genutzt.

Quelle: Kobe: Neulandgewinnung. Diercke Handbuch. Braunschweig: Westermann, S. 304–305

M 7 Quellentext zur Neulandgewinnung in Kobe

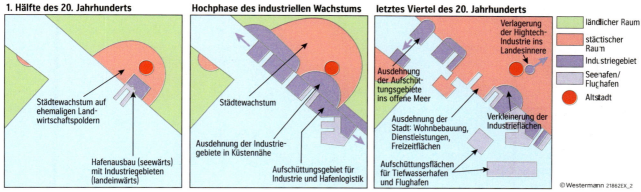

M 8 Modell der Stadterweiterung in japanischen Küstenregionen

4.6 Methodentraining: Experteninterview

Tokio im Zeichen von Olympia

Megaevents wie Olympische Spiele lenken die geballte Aufmerksamkeit der Weltöffentlichkeit auf eine Stadt, eine Region und ein Land. Es ist ein ideales Umfeld für Standortpolitik, um sich ins rechte Licht zu rücken. Olympische Spiele wurden in der Vergangenheit aber auch immer dafür genutzt, die Infrastruktur auf den neuesten Stand zu bringen. Für Projekte, die sonst kaum zu stemmen wären, waren nun Mittel da. 2020 ist Tokio zum zweiten Mal nach 1964 Austräger der Olympischen Sommerspiele und der danach stattfindenden Paralympics.

1. Fassen Sie die Stadtentwicklungs-, Infrastruktur- und sonstigen Projekte anlässlich der Olympischen Spiele in Tokio zusammen (M1).
2. Beurteilen Sie den Nutzen für Tokio und seine Bewohner anhand eines selbst gewählten Projekts (M1, Internet).
3. Recherchieren Sie die Argumente der Gegner olympischer Spiele in einer deutschen Stadt (Internet).
4. Nehmen Sie Stellung zu einer Bewerbung von Berlin oder dem Ruhrgebiet für die Olympischen Spiele 2032.

a) Erstellen Sie weitere Fragen, die Sie dem Japan-Experten Thomas Feldhoff stellen könnten.
b) Erstellen Sie weitere Themen für ein Experteninterview zu den Olympischen Spielen in Tokio.
c) Recherchieren Sie mögliche Interviewpartner (z.B. Olympiateilnehmer (auch der Paralympics), Trainer, Funktionäre, Olympiabesucher, Journalisten, Stadtplaner, Architekten).
d) Erstellen Sie einen Fragenkatalog.
e) Führen Sie das Interview durch und werten Sie es in der Gruppe aus.

M2 Harumi – olympisches Dorf auf einer Insel

M1 Interview mit Thomas Feldhoff, Professor für Humangeographie an der Ruhr-Universität Bochum mit dem regionalen Schwerpunkt Ostasien und Japan.

Tokio war bereits 1964 einmal Olympia-Stadt. Was hat dies der Stadt (dauerhaft) gebracht?
Es war die Hochzeit des japanischen Wirtschaftswunders, und Japan spielte eine zentrale Rolle in den US-amerikanischen Strategien zur Eindämmung des Kommunismus in Asien. Insofern waren die Spiele, die ja seinerzeit die ersten in Asien überhaupt waren, auch Ausdruck der neuen Rolle Japans in der Welt. Der Shinkansen, Japans Hochgeschwindigkeitszug, ist sicher das wichtigste Symbol der neuen Zeit. Die erste Verbindung zwischen den beiden Wirtschaftszentren Tokio und Osaka wurde im Oktober 1964 eröffnet. Dazu kommen die vielen anderen Infrastrukturmaßnahmen und architektonischen Highlights. Das von Kenzo Tange entworfene Nationalstadion in Yoyogi beispielsweise wird sogar 2020 wieder zum Einsatz kommen.

Abgesehen vom Bau spektakulärer Sportstätten, was sind die herausragenden Projekte der Olympischen Sommerspiele 2020?
Die baulichen Highlights sind schon auch wichtig für die Selbstdarstellung nach innen und außen. Als Sehenswürdigkeiten entfalten sie ja an sich dauerhaft Attraktivität, vermitteln Bekanntheit und Image. Unter den Infrastrukturprojekten möchte ich die weitere Verbesserung des öffentlichen Nahverkehrssystems hervorheben, vor allem die Erneuerung des Bahnhofs Tokio. Hier im Central Business District der Metropole kreuzen sich zahlreiche Linien des innerstädtischen und des Intercity-Verkehrs, im Umfeld sind im Zuge des Umbaus attraktive Aufenthaltsflächen entstanden. Außerdem wird die Erreichbarkeit der Bay Zone durch Erweiterungen bestehender Bahnlinien und die Einrichtung neuer Bahnhöfe verbessert. Weniger erfreulich für die Bewohner im Zentrum dürfte sein, dass zusätzliche Anflugrouten des internationalen Airports in Haneda künftig auch über dicht bebautes Siedlungsgebiet führen sollen.

Es geht aber nicht nur um die typischen Infrastrukturprojekte. Japan will sich als Technologienation präsentieren.
Diesen Aspekt finde ich sehr wichtig, denn Japan hat ja eine lange Phase der wirtschaftlichen Stagnation hinter sich seit dem Ende der Bubble-Economy Anfang der 1990er-Jahre. Gleichzeitig hat China einen fulminanten wirtschaftlichen und weltpolitischen Aufstieg erlebt und Japan aus unserer Wahrnehmung weitgehend verdrängt. Deshalb sind die Spiele 2020 eine einmalige Gelegenheit zu zeigen, dass Japan noch da ist: als führende Technologiemacht. Zu den Themenfeldern für die Entwicklung und Anwendung urbaner Technologieinnovationen gehören Mobilität, Umweltmonitoring, Gesundheitsmanagement, Überwachungs- und Sicherheitssysteme. Das sind übrigens auch die zentralen Themenfelder der „Tokio Vision 2020", also des aktuellen Stadtentwicklungsleitbildes. Videoüberwachung und Verhaltensmusteranalyse im öffentlichen Raum sind bei uns ja durchaus ein Reizthema, in vielen asiatischen Metropolen aber längst Alltag. Da wird man interessiert auch nach Tokio schauen.

Auch Tokio 2020 hat sich die vielbemühte Nachhaltigkeit auf die Fahnen geschrieben. Welche Umweltprojekte stechen dabei hervor?
Klimaschutzmaßnahmen zur Emissionsreduzierung und Klimaanpassungsmaßnahmen durch grünes Bauen für mehr ökologische Qualität und mehr Lebensqualität im Stadtraum sind wichtige Handlungsfelder. Auch hier geht es wieder eher beispielhaft als flächenhaft um Demonstrationsprojekte von Technologieführerschaft: zum Beispiel dadurch, dass das olympische Dorf in Harumi als erste „Wasserstoffstadt" der Welt realisiert wird. Dazu gehören Wasserstoff-Tankstellen, die langfristig zu einem flächendeckenden System weiterentwickelt werden und damit zu einer Mobilitätswende beitragen sollen. Ein anderes Projekt ist der „Sea Forest", der auf einer aus Müll aufgeschütteten Neulandinsel entsteht: also Grünflächen mit Pinienwäldern, aber auch Freizeiteinrichtungen. So kommen durch die Begrünung und gleichzeitige Förderung von Sport und Bewegung gleich zwei wichtige Elemente von urbaner Gesundheit zusammen.

Welche Rolle spielen die Paralympics und Projekte zur Inklusion von Menschen mit Behinderungen?

Experteninterview

Ein Gespräch mit einem Experten oder einer Expertin ist ein Weg, aktuelle Erkenntnisse und spannende Einblicke für eine Hausarbeit, einen Vortrag, eine Posterausstellung oder einen Artikel in der Schülerzeitung zu bekommen. Im Idealfall sitzt uns ein Gesprächspartner gegenüber, der ein Thema nicht nur inhaltlich durchdrungen hat, sondern aus erster Hand anschaulich aus fernen Regionen berichtet, wie es Bücher, TV und Internet nicht leisten können.

Expertensuche

Experten findet man häufig an den Universitäten, an denen in Geographie oder in anderen passenden Disziplinen geforscht wird. Auf den Homepages der (geographischen) Institute sind ihre Spezialgebiete aufgeführt. Experten gibt es aber auch bei wissenschaftlichen und öffentlichen Institutionen, Behörden und Nichtregierungsorganisationen. Wer freundlich und interessiert anfragt, bekommt in den meisten Fällen eine positive Antwort. In manchen Fällen kann es sinnvoll sein, den Kontakt über eine Pressestelle herzustellen.

Gesprächsvorbereitung

Wichtig für ein erfolgreiches Experteninterview ist eine ausführliche Recherche zum Thema vor dem Gespräch. Der Gesprächspartner wird umso gesprächiger sein, je kompetenter Sie und Ihre Fragen sind. Für das Gespräch sollte ein Gesprächsleitfaden vorbereitet werden, damit am Ende auch alle wichtigen Fragen geklärt werden. Daher sollten zunächst Fragen gesammelt, dann reduziert (5–6 Hauptfragen) und schließlich auf eine logische Abfolge hin überprüft werden. Verwenden Sie einige Mühe auf eine motivierende Einstiegsfrage. Tipp: Nicht zu viele Fragen oder Entscheidungsfragen (Antwort mit „ja" oder „nein") stellen.

Gesprächsdurchführung und -auswertung

Das Gespräch kann persönlich, am Telefon oder auch per Email durchgeführt werden. Wenn Sie zur Aufzeichnung des Gesprächs Technik verwenden wollen, testen Sie diese im Vorfeld ausgiebig und informieren Sie Ihren Gesprächspartner darüber. Wollen Sie das Gespräch mit einer Kamera aufzeichnen, sind eine Reihe weiterer Vorkehrungen notwendig.
Hören Sie aufmerksam zu, oft ergeben sich spannende Aspekte erst während des Gesprächs. Fragen Sie freundlich nach, wenn Sie etwas nicht verstanden haben.
Wenn die Ergebnisse aus dem Gespräch oder gar das ganze Gespräch im Wortlaut später veröffentlicht werden (z.B. in der Schülerzeitung), sollte dem Gesprächspartner das Interview vor dem Druck noch einmal vorgelegt werden.

Die Paralympics sollen weitestgehend in den gleichen Einrichtungen wie die Olympischen Spiele stattfinden, einige müssen nur etwas modifiziert werden. Die größte Herausforderung im öffentlichen Raum ist die Barrierefreiheit. Diesbezüglich sollen die Paralympics Maßstäbe setzen, um zu zeigen, wie soziale Inklusion gelingen kann und wie Menschen mit Behinderungen mehr Selbstständigkeit bei der Bewältigung ihres Alltages erlangen können. Außerdem wird der Einsatz behindertengerechter Taxis gefördert, beispielsweise für die Rollstuhlbeförderung. Die Maßnahmen sind übrigens auch für Japans alternde Gesellschaft und die gesellschaftliche Teilhabemöglichkeiten der Senioren von großer Bedeutung.

Das Thema Sicherheit erhält in einer Stadt mit dem hohen Erdbebenrisiko wie Tokio noch eine besondere Note. Gibt es hierbei neue Entwicklungen?
Stadtumbaumaßnahmen hängen immer auch mit Verbesserungen des Katastrophenschutzes zusammen, weil sie die Schaffung öffentlich zugänglicher Freiflächen mit einbeziehen. Angesichts der Dichte der Bebauung ist das eine wichtige Maßnahme, die sich die Investoren freilich durch zusätzliche Geschossflächen bezahlen lassen. Die neuen Gebäude gelten zudem als erdbeben- und feuerresistent. Ansonsten gibt es natürlich Expertenkommissionen der Regierung, die sich fortlaufend mit der Verbesserung des Katastrophenmanagements befassen, also der Frage etwa, wie Fluchtwege und Sammelplätze weiter optimiert werden können. Aber das ist sowieso eine Daueraufgabe unabhängig von den Olympischen Spielen. Speziell für das Olympische Dorf werden übrigens Hochwasserbarrieren und Videoüberwachungssysteme installiert.

Die Nachnutzung nach Großereignissen ist eine heikle Sache. Will man dabei in Tokio einen anderen Weg gehen als zuletzt etwa in Rio?
Das Nutzenkriterium ist in der Tat für den Erfolg eines Großprojektes von zentraler Bedeutung, denn zumindest einzelne Maßnahmen sollen für die Bewohner der Stadt auch langfristig Vorteile bringen. In Tokio werden einige der bestehenden Sportstätten ertüchtigt und in das Konzept eingebunden. Das Nationalstadion Yoyogi hatte ich schon erwähnt, dazu gehört aber auch die Kampfsporthalle Nippon Budokan. Für Neubauten wie die Ariake Arena, das Kasai Canoe Slalom Centre oder das Tokyo Aquatics Centre gibt es Nachnutzungskonzepte, zum Teil werden nur die Zuschauerkapazitäten reduziert. Im Olympischen Dorf wird ein besonderes Baukonzept verfolgt: Hier entstehen 21 Wohnblöcke mit 14 bis 18 Stockwerken, aber nur die Stockwerke 2 bis 14 werden für die Athleten bereitgestellt. Die Wohnungen in den übrigen Stockwerken können nach den Spielen dann als neuwertig vermarktet werden. Denn nach den Spielen sollen alle Wohnungen verkauft bzw. vermietet werden.

Laut japanischem Rechnungshof werden die Olympischen Spiele 22 Mrd. US-$ kosten, 80 Prozent, also knapp 18 Mrd. US-$ werden Steuergelder sein. Könnte man mit solch einer gewaltigen Summe für eine Stadt ohne Olympische Spiele nicht viel mehr erreichen?
In Japan selbst wurden die Kostensteigerungen auch scharf kritisiert. Es gibt unter anderem eine Bewegung von Künstlern, das „Anti-Olympic Arts Council", das sich gegen die engen Verbindungen von Staat und Kapital wendet. Aber auch gegen Nationalismus, der durch solche Großereignisse angeheizt werden kann. Die symbolischen und langfristigen Wirkungen lassen sich nur schwer im Vorhinein oder Nachhinein bewerten. In jedem Fall hat die Vergabe der Spiele an Tokio im Jahr 2013 einen wahren Boom privater Investitionen für Stadtumbaumaßnahmen ausgelöst. Insofern hat Olympia als Katalysator für die städtebauliche und infrastrukturelle Erneuerung der Metropole insgesamt schon gewirkt. Außerdem geht es ja um Zukunftsoptimismus und die Positionierung Tokios im globalen Städtewettbewerb um Kapital und Talente, und diesbezüglich sind die Wirkungserwartungen offenbar sehr groß.

M3 Vorstellung eines Olympia-Service-Roboters

4.7 Global City Seoul

New York, London, Tokio – in den wichtigsten Städten der Welt befinden sich die Schaltzentralen der globalen Wirtschaft. Solche Global Cities können nach einer ganzen Reihe von Kriterien bestimmt und in ihrer Bedeutung in eine Reihenfolge gebracht werden (Ranking). Eine allgemeine Definition gibt es jedoch nicht. Die südkoreanische Hauptstadt Seoul zählt seit etlichen Jahren hinter den Top- oder auch Alpha-Weltstädten zu den bedeutenden Vertretern der zweiten Liga, meist noch vor deutschen Städten.

1. Formulieren Sie eine eigene kurze Global-City-Definition mithilfe der Merkmale aus M2.
2. a) Vergleichen Sie die verschiedenen Konzepte der Klassifizierung von Global Cities (M1, M3, M5, M7, M8).
   b) Erklären Sie das Konzept des Global Cities Index (M5).
   c) Charakterisieren Sie die Unterschiede der verschiedenen Rankings am Beispiel Seoul.
3. Analysieren Sie die weltweite Verteilung der Global Cities (M4, Atlas).
4. Beurteilen Sie die Position Seouls im Vergleich zu den führenden Global Cities (M9, M1, M4, M5, M7, M8).

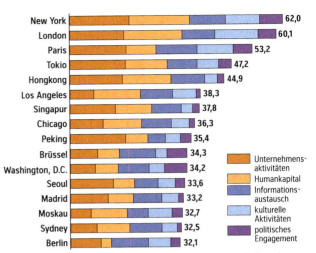

Der Global Cities Index wertet gewichtet 27 Maßzahlen aus fünf Dimensionen aus: die Unternehmensaktivitäten (30 %; Kapitalflüsse, Marktdynamik, Präsenz großer Unternehmen), das Humankapital (30 %, Bildungsniveau), den Informationsaustausch mit anderen Städten (15 %, Internet- und Medienzugang), kulturelle Aktivitäten (15 %, Sportevents, Museen, Ausstellungen) und das politische Engagement (10 %, politische Veranstaltungen, Think Tanks, Botschaften). Die daraus generierte Punktzahl zwischen 0 und 100 ermöglicht einen Vergleich der Städte untereinander.
Quelle: A.T. Kearney 2018 Global Cities Report

M 5 Global Cities Index

Stadt	Anzahl	Stadt	Anzahl
Tokio	613	Moskau	115
New York	217	Seoul	114
London	193	Rhein-Ruhr	107
Osaka	174	Chicago	105
Paris	168	Hongkong	96
Peking	116	Taipeh	90

M 1 Städte mit den meisten großen Unternehmen (2018)

- Steuerungs- und Kontrollzentrale der globalen Weltwirtschaft,
- hohe Konzentration von Hauptsitzen transnational agierender Konzerne (Global Player),
- Sitz wichtiger Banken, Versicherungen, Finanzinstitute, Börsen und hochrangiger unternehmensorientierter Dienstleistungen,
- dominanter Standort des Handels und der Wirtschaft für eine große, oft länderübergreifende Region,
- hohe internationale Vernetzung,
- Standort international bedeutender Flughäfen und Seehäfen,
- Zentrum für Innovationen in Wirtschaft, Kultur und Politik,
- Medien- und Kommunikationszentren für globale Netzwerke,
- hoher Prozentsatz von Beschäftigten im Dienstleistungssektor und im Informationssektor,
- hochwertige Bildungseinrichtungen, darunter renommierte Universitäten und Forschungseinrichtungen,
- multifunktionale Infrastruktur (Medizin, Recht, Unterhaltung),
- hohe Vielfalt in Sprache, Kultur, Religion und Weltanschauungen.

M 2 Merkmale einer Global City

Die Messung und Klassifikation der Global Cities basiert auf zwei unterschiedlichen Ansätzen. [Bei dem einen] wird die Häufigkeit des Vorkommens bestimmter Dienste gemessen, [...] Konzernzentralen multinationaler Unternehmen, die Zahl der Banken und der Versicherungen, [...] die Größe des Business-Service-Sektors oder das Vorhandensein und die Bedeutung von Börsen. Dazu kommen internationale Institutionen, von denen politische Command- und Control-Funktionen ausgehen. [...] Die zweite und deutlich kompliziertere Möglichkeit besteht in der Messung von Flows. Flows sind die Konsequenz der Einbettung der Global Cities in ein weltwirtschaftliches System. Die Intensität der Flows ist proportional zum Rang der Global Cities. Flows umfassen immaterielle „Ströme" von Informationen oder unternehmerischen Direktiven sowie „materielle" Flows wie die Ankünfte oder Abflüge von Flugpassagieren oder die Zahl der Fluglinien, die eine Stadt anfliegen. [...] [Die Stadtgeographen der Loughborough Group erheben dazu] die Zahl der Konzernzentralen sowie der global agierenden Dienstleister in über 180 Städten der Welt. Sie gewichten dabei die Bedeutung der Niederlassungen und leiten aus der Zahl derselben das Ausmaß an Interaktionen der einen Stadt mit allen anderen Städten ab. Am Ende des Analyseverfahrens gelangen [sie] zu einer Rangreihe von Städten, an deren Spitze jene Städte gesetzt werden, die mit allen anderen Städten maximal interagieren.
Quelle: Heinz Fassmann: Stadtgeographie. Braunschweig: Westermann 2009, S. 212–213

M 3 Klassifizierung von Global Cities

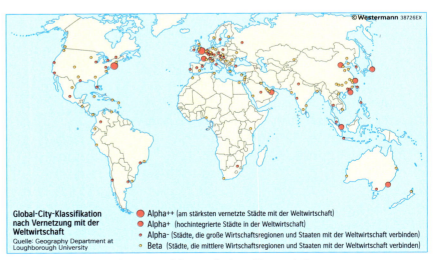

M 4 Global Cities nach der Kategorisierung der Loughborough Group

M 6 Seoul

	Stadt	BIP (PPP*, in Mio. US-$)	BIP/Ew. (PPP*, in US-$)
1	Tokio	1 616 792	43 664
2	New York	1 403 463	69 915
3	Los Angeles	860 452	65 082
4	Seoul-Incheon	845 906	34 355
5	London	835 658	57 157
6	Paris	715 080	57 241
7	Osaka-Kobe	671 295	35 902
8	Shanghai	594 005	24 065
9	Chicago	563 188	58 861
10	Moskau	553 318	45 803
11	Peking	506 137	23 390
12	Metropolregion Rhein Ruhr	485 218	41 763
17	Hongkong	416 047	57 244
20	Guangzhou	380 264	29 014
22	Tianjin	371 973	24 224
24	Nagoya	363 751	40 144
25	Shenzhen	363 228	33 731
32	Taipeh	327 295	46 102

* nach Kaufkraftparitäten Quelle: Brookings Institution

M 7 Ranking von Städten nach Bruttoinlandsprodukt (2014)

	Stadt		Stadt
1	Wien	25	Singapur
2	Zürich	39	Paris
3	Vancouver	41	London
4	München	44	New York
5	Auckland	49	Tokio
6	Düsseldorf	58	Osaka
7	Frankfurt	66	Los Angeles
8	Kopenhagen	71	Hongkong
9	Genf	77	Seoul
10	Basel	84	Taipeh
11	Sydney	94	Busan
12	Amsterdam	103	Shanghai
13	Berlin	120	Peking
14	Bern	122	Guangzhou
15	Wellington (Neuseeland)	132	Shenzhen

Für das Ranking werden 39 Indikatoren aus zehn Kategorien herangezogen: politisches und soziales Umfeld, wirtschaftliches Umfeld, soziokulturelles Umfeld, Medizin und Gesundheit, Schulen und Bildung, öffentliche Dienste und Verkehrsmittel, Freizeit, Konsumgüter, Wohnen, Umwelt.
Quelle: Mercer 2019

M 8 Ranking von Städten nach Lebensqualität (2018)

Hongkong, Tokio und Singapur stehen seit langem im Rampenlicht als [die drei asiatischen Vertreter] der größten sechs Global Cities, aber sie könnten bald einem harten Wettbewerb ausgesetzt sein. Seoul hat im Hintergrund an Bedeutung gewonnen und holt zu den asiatischen Nachbarn auf.
Von der Hipster-Kultur in den Seitenstraßen bis hin zu den schillernden Einkaufszentren, in denen sich chinesische Touristen mit Luxusgütern eindecken, hat sich Seoul zu einem beliebten Reiseziel entwickelt. Gleichzeitig zeigen sich die Fähigkeiten des Landes in Technologie, Innovation* und Fertigung in weltweit angesehenen Marken wie LG, Samsung und Hyundai. Trotz klarer Anzeichen einer Weiterentwicklung ist Seoul als Global City etwas vom Radar verschwunden.
Das könnte sich ändern. Laut der umfassenden Studie […] verfügt Seoul über das notwendige Maß an Geschäfts- und Investitionsaktivitäten sowie die kulturelle Tiefe, die erforderlich ist, um die Stadt in eine starke Position zu versetzen, um im Wettbewerb mit den „Big Six" (den führenden Global Cities Tokio, Singapur, London, Paris, New York und Hongkong) bestehen zu können. Dank eines Netzwerks sehr erfolgreicher einheimischer Unternehmen, einer starken Bildungspolitik und der Entwicklung zu einem höheren Lebensstandard steigt sie in internationalen Rankings, die Global Cities untereinander vergleichen. […]
Relativ unbeeindruckt entwickelt sich Seoul zu einer der innovativsten technologieorientierten Städte der Welt. Dank seiner erstklassigen Hochschulbildung und seiner heimischen Technologie-Giganten hat Seoul die zweithöchste Anzahl von Patentanmeldungen aller Städte weltweit und stößt bei globalen Investoren und multinationalen Konzernen auf wachsendes Interesse, die auf der Suche nach hochqualifizierten Arbeitskräften, innovativer Kultur und Dynamik sind.
Mehr als zehn Mio. Menschen leben in der Stadt und 24 Mio. in der Metropolregion, in der hoch aufragende Wolkenkratzer und buddhistische Tempel aufeinanderstoßen. Aber ihr Fokus liegt sehr stark auf dem modernen Leben – es ist die am meisten vernetzte Metropole der Welt mit der weitreichenden Integration von 4G und Wi-Fi in allen Bahnhöfen und U-Bahnen.
Seoul setzt sich nun auch als Smart City* durch, mit ihrem 35 Milliarden US-Dollar teuren Songdo International Business District, der eine Blaupause für andere Städte auf der ganzen Welt darstellt. Und da 95 Prozent der koreanischen Haushalte über einen Breitbandanschluss verfügen, können Wohnungen in Seoul jetzt von Handys und zentralen Bedienelementen aus gesteuert werden. […]
Seoul hat eine sehr fortschrittliche und moderne Infrastruktur. Es besitzt ein ausgedehntes und gut instandgehaltenes Straßennetz, und das U-Bahn-System, das die Metropolregion verbindet, ist eines der am häufigsten genutzten weltweit. Alle Inlandsstraßen führen nach Seoul und sein Status als Drehscheibe des Landes wird wahrscheinlich nie in Frage gestellt werden. Darüber hinaus hat die Stadt, die über das zweitgrößte BIP* aller Städte Asiens verfügt, Maßnahmen ergriffen, um einen übersichtlichen und verlässlichen Standort für Geschäfte zu schaffen. […] Auch wenn Seoul an Bedeutung gewinnt, steht es vor Herausforderungen wie der alternden Bevölkerung des Landes […]. Die historisch gewachsene starke Marktregulierung, durch die inländische Unternehmen begünstigt werden, könnte die Globalisierung* des lokalen Marktes behindern. Aber es [gibt] auch Anzeichen für eine Verbesserung, die sich in einer wachsenden Tendenz der Regierung zur Deregulierung* ausdrückt.
Seoul steht vor Herausforderungen wie jede andere Global City, aber mit seiner starken Technologiedurchdringung, seiner modernen Infrastruktur und seinem aufstrebenden Geschäftsumfeld ist es in einer guten Position, um in die erste Liga der führenden Global Cities aufzusteigen.

Quelle: Seoul stakes its claim among the top global cities. JLL Real Views 9.6.2016 (Übers: Thilo Girndt)

Jones Lang LaSalle (JLL) ist ein Dienstleistungs-, Beratungs- und Investmentmanagement-Unternehmen im Immobilienbereich.

M 9 Quellentext zu Seoul als Global City

4.8 Aktionsplan gegen den Smog

Folge der rasanten wirtschaftlichen Entwicklung und der fortschreitenden Urbanisierung sind zahlreiche Umweltprobleme in China, insbesondere auch in den Städten. Augenfälligste Erscheinungsform ist die Luftverschmutzung, die eine ernsthafte Gesundheitsbelastung für viele Menschen darstellt. Für den Smog in Peking und anderen nordchinesischen Städten ist vor allem die Feinstaubentwicklung* verantwortlich. Seit einigen Jahren versucht die Regierung das Problem in den Griff zu bekommen.

1. Überprüfen Sie den aktuellen Luftverschmutzungsindex für Peking (https://waqi.info/de). Stellen Sie die gesundheitliche Belastung und die Folgen für den Schulalltag an der deutschen Schule in Peking dar (M1, M4).
2. Fassen Sie die Ursachen für die Feinstaubbelastung in Peking zusammen (M5, M7, M8).
3. Erklären Sie die Ursachen für die räumliche Verteilung der Feinstaubbelastung in China (M3, M5, M10).
4. Charakterisieren Sie die Feinstaubbelastung Chinas im internationalen Vergleich (M9, M10).
5. Beurteilen Sie den Erfolg der Maßnahmen gegen die Luftverschmutzung in Peking (M5, M6).
6. Lebensqualität versus Arbeitsplätze – der Kampf um saubere Luft hat in China auch eine soziale Dimension. Erörtern Sie.

M2 Peking: Zwei Wintertage im Februar 2014

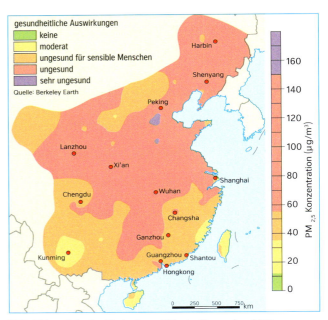

M3 China: Feinstaubbelastung $PM_{2,5}$ im November 2014

Wir wissen um die zeitweise schwierigen Luftverhältnisse in Peking und nehmen das Thema an der [Deutschen Botschaftsschule] DSP sehr ernst. Durch verschiedene Maßnahmen in unserer Schule und im Kindergarten sorgen wir dafür, dass unsere Kinder, Schüler und Mitarbeiter so wenig wie möglich unter den Luftbedingungen leiden müssen. Durch eine hochmoderne Luftfilteranlage in der Schule und Sporthalle, neueste Luftreiniger in den Pavillons und im Kindergarten, Türen und Fenster deutschen Standards [...], regelmäßige tagesaktuelle Messungen und eine mit allen Schulgremien abgestimmte Regelung für den Aufenthalt und Aktivitäten im Außenbereich sorgen wir für eine sichere und gesunde Lernumgebung an der DSP. Die gesamte Schule ist mit einem hochmodernen Luftfilterreinigungssystem ausgestattet. Die Anlage [...] sorgt dafür, dass die Luft gereinigt, in vier Stufen gefiltert (auch Mikropartikel), befeuchtet und temperiert wird.

Um die Kinder und Schüler bestmöglich gesundheitlich zu schützen, haben alle DSP-Schulgremien gemeinsam folgenden Index beschlossen:

AQI Index	Einstufung	Maßnahmen
0–100	hervorragend bis gut	Keine Einschränkungen.
100–200	leichte bis mittlere Verschmutzungen	Keine Einschränkungen, jedoch können Schüler mit Atemwegsproblemen mit Erlaubnis der Eltern vom Sportunterricht im Freien entschuldigt werden. Schüler mit Atemwegsproblemen können sich während der Pausen in den zugewiesenen Pausenbereichen aufhalten.
>200	starke Verschmutzung	Kein Sportunterricht oder andere Veranstaltungen im Freien, während der Pausen bleiben die Schüler in den zugewiesenen Pausenbereichen im Gebäude, es erfolgt eine Schuldurchsage

Quelle: www.dspeking.cn/information/luft

M1 Quellentext zum Luftqualitätsmanagement an der Deutschen Botschaftsschule Peking

AQI	gesundheitliche Auswirkungen	Sicherheitshinweis
0–50	keine	gute Luftqualität; kein Risiko
50–100	mäßig	akzeptable Luftqualität; gegenüber Luftverschmutzung überaus empfindliche Personen sollten Anstrengungen im Freien begrenzen.
100–150	ungesund für sensible Menschen	Menschen mit Atem- und Herzerkrankungen, Ältere und Kinder (Sensible) sollten längeren und anstrengenden Aufenthalt im Freien begrenzen.
150–200	ungesund	Sensible sollten längeren und anstrengenden Aufenthalt im Freien vermeiden, alle anderen sollte diesen begrenzen.
200–300	sehr ungesund	Sensible sollten Aufenthalt im Freien vermeiden, alle anderen sollten längeren und anstrengenden Aufenthalt im Freien vermeiden.
300–500	sehr gefährlich	Sensible sollten auch in Innenräumen Anstrengungen vermeiden. Alles anderen sollten Aufenthalt im Freien vermeiden.

Quelle: Environmental Protection Agencies

M4 Luftverschmutzungsindex AQI
Der Luftverschmutzungsindex basiert auf der Messung von Partikeln ($PM_{2,5}$ und PM_{10}), Ozon (O_3), Stickstoffdioxid (NO_2), Schwefeldioxid (SO_2) und Kohlenmonoxid (CO).

Der Himmel sieht nach Regen aus, aber es regnet nicht. Es kratzt im Hals, die Augen brennen – und die Sicht verliert sich nach wenigen Metern im grauen Nichts. [...] Für die Menschen in Peking ist es an diesen Smog-Tagen unmöglich, der milchigen Dunstglocke zu entkommen. Viele tragen Atemmasken. Die Umweltschutzbehörde ruft Kinder, ältere Menschen und chronisch Kranke dazu auf, sich drinnen aufzuhalten. Autobahnen werden wegen schlechter Sicht gesperrt und die Smartphone App für die Luftqualität, die sich „Airpocalypse" nennt, leuchtet Pink. Die Signalfarbe für den Alarmzustand der Luft. [...] Am gefährlichsten ist der Feinstaub der Kategorie PM 2,5: also Schwebpartikel, die kleiner als 2,5 Mikrometer sind. Sie dringen tief in die Lungen ein, können Herzinfarkte, Lungenkrebs und Asthma verursachen. [...] Wer den Smog in der chinesischen Hauptstadt Peking verstehen will, muss den Blick in die umliegenden Provinzen richten: nach Hebei, Tianjin, Shandong, Henan oder Shanxi. Die fünf am stärksten von Smog betroffenen Gegenden im Land liegen alle nur wenige hundert Kilometer von Peking entfernt. Hier sitzt die Schwerindustrie, die für einen großen Teil der Feinstaubbelastung in Peking verantwortlich ist.
Quelle: Axel Dorloff: Smog über Peking Deutschlandfunk 26.10.2015

Die chinesische Regierung hat 2014 der Luftverschmutzung nicht nur den Kampf angesagt, sondern gleich den Krieg. Seitdem sind viele Maßnahmen umgesetzt worden. Vor allem die Schwerindustrie*, Eisen-, Stahl-, Aluminium- und Zementfabriken, sind für 50 Prozent der Feinstaubbelastung im Land verantwortlich. Daher wurde im vergangenen Winter ein Aktionsplan für Nordchina umgesetzt – einer Region, in der viele Fabriken zu finden sind. Die Produktion der Industrieanlagen wurde gedrosselt und die Auflagen wurden verschärft. Der Einbau von speziellen Luftfiltern wurde zum Beispiel vorgeschrieben.
Auch die Privathaushalte haben den Aktionsplan zu spüren bekommen: Drei Millionen Privathaushalte wurden radikal umgerüstet. Die Kohleöfen sollten raus. Weil die Versorgung mit Ersatzlösungen mit Gas nicht überall funktioniert hat, konnten manche Menschen dann, über Wochen gar nicht mehr heizen. Der Senkung der Feinstaubwerte hat es geholfen, zum Preis, dass einige Hunderttausend Menschen frieren mussten. Auch wenn kurzfristig eine Verbesserung bei den Luftverschmutzungswerten zu sehen ist, ist der Kampf noch lange nicht gewonnen [...] Zwar geht die Regierung deutlich transparenter mit Messwerten zur Luftverschmutzung um. Beispielsweise gibt es über ganz Peking verteilt viele Messstationen, deren Werte jeder mit einer App einsehen kann. Und auch die Zwischenergebnisse sind durchaus vorzeigbar: Seit 2014 sind die Feinstaubwerte in den 74 größten Städten und Metropolenregionen um rund ein Drittel gefallen [...].
Allerdings endet der Winteraktionsplan für Nordchina demnächst und die Industrie steigert langsam wieder ihre Produktion. Für Peking sind in nächster Zeit wieder erhöhte Smog-Werte angesagt, die die von der Weltgesundheitsorganisation (WHO) vorgeschriebenen Werte um ein zehnfaches übersteigen. Das Land hat eine wachsende Wirtschaft und damit einen steigenden Energiebedarf, der letztendlich eine Verschlechterung der Luft mit sich führt. Was die Energiepolitik angeht, will sich das Land von der Kohlenutzung verabschieden – allerdings kann es noch lange dauern, bis sich das umsetzen lässt.
Quelle: Immer noch kein Durchatmen in Peking. Deutschlandfunk Nova 22.3.2018

M 5 Quellentexte zur Luftverschmutzung in nordchinesischen Städten

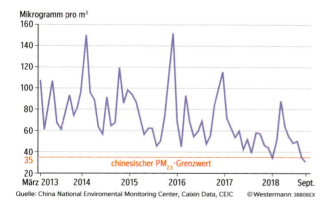

M 6 Feinstaubbelastung $PM_{2,5}$ in Peking (2013–2017)

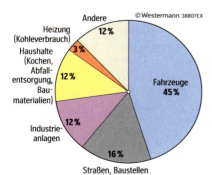

Zu den lokalen Quellen von Feinstaub kommen noch externe Quellen (z.B. aus den Kohlekraftwerken der weiteren Umgebung) hinzu.
Quelle: Beijing Municipal Environmental Protection Bureau

M 7 Lokale Ursachen der Feinstaubbelastung $PM_{2,5}$ in Peking

Jahr	in Mio.
1990	0,82
1995	2,50
2000	6,25
2005	18,48
2010	59,39
2015	140,99
2016	185,15
2017	185,15

Quelle: National Bureau of Statistics of China

M 8 Private Kraftfahrzeuge in China (1990–2017)

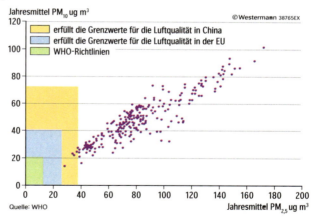

M 9 Durchschnittskonzentrationen von $PM_{2,5}$ und PM_{10} in chinesischen Städten gegenüber nationalen/internationalen Standards

Stadt	PM_{10}[1] (in µg/m³)	$PM_{2,5}$[2] (in µg/m³)	Stadt	PM_{10}[1] (in µg/m³)	$PM_{2,5}$[2] (in µg/m³)
Xinghai	186	87	Urumchii	115	74
Peking	92	73	Kunming	55	28
Tianjin	109	69	Taipeh (TW)	28	19
Shanghai	59	45	Tokio (JP)	36	17
Guangzhou	56	36	Seoul (KR)	46	26
Chongqing	77	54	Delhi (IN)	292	143
Zhenghou	143	78	Hannover	19	12
Xian	137	72	WHO-Schwellenwert	20	10

PM_{10}: „particulate matter", maximaler Durchmesser 10 Mikrometer
$PM_{2,5}$: lungengängiger Feinstaub, max. Durchmesser 2,5 Mikrometer
Quelle: WHO Global Urban Ambient Air Pollution Database 2017

M 10 Feinstaubemissionen in chinesischen und ausgewählten Städten (2016)

4.9 Ökostädte: nachhaltige Stadtentwicklung oder Greenwashing?

„Die Ökostadt soll Modellfunktion haben für chinesische und internationale Städte. Denn mit der schnellen Urbanisierung stehen die Städte vor riesigen Problemen: der Verkehr, die Wasserversorgung, die Luftverschmutzung, der Energieverbrauch. Mit der Ökostadt wollen wir diese Probleme lösen. Es ist der Versuch hier Erfahrungen zu sammeln und Lektionen für andere Projekte zu lernen", sagt ein Sprecher von Tianjin Eco-City, dem aktuell größten der unzähligen Ökostadt-Projekte in China, geplant für 350 000 Einwohner. Noch ist unklar, ob die Vorzeigeprojekte der Beginn einer nachhaltigen Stadtentwicklung sind oder nur ein grünes Image vermitteln sollen (Greenwashing).

1. Stellen Sie die Ziele dar, die mit dem Bau einer Ökostadt erreicht werden sollen (M1, M4, M9).
2. Beschreiben Sie das Konzept der Tianjin Eco-City (M1, M5–M9).
3. Erläutern Sie den Begriff „Greenwashing" am Beispiel des Expo-Projekts Dongtan (M4).
4. Beurteilen Sie die Key Performance Indicators der Tianjin Eco-City als Ziele einer nachhaltigen Stadt (M6).
5. Recherchieren Sie Ökostadt-Projekte in Deutschland oder weltweit und vergleichen Sie diese mit der Tianjin Eco-City.

M2 In der „Waldstadt" nahe Liuzhou, geplant vom italienischen Architekten Stefano Boeri (Bosco verticale in Mailand), sollen 40 000 Bäume für gute Luft sorgen (Planungsmodell).

M3 Wanhua Luxelakes Eco-City in Chengdu (Sichuan), die Industrie-, Gewerbe- und Wohnfunktionen umfasst.

Die zahlreichen Neugründungen von Städten und Stadtvierteln in China – bis 2013 wurden mehr als 200 New Towns in 144 Städten gebaut oder befanden sich in Planung – stehen im Kontext einer staatsgetragenen Urbanisierungspolitik, in der nationale und lokale Regierungen die Rolle der Projektträger einer massiven urbanen Transformation* übernehmen. Beispiele sind das heute 12 Mio. Einwohner zählende Shenzhen (1980 in Top-Down-Manier als Sonderwirtschaftszone* geplant), die Satellitenstädte* Fuling und Wanzhou in Chongqing, Kunshan oder die „Geisterstadt" Ordos Kangbashi. Während Stadtplanung als kaiserliches Kontrollinstrument für die Beherrschung der Bevölkerung in China eine sehr lange Tradition hat und die Entwicklung und Nachahmung erfolgreicher Modelle als erwünscht gilt, traten mit der Öffnungspolitik nach 1978 zuerst Stadtmodelle im Dienste einer ökonomischen Modernisierung in den Vordergrund. Diese wurden seit 2000 durch nationale Regierungsprogramme mit Ausrichtung auf Modelle der „Eco City", „Low Carbon City" und „Low Carbon Eco City" ergänzt. Diese Demonstrationsmodelle „grüner Stadtpolitik", von denen bereits mehr als 200 in China existieren sollen, sind durch technologiegetriebene, marktbasierte Strategien und unternehmerische Ziele geprägt und orientieren sich an internationalen „best practices" (z. B. Singapur). Die Eco-City Tianjin wurde als regierungsgetragenes singapurisch-chinesisches Joint Venture konzipiert mit dem Ziel, einen umweltfreundlichen, ressourceneffizienten und sozial „harmonischen" Stadtprototypen als Vorbild für andere Städte Chinas sowie allgemein die zukünftige chinesische Stadtentwicklung zu schaffen. [...] Das Projekt wird seit 2007 umgesetzt. In ihm werden umweltfreundliche Technologien aus Singapur wie z. B. Solarenergie, thermische Isolierung von Gebäuden und großflächige Landschaftselemente wie „Sky Gardens" eingesetzt. Sogenannte Key Performance Indicators sollen gute Luft- und Wasserqualität, begrünte Gebäude, gute Abfall- und Abwasserentsorgung, erneuerbare Energienutzung in den Unternehmen und Bürohäusern sowie Wohngebäude für gesunde Lebensstile überprüfen und sicherstellen.
Quelle: Frauke Kraas, Tabea Bork-Hüffer, Mareike Kroll: Stadtmodelle, neue Hauptstädte und Städte der Zukunft in Asien. Geographische Rundschau 6/2018, S. 25

M1 Quellentext zu chinesischen Stadtneugründungen

Im Vorfeld der Expo 2010 [verschrieb] sich Shanghai dem Bau einer äußerst fortschrittlichen Öko-Stadt auf der Chonqming-Insel in der Jangtse-Mündung. Auf 500 000 Einwohner sollte die 86 Quadratkilometer große Retortenstadt Dongtan bis zum Jahr 2050 kommen. Sie war als Versuchslabor im großen Stil für die jüngsten technischen und städtebaulichen Innovationen auf dem Sektor Energiesparen und Ökomobilität ausgelegt. [...] Um Maximen wie „CO_2-Neutralität" und „energetische Autonomie" buchstabengetreu umsetzen zu können, verpflichtete die Stadtverwaltung von Shanghai die besten Architekten und Ingenieure. [...] Doch das Ganze hatte einen Haken: Die zahlungskräftigen Bürger von Shanghai zeigten keinerlei Interesse an dieser angeblich so bezaubernden Stadt weitab vom Banken- und Wirtschaftsviertel. Auch liefen Wissenschaftler Sturm gegen das Vorhaben, weil es – veritables Desaster für eine Öko-Stadt – Brutstätten von Zugvögeln gefährdete. Als weiteres, nicht ganz unwichtiges Detail kam hinzu, dass die lokalen Behörden nicht bereit waren, tief in die eigene Tasche zu greifen. Im Gegenteil, man setzte darauf, dass der britische Planer Arup die für dieses urbane Laboratorium nötigen Investitionen gegenfinanzieren würde. Besiegelt wurde der Untergang des Projektes schließlich durch den Verlust seines wichtigsten Fürsprechers, als Chen Liangyu, von 2002 bis 2006 Vorsitzender der Kommunistischen Partei von Shanghai, 2008 wegen Korruption zu achtzehn Jahren Haft verurteilt wurde.
Quelle: Jordan Pouille: Die Stadt von morgen – vielleicht. Bauwelt 24/2015

M4 Quellentext zum Scheitern der Ökostadt Dongtan

Ökostädte: nachhaltige Stadtentwicklung oder Greenwashing?

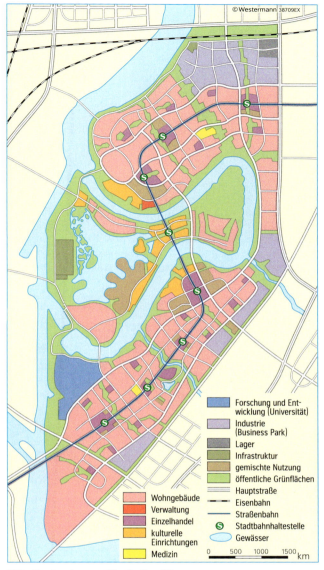

M 5 Masterplan von Tianjin Eco-City

M 7 Tianjin Eco-City 2007 und 2018

M 8 Kostenloser Elektrobus in Tianjin Eco-City

- Die Luft- und Gewässerqualität in der Ökostadt soll den neuesten chinesischen Richtwerten entsprechen.
- Wasserqualität: Wasser aus allen Wasserhähnen sollte trinkbar sein.
- Die CO_2-Emissionen in der Ökostadt sollten 150 Tonnen CO_2 pro einer Million US-$ BIP* nicht überschreiten.
- Alle Gebäude in der Ökostadt sollen den Standards für umweltfreundliches Bauen entsprechen.
- Die öffentliche Grünfläche soll mindestens 12 m²/Person betragen.
- Mindestens 90 % der Fahrten innerhalb der Ökostadt soll nicht-motorisiert oder mit öffentlichen Verkehrsmitteln stattfinden.
- Der tägliche Wasserverbrauch bzw. die Abfallmenge pro Tag und Person sollten 120 l bzw. 0,8 kg nicht überschreiten.
- Mindestens 60 % der gesamten Abfälle sollten recycelt werden.
- Mindestens 20 % des Wohnraums in der Ökostadt sollen in Form von gefördertem öffentlichem Wohnungsbau entstehen.
- Erneuerbare Energien (Geothermie, Solarenergie) sollen mindestens 15 % der in der Ökostadt genutzten Energie ausmachen.
- Mindestens 50 % der Wasserversorgung der Ökostadt sollen aus nicht-herkömmlichen Quellen wie Entsalzung und recyceltem Wasser stammen.
- Mindestens 50 % der erwerbsfähigen Bewohner sollen in der Ökostadt beschäftigt sein (Vermeidung von Pendelverkehr).

M 6 Key Performance Indicators der Tianjin Eco-City (Auswahl)

Man schätzt, dass es heute etwa hundert Eco-Cities in China gibt, doch die meisten benutzen ihre Umwelt- und Sozialstandards vor allem als Vermarktungsstrategie und kontrollieren deren Einhaltung, wenn Immobilienentwickler erst mal investiert haben, nicht weiter. Was die neue Stadt in der Nähe der alten Sechs-Millionen-Metropole Tianjin auszeichnet, ist zweierlei: Sie ist ein gemeinsames Projekt von China und Singapur, verabredet und fortlaufend überwacht auf höchster politischer Ebene der beiden Staaten. Und sie soll als Prototyp für ganz China fungieren: Ein Kriterium für jedes einzelne ihrer ökologischen, stadtplanerischen und wirtschaftlichen Elemente ist, dass es sich überall reproduzieren lässt. So wurde für das Projekt bewusst kein privilegierter Ort gewählt: Die Stadt liegt zwar in einer aufstrebenden Wirtschaftsregion, aber inmitten eines landschaftlich völlig unattraktiven ehemaligen Industriegebiets, auf einem Boden, der verseucht und landwirtschaftlich nicht mehr nutzbar ist. 350 000 Einwohner soll die Stadt haben, wenn sie in zehn bis fünfzehn Jahren vollendet ist. [...] Die bisher fertiggestellte Stadt ist [...] in ihrer Blockstruktur schwer von anderen Städten in China zu unterscheiden. Die beauftragten Immobilienentwicklerfirmen [...] mussten strenge Umweltauflagen erfüllen, aber ihnen wurde offenkundig nicht abverlangt, die starr gegeneinander abgeschotteten Klötze zugunsten von allen gemeinsamen öffentlichen Räumen aufzulösen.
Quelle: Mark Siemons: Mustersiedlung Tianjin: Das chinesische Volk will wohnen. Frankfurter Allgemeine Zeitung 26.6.2014

M 9 Quellentext zur Tianjin Eco-City

4.10 Übungsklausur: Bedrohung durch Naturkatastrophen

1. Stellen Sie die Geschehnisse im April 2016 in Kumamoto dar.
2. Charakterisieren Sie das Risiko durch Erdbeben in Japan.
3. Ordnen Sie die Maßnahmen (M 11) in die verschiedenen Bereiche im Kreislauf des Katastrophenmanagements ein.
4. Erörtern Sie am Beispiel des Erdbebens von Kumamoto das Katastrophenmanagement in Japan.

Zusatzmaterial: Kapitel 1.3, Atlas

M 2 Rettungskräfte suchen nach vermissten Personen nach einem massiven Erdrutsch ausgelöst durch das Kumamoto-Erdbeben.

M 3 Evakuierte in einer Grundschulturnhalle in Nishihara einen Monat nach dem Kumamoto-Erdbeben

Zwei starke Erdbeben innerhalb von 28 Stunden haben im April 2016 im Südwesten Japans große Schäden verursacht. Nach dem Tohoku-Beben von 2011 und dem Kobe-Beben von 1995 war der Doppelschlag gemessen an den gesamten Schäden das drittteuerste Beben in der Geschichte Japans. Japan befindet sich an der Grenze mehrerer tektonischer Platten und wird daher immer wieder von starken Erdbeben getroffen. Im Süden des Landes schiebt sich die Philippinische Platte mit fünf Zentimetern pro Jahr unter die Eurasische Platte. Die dadurch entstandene Spannung im Gestein hat ab dem 14. April 2016 eine Serie von Beben ausgelöst. An diesem Tag traf ein Vorbeben mit der Momenten-Magnitude 6,2 die Insel Kyushu, gefolgt von kleineren Nachbeben und schließlich dem Hauptbeben mit einer Magnitude von 7,0 am 16. April. Die Erdbebenserie verursachte zahlreiche Hangrutsche. Insbesondere viele alte Gebäude wurden stark beschädigt. Große Industrieanlagen standen tagelang still. An mehreren Orten kam es zu Bodenverflüssigungen, die an Gebäuden sehr hohe Schäden verursachten. [...]

Im Gegensatz zum Vorbeben erreichte der Bruch des Hauptbebens in Kumamoto die Oberfläche. An mehreren Orten riss der Boden auf, örtlich traten horizontale Bodenverschiebungen von mehr als zwei Metern auf. Beide Beben erzeugten der Japan Meteorological Agency (JMA) zufolge außergewöhnlich hohe Bodenbeschleunigungen von über 10 m/s². [...] Beim Vorbeben beschädigte Gebäude waren wesentlich anfälliger für die Bodenbewegungen des zweiten großen Bebens. Dies hatte trotz der hohen Baustandards große Schäden zur Folge.

In Japan gibt es seit 1924 offizielle Baustandards in gefährdeten Regionen. Diese wurden immer wieder aktualisiert. Große Anpassungen erfolgten beispielsweise 1981 (nach dem Miyagi-Erdbeben von 1978), demzufolge ein Gebäude auch bei starken Bodenbewegungen zwar Schaden nehmen, aber nicht einstürzen darf. Kleinere Anpassungen gab es immer wieder in den nachfolgenden Jahren. Dies betraf im Jahr 2000 unter anderem die Stabilität von Holzgebäuden und im Jahr 2006 die Vorgabe, dass alle in Bau befindlichen Gebäude von unabhängiger Stelle inspiziert und auf Einhaltung der Baunormen überprüft werden müssen. [...] Ein Großteil der eingestürzten Häuser waren Holzgebäude mit schweren Dachkonstruktionen, die nach dem alten Baustandard vor 1981 errichtet worden waren. [...]

Im Industriegebiet nordöstlich von Kumamoto sind einige Firmen ansässig, die Autos, Elektronikkomponenten oder Arzneimittel herstellen. Obwohl die strukturellen Schäden an Gebäuden meist eher gering waren, stand die Produktion an mehreren Standorten zumindest in der Woche nach dem Beben still. Es kam weltweit zu Unterbrechungen in der Lieferkette für nachgelagerte Produktionsstätten. Diese Beispiele industrieller Schäden in Kumamoto belegen erneut die hohe Anfälligkeit moderner „Just-in-time"-Lieferungen gegenüber Engpässen bei einzelnen Komponenten.

Quelle: Christoph Bach, Martin Käser: Doppelschlag für Kumamoto. Munich Re Topics Geo 27.3.2017, S. 19 – 20

M 1 Quellentext zum Erdbeben in Kumamoto

Intensität	11 (verwüstend) auf der Mercalli-Scala
Magnitude	7,0 (Vorbeben 6,2)
Tiefe	10 km
Epizentrum	32° 46′ 55″ N, 130° 43′ 34″ O 12 km nordwestlich von Kumamoto
Betroffene Orte	Präfektur Kumamoto und umliegende Orte
Tote	50
Verletzte	>3000
Evakuierte	300 000
Schäden	31 Mrd. US-$ (6 Mrd. US-$ davon versichert) 8000 eingestürzte Häuser, 140 000 beschädigte Häuser (24 000 davon stark), Beschädigungen an Kulturerbestätten sowie an Infrastruktur (Straßen, Brücken, Eisenbahnlinien)

M 4 Daten zum Erdbeben in Kumamoto am 16.4.2016

Ein Naturrisiko für einen bestimmten Raum definiert sich aus der Kombination für die Wahrscheinlichkeit, dass ein bestimmtes extremes Naturereignis eintritt, der möglichen unerwünschten, negativen Effekte sowie den möglichen zu erwartenden Schäden beim Eintritt des natürlichen Extremereignisses. Das Ausmaß des Naturrisikos wird durch die Stärke des Naturereignisses und durch die Verwundbarkeit (Vulnerabilität) der betroffenen Menschen und ihrer Habe bestimmt. Die Verwundbarkeit kann verringert werden, wenn technische Maßnahmen ergriffen werden und wenn sich die Gesellschaft darauf vorbereitet, mit Naturkatastrophen umzugehen, sie zu bewältigen und zu überwinden.

M 5 Naturrisiko und Verwundbarkeit

Übungsklausur: Bedrohung durch Naturkatastrophen

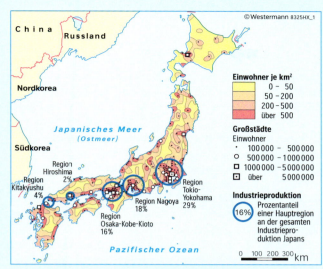

M 6 Japan: Bevölkerungsdichte und Industrieproduktion

Erdbeben: Vorhersage	Langfristige Prognosen sind möglich, kurzfristige Vorhersage aber grundsätzlich nicht.
Erdbeben: Frühwarnung	Da die seismologisch messbaren, weniger zerstörerischen P-Wellen schneller (7 km/s) als die zerstörerischen S-Wellen (4 km/s) sind, bleibt eine kurze Vorwarnzeit, z.B. um • Schnellzüge zu stoppen, • Kernreaktoren runterzufahren, • Fluttore zu schließen, • Notausgänge zu öffnen, • Brücken zu sperren.
Tsunami: Frühwarnung	Tsunami-Wellen sind viel langsamer als Erdbebenwellen, deshalb Frühwarnung möglich (z.B. zum Aufsuchen von höher gelegenen Orten und Schutzräumen).

M 9 Vorhersage und Frühwarnung bei Erdbeben und Tsunami

Es gibt kein Land, das dermaßen gut gegen Naturkatastrophen gerüstet ist. Was tun gegen Erdbeben – vor, während, nach der Katastrophe? Darüber sind nicht nur Einheimische, sondern auch Ausländer in Japan potenziell gut informiert. Bei der obligatorischen Wohnanmeldung stellen die lokalen Behörden anschauliche Broschüren zur Verfügung, die über Verhaltensweisen und lokale Fluchtmöglichkeiten informieren. [...]
Auf das Große Beben von Ostjapan 2011 reagierten die betroffenen Menschen aus der Sicht des Auslands unglaublich gefasst, unaufgeregt, selbstbeherrscht, gelassen, besonnen, diszipliniert. Solch Panik vermeidende Verhaltensweisen suchen nach Erklärung. Da blühen kulturalistische Klischees von Japan als dem „Anderen, Einzigartigen" wieder auf, z. B. der „Geist des Samurai", der die sagenhafte japanische Opferbereitschaft erklären soll. Die Menschen in Japan sind seit jeher an Naturkatastrophen gewöhnt. Der Respekt vor den Kräften der Natur und ihrer Unberechenbarkeit ist tief im Bewusstsein der Bevölkerung verankert. Die Tugend des gaman (Geduld, Ausdauer, Selbstbeherrschung, ertragen können) bzw. ganbaru (durchhalten, nicht aufgeben, sich anstrengen, sich bemühen) mag kulturhistorische Wurzeln haben, ist aber vor allem eingeübt, das Ergebnis sozialer Spielregeln, die in der Schule und in der Familie gelernt werden. Mindestens einmal im Jahr finden Übungen zum Katastrophenschutz statt, ritualisiert am 1. September (Disaster Day), dem Tag der Erinnerung an das Große Beben von Kantō 1923.
Quelle: Winfried Flüchter: Das Erdbeben in Japan 2011 und die Optionen einer Risikogesellschaft. Geographische Rundschau 12/2011, S. 57)

M 7 Quellentext zum Katastrophenschutz in Japan

M 8 Evakuierungsübung aus einem Eisenbahnzug in der Stadt Yokosuka am Disaster Prevention Day 2018

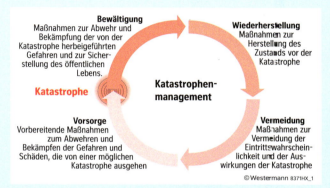

M 10 Kreislauf des Katastrophenmanagements

- Aufbau der Notversorgung, Verteilung von Notfallgütern (Nahrung, Trinkwasser),
- Aufrechterhaltung der öffentlichen Sicherheit (Verhinderung von Plünderungen),
- Ausbildung von Spezialisten für die Katastrophenbewältigung,
- Ausweisen von Gefährdungszonen (Siedlungsverbot, Verbot gefährlicher Industrien wie Atomkraftwerke oder Chemiefabriken),
- Bau von Schutzmaßnahmen (Wälle, Deiche, Betonmauern),
- Behebung von Schäden, Wiederaufbau der Infrastruktur,
- Bereitstellung von Schutzräumen und Notunterkünften sowie Notfallgütern (Nahrungsmittel- und Wasservorräte),
- Berücksichtigung von Erdbebensicherheit bei Raum- und Stadtplanung,
- Bewusstseinsbildung (Aufklärungs- und Öffentlichkeitsarbeit),
- Einrichtung und Ausweisung von Fluchtwegen und Sicherheitsplattformen,
- Entwicklung von Vorhersagemodellen, Erstellung von Gefahrenkarten,
- Erlassung von Bauvorschriften,
- Etablierung von Warnsystemen,
- Evakuierungs- und Notfallpläne,
- Existenzsicherung für nicht versicherte Bürger,
- Förderung des privaten Wiederaufbaus (Darlehen, Zuschüsse),
- Katastrophenübungen,
- Koordination der internationalen Hilfe,
- Organisation und Durchführung medizinischer Versorgung,
- Organisation und Durchführung von Evakuierungen, Bergungs- und Rettungsmaßnahmen,
- provisorische Instandsetzung der Infrastruktur (Wasser, Strom),
- Räumungsarbeiten (Rettungs- und Versorgungswege),
- Vorbereitung und Schulung der Bevölkerung,
- umfassende Risikoanalyse,
- Unterbringung der Betroffenen in Notfallunterkünften,
- Verhinderung der Ausbreitung von Krankheiten,
- verpflichtende Auflagen für erdbebensicheres Bauen,
- Vorschriften für die (teilweise) Risikoübernahme durch Versicherungen.

M 11 Maßnahmen des Katastrophenmanagements

Zusammenfassung

Verstädterung in Ostasien
In Ostasien lebt knapp zwei Drittel der Bevölkerung in Städten. Während die Verstädterung in Japan und auch in Südkorea auf hohem Niveau stagniert, hat es insbesondere in China in den letzten Dekaden ein rasantes städtisches Wachstum gegeben. In ganz Ostasien existieren eine große Anzahl von Megastädten und Millionenstädten. Die Metropolisierung ist im Gegensatz zu anderen Weltregionen nicht mit einer Primatstellung einzelner Städte verbunden (Ausnahme Mongolei und Nordkorea). Zudem sind die aus den Megastädten in den Entwicklungsländern des globalen Südens bekannten Probleme unkontrollierten und ungeplanten Wachstums vergleichsweise weniger stark ausgeprägt, auch wenn sozialräumliche Polarisierungen und Fragmentierungen in den Gesellschaften Ostasiens zunehmen.

Stadtentwicklung in China
Städte haben in Ostasien eine lange Tradition. Einige Großstädte Chinas waren schon lange vor der Industrialisierung im 20. Jahrhundert Millionenstädte. Sie übertrafen in Größe, Vitalität und Vielfalt die meisten der zeitgenössischen Großstädte der westlichen Welt. Die traditionelle chinesische Stadt während der Kaiserzeit weist eine Reihe charakteristischer Elemente auf, etwa die rechteckige, an den vier Himmelsrichtungen ausgerichtete Stadtfläche und eine innere Gliederung mit dem Palastbezirk im Zentrum, die den hierarchischen Aufbau der Gesellschaft widerspiegelt.

Während der Zeit der europäischen Kolonialmächte wurden die Vertragshäfen die Keimzellen der städtischen und wirtschaftlichen Entwicklung in der gesamten Region. Nach der zunächst kolonialen und später sozialistischen Überformung der chinesischen Städte waren seit Beginn der wirtschaftlichen Transformationsphase wiederum die Küstenstädte die Ausgangspunkte eines explosionsartigen Städtewachstums, das auch von einer wachsenden städtebaulich-architektonischen und funktionalen Angleichung an die Metropolen des Westens charakterisiert ist. Aktuell will die chinesische Regierung die Urbanisierung als Wachstumstreiber der Wirtschaft weiter vorantreiben, aber umwelt- und menschenfreundlicher gestalten und auch die kleinen und mittleren Städte fördern. Megaregionen wie das Perlflussdelta, in der zahlreiche Städte zu einer gewaltigen Stadtlandschaft zusammengewachsen sind, sowie die Großräume Shanghai und Peking/Tianjin werden aber auch weiterhin die höchste Anziehungskraft auf die migrationswillige Landbevölkerung haben.

Urbanisierung im Küstenraum und Global Cities
In den städtischen Verdichtungsräumen Ostasiens, die sich schwerpunktmäßig in den Küstengebieten befinden, konzentrieren sich heute Bevölkerung, Arbeitsplätze und Infrastruktur, aber auch Kapital, Information, Wissen und Macht. Hier entstanden Global Cities wie Tokio, Seoul, Shanghai, Hongkong und Peking, die längst ihren Platz im transnationalen Städtesystem gefunden haben. Ihr Einfluss reicht weit über die Stadt- und Staatsgrenzen hinaus, denn hier sind die Hauptakteure der globalisierten Weltwirtschaft zu Hause, besonders der Finanz- und Dienstleistungsbranche. Allerdings hat die demografische und funktionale Vormachtstellung dieser Regionen zur Folge, dass in den Ländern große räumliche Disparitäten und die damit verbundenen Probleme auftreten. Um auf Neulandflächen u.a. Verkehrsinfrastruktur, Wirtschafts- und Wohnflächen zu schaffen, wurde mit großem Aufwand in den städtischen Küstenregionen Land aufgespült und -geschüttet. Schließlich sind die Küstenstädte auch besonders gefährdet und anfällig, Opfer verheerender Naturkatastrophen zu werden (Erdbeben, Tsunami, Taifune).

Umweltprobleme und Ökostädte in China
In den Metropolen haben die Menschen zunehmend mit Luft- und anderen Umweltbelastungen zu kämpfen. Die chinesische Regierung versucht mit zum Teil drastischen Maßnahmen den gesundheitsgefährdenden Smog in den nordchinesischen Großstädten zu bekämpfen. Um dem andauernden städtischen Wachstum Herr zu werden, wurden in den letzten Jahren in China zahlreiche städtebauliche (Groß-)Projekte begonnen. Neuerdings stehen dabei nicht nur die schnelle Bereitstellung von Wohnungen, sondern vermehrt auch ökologische und nachhaltige Aspekte im Vordergrund. So entstanden zahlreiche Ökostädte, die auch für die bereits existierenden Städte eine Modellfunktion in punkto Ressourcennutzung, Umweltbelastung und Verkehrsplanung haben sollen.

Weiterführende Literatur und Internetlinks

Jürgen Bähr, Ulrich Jürgens: Stadtgeographie II (Das Geographische Seminar). Braunschweig: Westermann 2009

Heinz Heineberg: Stadtgeographie. Paderborn: Ferdinand Schöningh 2017

UN World Urbanization Prospects 2018
- https://population.un.org/wup

UN-Habitat Urban Data
- http://urbandata.unhabitat.org/

Tokyo Metropolitan Government
- http://www.metro.tokyo.jp/english

Tokyo Organising Committee of the Olympic and Paralympic Games
- https://tokyo2020.org/en/

Globalization and World Cities Research Network
- www.lboro.ac.uk/gawc

Global City Index
- www.atkearney.com/global-cities

Quality of Living City Ranking
- https://mobilityexchange.mercer.com/Insights/quality-of-living-rankings

Seoul Metropolitan Government
- http://english.seoul.go.kr

Seoul Information Communication Plaza
- http://opengov.seoul.go.kr/disclosure-of-information/en

Peking International: The People's Government of Beijing Municipality
- www.ebeijing.gov.cn

Tianjin Ecocity
- www.tianjinecocity.gov.sg

Eco-Cities in China
- www.dena.de/themen-projekte/projekte/gebaeude/eco-cities-in-china

Japan Meteorological Agency | Earthquake Information
- www.jma.go.jp/en/quake

Disaster Prevention Portal
- www.mlit.go.jp/river/bousai/olympic/en

Verbindliche Operatoren

Anforderungsbereich I	Anforderungsbereich II	Anforderungsbereich III
beschreiben strukturiert und fachsprachlich angemessen Materialien vorstellen und/oder Sachverhalte darlegen	**analysieren** Materialien, Sachverhalte oder Räume beschreiben, kriterienorientiert oder aspektgeleitet erschließen und strukturiert darstellen	**begründen** komplexe Grundgedanken durch Argumente stützen und nachvollziehbare Zusammenhänge herstellen
darstellen Sachverhalte detailliert und fachsprachlich angemessen aufzeigen	**charakterisieren** Sachverhalte in ihren Eigenarten beschreiben, typische Merkmale kennzeichnen und diese dann gegebenenfalls unter einem oder mehreren bestimmten Gesichtspunkten zusammenführen	**beurteilen** den Stellenwert von Sachverhalten oder Prozessen in einem Zusammenhang bestimmen, um kriterienorientiert zu einem begründeten Sachurteil zu gelangen
gliedern einen Raum, eine Zeit oder einen Sachverhalt nach selbst gewählten oder vorgegebenen Kriterien systematisierend ordnen	**einordnen** begründet eine Position/Material zuordnen oder einen Sachverhalt begründet in einen Zusammenhang stellen	**entwickeln** zu einem Sachverhalt oder zu einer Problemstellung eine Einschätzung, ein Lösungsmodell, eine Gegenposition oder ein begründetes Lösungskonzept darlegen
wiedergeben Kenntnisse (Sachverhalte, Fachbegriffe, Daten, Fakten, Modelle) und/oder (Teil-)Aussagen mit eigenen Worten sprachlich distanziert, unkommentiert und strukturiert darstellen	**erklären** Sachverhalte so darstellen – gegebenenfalls mit Theorien und Modellen –, dass Bedingungen, Ursachen, Gesetzmäßigkeiten und/oder Funktionszusammenhänge verständlich werden	**erörtern** zu einer vorgegebenen Problemstellung eine reflektierte, abwägende Auseinandersetzung führen und zu einem begründeten Sach- und/oder Werturteil kommen
zusammenfassen Sachverhalte auf wesentliche Aspekte reduzieren und sprachlich distanziert, unkommentiert und strukturiert wiedergeben	**erläutern** Sachverhalte erklären und in ihren komplexen Beziehungen an Beispielen und/oder Theorien verdeutlichen (auf Grundlage von Kenntnissen bzw. Materialanalyse)	**Stellung nehmen** Beurteilung mit zusätzlicher Reflexion individueller, sachbezogener und/oder politischer Wertmaßstäbe, die Pluralität gewährleistet und zu einem begründeten eigenen Werturteil führt
	vergleichen Gemeinsamkeiten, Ähnlichkeiten und Unterschiede von Sachverhalten kriterienorientiert darlegen	**überprüfen** Inhalte, Sachverhalte, Vermutungen oder Hypothesen auf der Grundlage eigener Kenntnisse oder mithilfe zusätzlicher Materialien auf ihre sachliche Richtigkeit bzw. auf ihre innere Logik hin untersuchen

Glossar

Abhängigenquote (S. 52)

absolute Armut (S. 62)

Agglomeration
Ballungsraum, städtischer Verdichtungsraum mit hoher Wirtschaftskraft und gut ausgebauter Infrastruktur.

Arbeitskostenindex
Indikator, der die Entwicklung der Arbeitskosten je Stunde für die Beschäftigung von Arbeitnehmern abbildet.

Armutsquote (S. 62)

ASEAN
Verband Südostasiatischer Nationen (Brunei, Kambodscha, Indonesien, Laos, Malaysia, Myanmar, Philippinen, Singapur, Thailand, Vietnam). Der ASEAN trifft sich regelmäßig mit China, Japan und Südkorea (ASEAN+3).

Ausländische Direktinvestitionen (ADI)
Kapitalanlagen im Ausland durch Erwerb von Immobilien, Gründung von Auslandsniederlassungen und Tochterunternehmen, Übernahme von ausländischen Geschäftsanteilen (z.B. Aktien) bzw. von Unternehmen sowie gezielte Reinvestitionen und Direktinvestitionen in Unternehmen.

Auslandschinesen
Zu unterscheiden sind Personen mit chinesischem Pass oder mit einem Geburtsort in China von gegebenenfalls seit Generationen im Ausland lebenden Personen chinesischer Abstammung, die in der Regel eine andere Staatsangehörigkeit besitzen, in ihrem „Gastland" (inzwischen oftmals „Mutterland") mehr oder minder gut integriert sind und oftmals die chinesische Sprache nicht mehr beherrschen. UN- oder staatliche Migrationsstatistiken beziehen sich bei der Erfassung von Auslandschinesen meist auf Staatsangehörigkeit oder Geburtsort. Andere Stellen, die Angaben über die Größe von Diasporagemeinden machen, basieren auf der Selbstzurechnung von Personen (Han-)chinesischer Abkunft, sodass die Werte stark abweichen. Der Begriff Überseechinesen (von engl. overseas chinese) wird im Deutschen zum Teil synonym zu Auslandschinesen, zum Teil für chinesischstämmige Staatsangehörige anderer Länder in Abgrenzung zu Auslandschinesen (im Ausland lebende Personen mit chinesischem Pass) verwendet.

Ausschließliche Wirtschaftszone
Meeresgebiet seewärts des Küstenmeeres bis maximal zur 200-Seemeilen-Grenze. In der Ausschließlichen Wirtschaftszone hat der Küstenstaat souveräne Rechte zum Zweck der Erforschung und Ausbeutung, Erhaltung und Bewirtschaftung der lebenden und nichtlebenden natürlichen Ressourcen, des Wassers, des Meeresbodens und des Untergrundes.

Autarkie
wirtschaftliche Unabhängigkeit eines Landes (vom Ausland), z.B. bezüglich eines Rohstoffs.

Bauernarbeiter (S. 61)

Bestanderhaltungsniveau
Anzahl der Kinder pro Frau, welche die Elterngeneration zahlenmäßig exakt ersetzt und so die Bevölkerungszahl konstant hält.

Bevölkerung (S. 50)

Bevölkerungsdichte (S. 50)

Bevölkerungspolitik (S. 54)

Bevölkerungsprognose (S. 56)

Bevölkerungspyramide (S. 53)

Bevölkerungsverteilung (S. 50)

Binnenkonsum
Verbrauch von Wirtschaftsgütern innerhalb der Grenzen eines Staates.

Bruttoinlandsprodukt (BIP)
Maß für die wirtschaftliche Leistung einer Volkswirtschaft, definiert als Gesamtwert aller Güter, d. h. Waren und Dienstleistungen, die innerhalb eines Jahres innerhalb der Landesgrenzen einer Volkswirtschaft hergestellt wurden, nach Abzug aller Vorleistungen.

Chaebol
von einer Familie geführter bzw. kontrollierter Großkonzern, besonders in Südkorea.

Demografie
interdisziplinär arbeitende Wissenschaft von der Bevölkerung, ihrer Struktur, Verteilung und Entwicklung.

demografische Dividende
wirtschaftlicher Nutzen eines Landes aus einer günstigen Altersstruktur. Der Nutzen ist besonders hoch, wenn der Anteil der Personen im erwerbsfähigen Alter gegenüber Alten und Jungen hoch ist. Beispiel: Sinken die Geburtenraten in einer zuvor sehr kinderreichen Gesellschaft, so entsteht ein „demografischer Bonus": In den darauffolgenden Jahrzehnten wächst der Anteil der Erwerbstätigen an der Gesamtbevölkerung. Der produktive Teil der Bevölkerung muss dann deutlich weniger wirtschaftlich Abhängige wie Kinder und alte Menschen mitversorgen. Die Bürger können mehr konsumieren, sparen und investieren. Weil Eltern mehr Geld für Ernährung und Ausbildung ihres Nachwuchses aufbringen, eröffnen sich den Kindern neue Chancen. Daraus resultiert ein sich selbst beschleunigender Prozess der wirtschaftlichen Belebung (demografische Dividende).

demografischer Übergang
Modellvorstellung zur Veränderung der generativen Verhaltensweisen einer menschlichen Population von der vorindustriellen Bevölkerungsentwicklung mit hohen Geburten- und Sterberaten zum industriegesellschaftlichen Verhalten mit geringen Geburten- und Sterberaten.

Deregulierung
wirtschaftspolitische Maßnahmen zur Verringerung staatlicher Eingriffe (Regulierung) in das Marktgeschehen.

Diaspora (S. 68)

Diversifizierung
Maßnahmen zum Abbau einseitiger Wirtschaftsstrukturen.

egalitär
auf politische, soziale Gleichheit gerichtet. Ein egalitäres System verfolgt das Ziel der Gleichheit bzw. Gleichwertigkeit.

Energiemix
Verwendung verschiedener Primärenergieformen zur gesamten Energieversorgung.

Energiewende
Abkehr von der Nutzung der fossilen Energieträger (Kohle, Erdöl, Erdgas) und Kernenergie hin zur Nutzung erneuerbarer Energien (Sonnen-, Wind-, Wasserenergie, Erdwärme). Ziel ist die Senkung der CO_2-Emissionen durch Fördermaßnahmen zum Ausbau der erneuerbaren Energien, die Steigerung der Energieeffizienz und die Einsparung von Energie.

Ethnie (S. 66)

Exportsubstitution
Industrialisierungsstrategie für Länder, die bisher im großen Umfang un- und nur wenig verarbeitete Rohstoffe exportieren. Die bisher für den Export bestimmten Rohstoffe sollen dazu verwendet werden, um in der heimischen Volkswirtschaft auf der Basis dieser Erzeugnisse Industriezweige aufzubauen.

Feinstaub
komplexes Gemisch fester und flüssiger Partikel in der Luft natürlichen oder anthropogenen Ursprungs, Unterteilung in verschieden große Fraktionen (gröbere PM_{10}, feinere $PM_{2,5}$).

Fertilitätsrate (S. 52)

Fragmentierung
(in der Stadtgeographie) bisher homogene Teilräume innerhalb einer Stadt lösen sich in kleinere funktionale und sozialräumliche Einheiten auf, die oft direkt aneinandergrenzen, aber voneinander abgeschottet sind (z.B. -> Gated Communities).

Freihandelsabkommen
Vertrag zur Gewährleistung des Freihandels zwischen den vertragschließenden Staaten, Verzicht auf Handelshemmnisse.

Gated Community
geschlossener Wohnkomplex mit verschiedenen Arten von Zugangsbeschränkungen.

Geburtenrate (S. 52)

Gini-Koeffizient (S. 65)

Global City (S. 84)

Globalisierung
Bezeichnung für die globale Durchdringung der Märkte. Sie wird vor allem bewirkt durch die zunehmende Bedeutung der internationalen Finanzmärkte, den Welthandel sowie die internationale Ausrichtung von Unternehmen und wird begünstigt durch neue Kommunikations- und Transporttechniken.

Gondwana
vom späten Proterozoikum bis zum Mesozoikum bestehende Landmasse der (heutigen) Südhalbkugel, aus deren Zerfall Afrika, Teile Südamerikas, der indische Subkontinent, Australien und die Antarktis hervorgingen.

Grundlast
in der Stromversorgung derjenige Teil der Gesamtlast, der mit nur geringen Schwankungen ständig in Anspruch genommen wird.

Han-Chinesen (S. 66)

Handelsbilanz
rechnerische Gegenüberstellung aller Warenimporte (Einfuhr) und Warenexporte (Ausfuhr) einer Volkswirtschaft.

Hightech-Branche
Wirtschaftszweig, der forschungs- und entwicklungsintensiv ist und auf modernster Technologie basiert.

Hukou
System der staatlichen Haushaltsregistrierung in China. Komplexes System zur Einteilung der Bevölkerung in ländlich und städtische Bevölkerung. Hauptzwecke des Hukou-Systems sind die Mobilitätskontrolle der Bevölkerung und die Regelung ihres Zugangs zu staatlichen Sozialleistungen.

Importsubstitution
Ersetzen von Importen durch Inlandsprodukte.

Index
In der Geographie und anderen Wissenschaften wird mit einem Index ein komplexes Phänomen (menschliche Entwicklung, Armut, soziale Ungleichheit, politische Teilhabe uvm.) gemessen und mit Zahlen dargestellt, um soziale Gruppen oder Räume (Länder, Städte etc.) miteinander zu vergleichen (Rangliste) oder Entwicklungen im Laufe der Zeit beobachten zu können. Dabei werden meist verschiedene messbare Einzelindikatoren kombiniert, um – mit einem mathematischen Verfahren – einen Wert auf einer Skala mit einem Minimal- und einem Maximalwert zu bestimmen.

Innovation
Erfindungen, technologische Verbesserungen für Produkte, Dienstleistungen oder Verfahren.

Inselbogentyp (S. 11)

Kalter Krieg
Konflikt zwischen den Westmächten unter Führung der USA und dem sogenannten Ostblock unter Führung der Sowjetunion zwischen 1947 und 1989.

Kaufkraft
Wert des Geldes, einer Währung in Bezug auf die Menge der Waren und Dienstleistungen, die dafür gekauft werden können.

Kaufkraftparität
Maßeinheit zum Vergleich verschiedener Währungen. Dies geschieht nicht über den Wechselkurs, sondern über die Kaufkraft. Diese wird über einen repräsentativen Warenkorb ermittelt.

Klimagerechtigkeit
gemeinsame Verantwortung sowie die besondere Verantwortung der Verursacher, Schäden des bereits verursachten Klimawandels auszugleichen und weitere zu verhindern.

Klimaprojektion
Ergebnis der Anwendung eines Klimamodells. Für die Analyse der Auswirkungen der menschlichen Aktivitäten auf das Klima werden globale und regionale Klimamodelle genutzt. Die dabei eingesetzten verschiedenen Szenarien beruhen auf einer Reihe von Annahmen über die weitere wirtschaftliche, politische, demografische, soziale und technologische Entwicklung.

Klimawandel
Begriff, der die Veränderungen des globalen Klimas zusammenfasst, im speziellen meint der Begriff die von Menschen verursachte globale Erwärmung seit Beginn der Industrialisierung durch Anreicherung von Treibhausgasen in der Atmosphäre.

Kollektivierung
Überführung von Privat- in Gemeinschaftseigentum.

kritische Rohstoffe (S. 18)

Kulturrevolution
politische Kampagne von Mao Zedong zwischen 1966 und 1976 gegen die Reformer in der Kommunistischen Partei und zur Festigung seiner eigenen Macht. 1966 bis 1968 herrschte in China Bürgerkrieg und Chaos, wobei aufgehetzte Jugendliche Lynchjustiz gegen die „konterrevolutionären Umtriebe" in der Gesellschaft unternahmen.

Laufwasserkraftwerk
Anlage zur Elektrizitätserzeugung, die fließendes Wasser aus einem Fluss durch einen Kanal oder eine Druckleitung leitet, um eine Turbine zu drehen. Typischerweise hat ein Laufwasserkraftwerk wenig oder gar keinen Speicher. Es bietet eine kontinuierliche Stromversorgung (-> Grundlast) mit einer gewissen Flexibilität bei täglichen Bedarfsschwankungen durch den von der Anlage geregelten Wasserzufluss.

Lebenserwartung (S. 52)

Leichtindustrie
Verbrauchsgüter-/Konsumgüterindustrie

Lithosphärenplatte
Teil der Lithosphäre (äußerste Schicht des Erdmantels, Erdkruste) subkontinentaler bis kontinentaler Größe (umgangssprachlich auch Kontinentalplatte).

Löss
feinkörniges, homogenes, meist ungeschichtetes Sediment. Böden mit hohem Löss-Anteil sind sehr fruchtbar.

Metropolisierungsgrad (S. 72)

Migration
Wanderung von Individuen oder Gruppen mit dem Ergebnis eines nicht nur kurzzeitigen Wohnortwechsels.

nachholende Entwicklung
Aufholprozess eines Entwicklungslandes gegenüber den Industrieländern. Wandlungsprozesse, die in Industrieländern lange Zeit in Anspruch nahmen, sollen hierbei in kurzer Zeit bewältigt werden.

Nahrungssicherheit/Ernährungssicherheit
Nahrungssicherheit ist gemäß einer Definition der Weltbank ein Zustand, bei dem die gesamte Bevölkerung eines Landes jederzeit Zugang zu der für ein aktives und gesundes Leben notwendigen Nahrung hat. Die Verfügbarkeit, der Zugang, die Nutzung und die Stabilität sind die vier Säulen der Nahrungssicherheit. Der Begriff Ernährungssicherheit, der manchmal auch synonym verwendet wird, schließt darüber hinaus in der Weltbank-Definition auch die gesundheitliche Versorgung v. a. von Frauen und Kindern und Umweltfaktoren mit ein.

OECD
Organisation für wirtschaftliche Zusammenarbeit und Entwicklung; internationale Organisation mit 36 (entwickelten) Mitgliedstaaten, die sich der Demokratie und Marktwirtschaft verpflichtet fühlen.

Pariser Klimaabkommen
Nachfolgevertrag des Kyotoprotokolls mit verbindlichen Klimazielen für alle 195 UN-Mitgliedsstaaten von 2015.

Photovoltaik
direkte Umwandlung von Lichtenergie, meist aus Sonnenlicht, in elektrische Energie mittels Solarzellen.

Plattentektonik
Modellvorstellung, nach der die Erdkruste zusammen mit der oberen Schicht des Erdmantels in unterschiedlich große und unterschiedlich mächtige Platten gegliedert ist, die durch Energie aus dem Erdinneren angetrieben werden und auseinanderdriften, zusammenprallen und aneinander vorbeischrammen können.

Polarisierung
(in der Stadtgeographie) Muster der Verteilung armer und reicher Bevölkerungsgruppen auf die einzelnen Stadtteile.

Primärenergie (S. 44)

Primatstruktur
Siedlungsstruktur eines Landes, die durch das Vorhandenseins eines sehr großen städtischen Zentrums, meist die Hauptstadt, und das weitgehende Fehlen von Mittelstädten gekennzeichnet ist. Die Aktivitäten des sekundären und tertiären Sektors konzentrieren sich auf die Primatstadt.

Produktivität
volkswirtschaftliche Kennzahl für Leistungsfähigkeit. Sie bezeichnet das Verhältnis zwischen produzierten Gütern und den dafür benötigten Produktionsfaktoren.

Pro-Kopf-Einkommen
statistische Durchschnittsgröße, die das Volkseinkommen (z.B. -> Bruttoinlandsprodukt) eines Landes zu seiner Bevölkerungszahl ins Verhältnis setzt.

Pumpspeicherkraftwerk
Wasserkraftanlage, die über zwei durch Rohre verbundene Speicherseen auf unterschiedlicher Höhe verfügt. Überschüssiger (Nacht-)Strom wird verwendet, um Wasser in den höher gelegenen Speichersee zu pumpen. In -> Spitzenlastzeiten wird das Wasser vom oberen in den unteren Speichersee geleitet. Dabei werden Turbinen angetrieben, die mittels Generatoren Strom erzeugen.

Raffinadeproduktion (S. 18)

relative Armut (S. 62)

Relief
Höhengestaltung der Oberfläche.

Reserven (S. 18)

Satellitenstadt
in der Randzone einer Stadtregion gelegene Siedlung mit überwiegender Wohnfunktion („Schlafstadt").

Schuldenspirale
Eine Schuldenspirale entsteht, wenn die Zinslast den Schuldner zu erneuter Kreditaufnahme zwingt und damit wiederum steigenden Zinsaufwand herbeiführt.

Schwerindustrie
Eisen- und Stahlindustrie (Verhüttung von Erzen und die Weiterverarbeitung von Metallen, in weiterem Sinn auch Eisen- und Steinkohlebergbau).

Seidenstraße (S. 38)

Smart City
Sammelbegriff für gesamtheitliche Entwicklungskonzepte, die darauf abzielen, Städte effizienter, technologisch fortschrittlicher, grüner und sozial inklusiver zu gestalten.

Speicherkraftwerk
Typischerweise ein großes Kraftwerk, das eine -> Talsperre nutzt, um Wasser in einem Stausee zu speichern. Die Stromerzeugung erfolgt durch die Freisetzung von Wasser aus dem Speicher durch eine Turbine, die einen Generator betreibt. Das Speicherwasserkraftwerk bietet sowohl die Möglichkeit zur -> Grundlast- als auch zur kurzfristigen -> Spitzenlastversorgung. Es kann über genügend Speicherkapazität verfügen, um unabhängig vom hydrologischen Zufluss über viele Wochen oder sogar Monate zu arbeiten.

Spitzenlast
in der Stromversorgung derjenige Teil der Gesamtlast, der sich deutlich aus der Tagesbelastungskurve heraushebt und von Stromverbrauchern nur kurze Zeit in Anspruch genommen wird.

städtische Wachstumsrate (S. 72)

Sterberate (S. 52)

Subduktion
Vorgang in der -> Plattentektonik, bei dem eine -> Lithospärenplatte unter eine andere taucht und eingeschmolzen wird.

Tagebau
Methode des Bergbaus zum Abbau von dicht unter der Erdoberfläche lagernden Rohstoffen (z. B. Kohle, Kies, Sand), ohne dass Schächte und Stollen gebaut werden müssen. Der Tagebau ist deutlich kostengünstiger als der Untertagebau.

Talsperre
Stauanlage, die in einem Tal durch Bau eines Staudamms (eine Aufschüttung von Kies, Schotter, Erde etc.) oder einer Staumauer (aus Stein, Beton etc.) einen Fluss aufstaut. Häufig wird im Deutschen Staudamm auch als Synonym für Talsperre (engl. dam) verwendet.

Tethys-Meer
erdumspannendes „Mittelmeer", das vom Paläozoikum bis ins Tertiär bestand und das sich von Europa, Nordafrika über das heutige Himalaya-Gebiet bis Südostasien ausdehnte.

Tigerstaaten
Bezeichnung für die sich wirtschaftlich schnell entwickelnden Staaten Südkorea, Republik China (Taiwan) und Singapur sowie die chinesische Sonderverwaltungszone Hongkong.

Tragfähigkeit (S. 14)

Transformation
Umwandlung, z.B. Wechsel der politischen Grundordnung.

Umleitungskraftwerk
(auch Ausleitungskraftwerk) Sonderform des Laufwasserkraftwerks, bei dem das Triebwasser aus einem Nebenfluss abgeleitet wird und in diesem nur noch das für die Energieerzeugung nicht genutzte Restwasser verbleibt (Folge: oft Austrocknung des Nebenflusses in der Trockenzeit).

Vegetationszeit (S. 12)

Verstädterungsgrad (S. 72)

Verstädterungsrate (S. 72)

Wertschöpfung
in einzelnen Wirtschaftsbereichen erbrachte wirtschaftliche Leistung.

Zentralverwaltungswirtschaft
(auch Planwirtschaft) Wirtschaftsordnung, in der eine zentrale Planungsbehörde den gesamten Wirtschaftsprozess unter politischen und wirtschaftlichen Gesichtspunkten plant, lenkt und kontrolliert. Kennzeichen sind z. B. Kollektiveigentum an den Produktionsmitteln, zentrale Wirtschaftsplanung, staatliche Preisfestlegung für Güter und Dienstleistungen oder staatliche Lenkung von Berufs- und Arbeitsplatzwahl.

Bildnachweis

alamy images, Abingdon/Oxfordshire: 3, 25 (Delimont, Danita),17 M 10, 17 M 11, 23 M 5 (Denman, Haydn)54 M 1, 57 M 6, 64 M 4, 74 M 4 (View Stock) 80 M 2;
dreamstime.com, Brentwood: Linqong 74 M 7;
Getty Images, München: The Asahi Shimbun 90 M 3;
Güttler, Peter - Freier Redaktions-Dienst, Berlin: 35 M 8
Interfoto, München: 64 M 2 (TV-Yesterday);
iStockphoto.com, Calgary: Titel (Nikada), 3, 5 (zetter), 3, 71 (jixiediyigan), 7 o. re. (ivstiv/iStock Unreleased), 9 M 3 2. v. u., 9 u., 11 M 3 (picture cells), 14 M 4 (Zzvet), 16 M 3, 37 M 5 (iStock Editorial), 37 M 10 (Nikada/iStock Unreleased), 50 M 4, 76 M 2 u., 81 M 6, 85 M 6;
Janzen, Jörg, Berlin: 7 u.li.;
Karto-Grafik Heidolph, Dachau: 9 M 5, 31 M 6,
Kraas, Frauke, Köln: 13 M 8;
NASA, Washington: 11 M 7, 47 M 6, 47 M 9;
NASA - Earth Observatory: 79 M 6 o., u.;
Picture-Alliance GmbH, Frankfurt/M.: 3, 49 (ZUMAPRESS.com), 7 o. li. (Korea Summit Press Pool/AP Photo), 20 M 5 (Maxppp), 21 M 10 (Reuters), 22 M 4, 33 M 7, 33 M 8 (Ryu, Seung-il/NurPhoto), 38 M 6 (Thissen, Bernd), 41 M 4, 42 M 2 (dpa/EPA/AIR PHOTO SERVICE/HO), 46 M 2 (XinHua), 57 M 9(Kyung-Hoon, Kim), 60 M 3 (Xue Hun), 61 M 7(Photoshot), 76 M 2 o. (Wu kanjun), 79 M 5 (Imagechina/Qiu Bo), 82 M 2 (Sugimoto, Masaharu/Yomiuri Shimbun/AP Images), 83 M 3 (Xinhua News A), 86 M 2 (Kimimasa/dpa/EPA/), 88 M 3 (Imaginechina), 89 M 7, 89 M 8, 90 M 2(Mayama), 91 M 8 (Takahashi, Miho /AP Images);
Shutterstock.com, New York: 6 o., 6 u. (Poon, Nick), 9 o. (Mugashev, Sergei), 14 M 3 (Dashu Xinganling), 35 M 5 (chuyuss), 41 M 7 (Chulov, Dmitry), 45 M 6, 45 M 10 (xieyuliang) 59 M 7, 65 M 8, 69 M 9 (Barton, Willy), 69 M 11(Lange, Philip), 75 M 12, 79 M 8 (HelloRF Zcool);
Signify GmbH, Hamburg: 15 M 9;
Stefano Boeri, Architetti, Milan: 88 M 2;
stock.adobe.com, Dublin: 9 2. v. o. (Dibrova, Oleksandr), 19 M 7 (ebenart), 50 M 1, 50 M 2 (top10top);
wikimedia.commons: William Daniell 75 M 9.

Wir arbeiten sehr sorgfältig daran, für alle verwendeten Abbildungen die Rechteinhaberinnen und Rechteinhaber zu ermitteln. Sollte uns dies im Einzelfall nicht vollständig gelungen sein, werden berechtigte Ansprüche selbstverständlich im Rahmen der üblichen Vereinbarungen abgegolten.